第四次管理革命

转型的战略

曹仰锋 著

中信出版集团 | 北京

图书在版编目（CIP）数据

第四次管理革命 / 曹仰锋著 . -- 北京：中信出版社，2019.5（2022.7重印）
ISBN 978-7-5217-0390-0

I. ①第… II. ①曹… III. ①企业管理 IV. ① F272

中国版本图书馆 CIP 数据核字（2019）第 068468 号

第四次管理革命

著　　者：曹仰锋
出版发行：中信出版集团股份有限公司
（北京市朝阳区惠新东街甲 4 号富盛大厦 2 座　邮编　100029）
承 印 者：唐山楠萍印务有限公司

开　　本：880mm × 1230mm　1/32　　印　　张：14.5　　字　　数：317 千字
版　　次：2019 年 5 月第 1 版　　印　　次：2022 年 7 月第 4 次印刷
书　　号：ISBN 978-7-5217-0390-0
定　　价：68.00 元

目　录

本书所获推荐

所有的组织管理，其实都是要回答时代的问题，都需要因时而变。今天的组织管理要回答的一个最大的时代问题，就是互联网技术下企业所面对的不确定性，我们要用什么样的组织方式去应对它。曹仰锋博士的《第四次管理革命》恰逢其时，这本书回答了在万物互联的时代企业如何进行战略转型、如何重塑组织管理模式，以及如何实现价值共生三个问题。这本书基于对六家世界级企业转型的深度研究，所提炼的“V+”模式能够给正在推动转型与变革的企业家提供有价值的帮助。

——陈春花，北京大学国家发展研究院 BiMBA 商学院院长

毫无疑问，我们的社会已经全面进入了移动互联时代，而移动互联技术正在成为当今企业面临的最大颠覆力量。如何面对这样的百年未有之变局？企业要做出怎样的改变，才能成为引领时代的企业，形成基于移动互联技术的竞争优势？这绝不仅仅是技术问题，而是需要在全新管理理论指导下进行组织重构。大的变革通常是从认知变化、新观念的产生和理论突破开始。这本书正是为此而著，恰逢其时！

——毛基业，中国人民大学商学院院长、教授

仰锋老师的这本《第四次管理革命》从六家全球领先企业的管理实践中，高度凝练出了“V+”模式，从战略、组织和人这三个维度，指出了企业

数字化转型的三大要义——战略生态、平台赋能和价值共创，一定会成为物联网时代背景下企业家和创业者的案头书。虽然这本书的书名中有“革命”二字，但读者能从本书中获得的价值，还不仅仅是管理革命之道，而是无论过去和未来发生多少次管理革命，都不变的天道、地道和人道。

——路江涌，北京大学光华管理学院教授、《共演战略》作者

在万物互联的时代，企业管理范式将迎来新的变革。曹仰锋教授革命性地提出了价值共生的第四次管理革命理论体系，揭示了管理从效率导向转向价值导向，乃至意义导向的大趋势。基于海尔等国内外一流企业的最佳实践，曹博士的管理 4.0 模型对中国企业在数字经济、共享经济时代进行价值共创的战略框架、商业生态体系和领导力具有极大的指导意义。

——陈劲，清华大学经济管理学院教授，《清华管理评论》执行主编

我们看到，形势正在飞速地变化，这个形势的变化是由技术和人的思维带来的。新的商业模式正在给我们带来突破性的、超越想象和感知的变化。《第四次管理革命》这本书正是从“技术和人”两个维度深刻揭示了当今企业在互联网时代所面临的管理挑战。结合对六家世界级“变革巨人”的深度研究，曹仰锋博士提出了企业应对挑战的 12 条战略路径，每一条战略路径对应着企业转型所需要解决的一个核心问题。相信这本书能够给管理者在不确定性的竞争环境中找到制胜未来和持续发展的方向与原则。

——忻榕，中欧国际工商学院管理学教授兼副教务长（欧洲）

平台化和生态化，是近年来企业管理的大方向和大趋势之一，这方面的书籍，乱花渐欲迷人眼。曹仰锋老师的《第四次管理革命》，从管理发展史的角度对生态战略做了定位，并以“价值共生”为主线，创立了独到的“V+”模式。最重要的，这是从六大前沿企业的管理实践里提炼出的实施生态化的具体路径，总结为“端云网一体化”演进，可谓理论实践合一的集大成者。欲知生态战略，此书值得一读。

——滕斌圣，长江商学院副院长、战略学教授

此书集中探讨世界四次管理革命的演变历程，很有新意，值得认真阅读。曹仰锋博士关于企业在第四次管理革命中战略转型的方向与我对生态组织“三台架构”研究的结论基本一致，尤其是企业从产品导向转向平台导向，又进一步转向生态导向的基本演变历程。我衷心希望读者能从此书中获得有益启发，并以此有效促进企业尽快实现生态商业模式与生态组织架构的同步转型。

——李平，宁波诺丁汉大学李达三首席教授、
美国创新领导力中心大中华区研究总监

第四次管理革命正在动态化重塑市场边界、需求形态、竞争格局，所带来的管理体系迭代要求比之前任何时代都要复杂。曹老师从共享、共融、共生、共赢的新商业文明与逻辑视角，在这本书中系统阐述与解构了未来管理变革的方向、原则、形态、内容甚至规则，让人很受启发，是其继《海尔转型：人人都是 CEO》后又一部具有高度思想引领性的力作！

——纪纲，罗兰贝格全球合伙人兼大中华区副总裁

在万物互联的时代，传统的商业模式和管理模式正遭遇前所未有的挑战，曹仰锋博士的《第四次管理革命》出版得恰逢其时。基于对六家世界级企业转型战略的研究，这本书所提出的“V+”模式为企业应对物联网时代的挑战提供了战略方向指引和方案实施路径。我对曹博士的研究成果非常认同，也深受启发。晶澳正在实施“五化”战略，坚定地向数字晶澳、智能晶澳、生态晶澳转型。我衷心地希望更多的企业家能够从本书中获得有益的启发，找到企业的转型方向。

——靳保芳，“中国管理模式 50 人 + 论坛”成员、晶澳太阳能公司董事长

基于对海尔、苹果等六家世界 500 强企业战略转型的深度研究，曹仰锋博士创新性地提出了“V+”模式，并将“价值共创”视为商业模式创新的核心原则，这一模型对指导企业在物联网时代转型具有重要价值！它让每个领导者深入思考战略的本质是什么，企业是否有动力持续创造价值。对于这本书的研究结论，我深有同感。36 年来，温氏集团一直坚持一个核心理念：“精诚合作，齐创美好生活”。当前，我们正从这个核心理念出发，构建一个包含核心扩张圈、战略布局圈和延伸拓展圈的“价值共创生态圈”。

——温志芬，“中国管理模式 50 人 + 论坛”成员、温氏股份董事长

这本书通过对六家世界级企业转型的研究，对当下企业践行“平台生态战略”提出了“V+”模式理论，尤其是结合战略制定和实施路径做了非常务实的阐述。特别是提醒企业要以价值为中心，来建立共赢、共享、

共生的模式，可谓是直指管理转型和变革的本质。

——徐洁平，全球领先科技创新加速器和投资公司

Plug & Play 中国区 CEO

这本书穿越管理百年，不仅创造性地提出了第四次管理革命的管理理论，而且也为应对时代挑战的管理实践者们提供了方法论与解决方案。本书围绕“创造的价值是什么”“能不能创造价值”“是否有动力持续创造价值”三个核心问题而展开，提出了“V+”模式。这不是单纯的理论推演，而是基于优秀企业的管理实践研究得出的结论。关于书中很多有价值的发现，我也很有体悟和认同，比如，曹博士提出的“共生是价值创造的不二法门”“价值共生是物联网时代企业转型的指南针”等。2019 年，金蝶正在执行“直达共生”战略，其中的思想、举措与书中的观点不谋而合。

——徐少春，“中国管理模式 50 人 + 论坛”创始发起人、

金蝶国际软件集团董事局主席

前　言

著名科学史学者史蒂文·夏平（Steven Shapin）教授在其著作《科学革命：批判性的综合》一书的序言中写道："世界上不存在'科学革命'，而这正是一本关于它的书。"这句看似自相矛盾的话反映出夏平教授内心真实的想法。作为一名科学发展史的研究专家，他认为人类科学的进步是一种渐进式的发展。但面对科学技术的迅猛发展，许多学者和夏平不同，他们更倾向于用"科学革命"这个词来形容科学在历史上所发生的巨变。

科学技术的革命推动了工业革命的出现，《第三次工业革命》的作者杰里米·里夫金强调了通信技术和新能源对工业革命的影响，他认为历史上新型通信技术与新型能源系统的结合，预示着重大的经济转型时代的来临。经济模式的基础设施是通信技术和能源的有机结合，用以开创一种具有活力的经济体系。在这一经济体系中，通信技术充当中枢神经系统，对经济有机体进行监管、协调和处理；能源就像血液，为将自然的馈赠转化为商品和服务这一过程输送养料，从而维持经济的持续运行和繁荣。如今，我们正处在信息技术与能源体系相融合的时代，互联网技术与可再生能源的出现让我们迎来了新的工业革命。

和杰里米·里夫金略有不同的是，世界经济论坛创始人兼执行主席克劳斯·施瓦布认为，我们正处在第四次工业革命时代。他使用“工业革命”这个概念来表示“工业领域突然出现的剧变”，并认为“革命伴随着人类历史的始终，当出现新技术，出现看待世界的新视角，人类的经济体制和社会结构便会发生深刻的变革”。当今世界正处在一个工业革命的历史拐点上，从基因测序到纳米技术，从可再生能源到量子计算，从人工智能到机器学习，从互联网到物联网，数字、物理和生物三大技术领域的互动和融合正在引发全球经济发生深刻的变革，始于21世纪初的第四次工业革命已经拉开序幕。

“革命”不仅仅发生在科学和工业领域，科学革命和工业革命共同催生了管理革命。当然，推动管理革命的因素除了科学技术、工业模式之外，对人性的认知也起到至关重要的作用。管理是个古老的话题，但作为现代意义上的“管理科学”，它诞生于20世纪初，因此，我将管理学历史和变革的研究开始时点确定为1901年。从1901年到今天的100多年历史中，管理理论层出不穷，管理流派纷繁复杂，技术革新和人性的发展导致管理领域发生多次巨变。我将管理学过去100多年的发展历史划分为四次管理革命。

第一次管理革命发生在1901年至1940年，主题是科学管理。“科学管理之父”弗雷德里克·泰勒（1856—1915）吹响了第一次管理革命的号角，开创了一个新的管理时代。

第二次管理革命发生在1941年至1970年，主题是人本管理。这次革命将关注的视角从“效率”转向“人性”，研究人性动机的各种理论应运而生，各种理论、学说纷纷登场，“社会人”这一崭新的概念替代了“经济人”，管理步入“人本管理”的新时代。

第三次管理革命发生在1971年至2000年，主题是精益管理。这次革命的突出特点是“以顾客为中心”，管理视角从组织内部转向组织外部。以流程再造和精益管理为基础，让臃肿的大企业变得灵活，发挥小型团队的创造力，构建“客户中心型”组织成为这个时代的主旋律。更有意思的是，第三次管理革命的主角从美国转移到日本，以丰田为代表的亚洲企业第一次引领了管理革命。

当我们走入21世纪，管理发展也进入了新纪元，开始了第四次管理革命。2000年，世界经济论坛年会的主题是“新的开端，创造不同”，提出了人类在新世纪将面临网络革命和遗传基因革命两大革命的巨大挑战，这些技术革命将颠覆传统经济，催生新经济、新管理。

从四次管理革命发展的特点来看，技术的革新一直是重塑管理的核心因素。在第四次管理革命时代，人工智能（artificial intelligence）、区块链（block chain）、云计算（cloud）、大数据（big data）、边缘计算（edge computing）等五大核心技术不断重塑企业的商业模式和管理模式，因此，我将第四次管理革命称为管理的“ABCDE时代”。

今天，我们对人性、人生意义的理解也和过去100多年有很大的不同。尽管企业管理者仍然需要强调纪律、忠诚、权威和勤奋对企业的重要性，但在万物互联时代，企业更应思考协作、共享的新型工作方式，激活每一个人的创造力与活力，让每一个人在工作中体悟到人生的意义。在第四次管理革命时代，伴随着互联网成长起来的新一代人更加注重个体的内在价值和生命的意义。

我们处在第四次管理革命的发展初期，企业正面临来自战略、组织、人才、技术等方面的多重转型压力，这次管理革命给企业管理带来的挑战前所未有，管理者不能再抱有幻想，不能踌躇犹豫，需要立刻行动。

本书为企业在第四次管理革命时代进行战略转型提供了“战略地图”和“实施路径”。写这本书的想法源于2014年，当年，我在中信出版社出版了《海尔转型：人人都是CEO》一书，系统地分析了海尔集团在互联网（物联网）时代的转型战略和变革策略。

写作《海尔转型：人人都是CEO》这本书，我采取的是单一案例研究方法，比较完整地分析了海尔集团自1984年以来所推动的历次管理变革，重点剖析了海尔在互联网时代所独创的“人单合一”管理模式，并提出了有关企业战略转型的更具普适性的理论、路径和方法。自2006年以来，我已经跟踪研究海尔十余年，我意识到海尔的“人单合一”管理模式正在引领一场新的管理革命。

我不禁好奇：在这场新的管理革命中，谁是海尔的同行者？为了从更为广阔的管理视角来分析第四次管理革命时代企业转型的战略方向，以及探寻组织管理的新模式和新机制，我决定采用多案例研究方法来研究世界级企业的转型战略。

在海尔案例的基础上，我又选取了五家分别来自中国、美国、德国和日本的“变革巨人”进行深度研究，这些案例企业分别是阿里巴巴、苹果、亚马逊、西门子、丰田汽车。毋庸置疑，这六家企业是全球公认的变革巨人，它们长期坚持推动转型与变革。这六家企业分别代表两个不同的阵营，一个阵营是传统企业，另一个阵营则是互联网企业，其中海尔、苹果、西门子和丰田属于第一阵营，它们都出生于传统行业，而阿里巴巴和亚马逊则天生拥有互联网基因。从企业变革历史上来看，这六家企业都不是新创企业，而是持续变革者，最年轻的阿里巴巴今年 20 岁，最年长的西门子已是 172 岁高龄了，六家企业的平均年龄为 63 岁，它们无疑都是领先且成熟的世界级企业。

另外，从 2018 年世界 500 强企业榜单的数量来看，排在前四名的国家分别是美国（126 家）、中国（120 家）、日本（52 家）、德国（32 家），这表明以上四个国家的企业是推动全球管理进步的重要力量。因此，本书所选择的六个企业案例具有全球代表性，涵盖了北美、亚太、欧盟三大经济体。

更令我兴奋的是，我发现这六家世界级企业的转型方向是高度一致的！在第四次管理革命时代，它们都毫不犹豫地向平台生态企业转型，它们的战略目标是构建生生不息的生态系统。同时，六家世界级企业都把“价值共生”视为物联网时代企业转型的“指南针”。它们在构建管理新模式的过程中始终不背离“人的价值第一”这一基本原则，尽管每家企业的表述方式各有不同。“人的价值最大化”是企业在不确定的环境中可持续发展的方向和原则，也是转型的“魔法棒”。

基于对六家世界级企业的深度研究，我在本书中提出了“价值 +”模式（即“Value+”模式，简称为“V+”模式），这是本书的核心内容。“V+”模式包括一个中心、三个维度，一个中心是指以价值共生为中心，三个维度是指战略生态、平台赋能和价值共创，每个维度聚焦于价值共生中的一个核心问题。其中，“战略生态”回答的问题是创造什么价值，“平台赋能”回答的问题是能不能创造价值，“价值共创”回答的问题是如何创造价值。

“V+”模式展示了构建生态系统所需要的12条战略路径，每一条战略路径对应着构建生态系统所需要解决的一个核心问题。整个“V+”模式解释了生态系统创建、生长和发展的过程，并将有利于生态系统繁荣昌盛的各种原则有机地连接起来。

在《科学的旅程》一书中，雷·斯潘根贝格和戴安娜·莫泽指出：“在科学上，没有一个理论能够说得到了完全的‘证明’，当新事物或者新的观察结果出现时，它必定有待于进一步检验和审视。正是科学这一不断自我纠错的特性，使它成为人类理解自然最为严谨也最为有效的手段。这种批判性思维正是科学工作的关键所在。”

管理是知行合一的科学，有效的管理具有自我纠错的功能。“V+”模式是企业在第四次管理革命时代的转型指南，但如果没有行动，任何管理理论、模型都是苍白无力的。

不积跬步，无以至千里。在与企业的合作过程中，我感受到了许多企业管理者在应对挑战时的挫折感，但我们不能自怨自怜，我们需要的是行动，我们需要在行动中纠错，在行动中改进。我们处在第四次管理革命的初期，所有企业几乎处在同一起跑线上。海尔、阿里巴巴、苹果、亚马逊、西门子、丰田这六家世界级企业都是行动的巨人，它们已经共同吹响了第四次管理革命的号角，新的管理蓝图正在谱写，新的组织正在重塑。

我和香港创业创新研究院（IOGEI）的同事们共同创办了管理X.0

创新实验室（Management X.0 Innovation Lab，MX.0-Lab）和产业互联网实验室（Industrial Internet Lab，II-Lab），正在帮助一些大中型企业进行战略转型的规划。基于“大制不割”的哲学思维和“持续发展”的变革理念，我们帮助企业构建以商业模式、管理模式、领导力模式为三大支柱体系的管理变革系统，并将企业构建的“小生态”与外部的“大生态”融合起来，帮助企业持续发展。我们越来越意识到，商业生态系统是一个不可分割的有机统一体，如果一个企业能够融合到一个生态系统之中，与其他合作伙伴形成一种共赢、共享、共生的关系，就可以获得持续发展的动力。在企业转型的过程中，只有商业模式、管理模式和领导力模式三者深度交互，才能产生乘数效应，才能实现真正的转型。

在帮助企业推动转型的过程中，我发现变革型领导者最核心的能力是战胜对未来的恐惧，让员工们相信前途会更加光明。在第四次管理革命时代，推动战略转型最艰难的不是资源的限制，而是观念的转变，尤其是企业领导者观念的转变。在前三次管理革命中，企业采取高度集中、自上而下的层级式管理体制，效率是一切。在高度集中的企业管理模式中，下层只是严格执行从上层得到的指令，并通过最有效的方式实现产出的最大化。在第四次管理革命时代，领导者应该学会将企业家精神赋予每一个个体，每个人都将成为价值的自主创造者，每个人都可以为全球知识共享网络贡献价值。

互联网消除了距离，组织去中心化成为趋势，传统的科层式组织模式将被彻底颠覆，组织将从流程型组织向生态型组织转型。物联网的兴起让万物互联互通成为可能，连接力成为组织的核心能力，这将重塑企业的生产方式、价值创造模式，“以产品为中心的大规模制造”将向“以用户为中心的大规模定制”转型。杰里米·里夫金将经济看作一种“有关信任的游戏”，所有商业活动都需要依托信任这一重要资源来运行。我深深地体悟到，“价值”是信任的基石，通过持续践行“V+”模式中的各项原则，持续创造价值，才能赢得所有伙伴的信任，才能构建生生不息、繁荣昌盛的生态系统。

没有成功的企业，只有引领时代的企业。尽管本书中所研究的六家企业都已经是享誉世界的卓越企业，也是第四次管理革命的引领者，但它们从未以成功者自居，从未宣称自己有什么“成功宝典”，面对不确定的环境，它们战战兢兢、如履薄冰，它们坚信唯有行动才有可能创造一个崭新的管理世界。

我真诚地希望读者朋友在阅读“V+”模式每一部分内容的时候，能够秉持“自以为非”的心态，结合自己企业的实际情况，提出自己的问题，感知企业的未来，激发转型的能量，找到发展的路径。

如果没有同事们的帮助，我是无法完成这本书的。感谢香港创业创新研究院的所有同事，在这个企业转型的智库平台上，我们共同研究，共同切磋，共同分享，共创人生的意义。

感谢北京大学光华管理学院的刘俏院长、张志学教授、路江涌教授、周长辉教授、王辉教授、马力教授、武亚军教授，我从与他们的交流中获得了许多宝贵的建议，也从他们的著作中获得了许多写作灵感。特别感谢路江涌教授对我在光华管理学院的研究与教学所给予的大力支持，本书也是我和江涌教授合作的“光华思想力”项目的研究成果之一。我与江涌教授多次沟通，他对我构思本书的框架结构提供了莫大的帮助。我在光华管理学院 EMBA（高级管理人员工商管理硕士）、MBA（工商管理硕士）、ExEd（高层管理教育）的教学课堂上，曾经使用了本书的一些研究成果，学员们给我提出的宝贵意见让我受益匪浅。

感谢美国弗吉尼亚大学达顿商学院陈明哲教授，陈教授所创立的动态竞争、文化双融理论给了我许多研究洞见。感谢中国人民大学吴春波教授多年的指导，吴教授对华为的研究成果让我受益匪浅，使我在写作过程中获得了许多灵感。感谢哥本哈根商学院、宁波诺丁汉大学李平教授，我们共同探讨和研究企业如何构建基于前台、中台和后台的平台赋能能力，李平教授对本书的一些概念和内容提出了非常宝贵的意见。感谢北京大学国家发展研究院陈春花教授，陈教授对互联网时代组织管理模式及共生型组织的研究给了我很大启发。感谢清华大学经济管理学院陈劲教授、中国人民大学商学院毛基业教授、中欧国际工商学院忻榕教授、长江商学院滕斌圣教授在百忙中为本书写了热情洋溢的评论。

感谢“中国管理模式 50 人 + 论坛”联合发起人、金蝶集团董事局主席徐少春先生，“中国管理模式 50 人 + 论坛”企业家成员、晶澳太阳能公司董事长靳保芳先生，温氏股份董事长温志芬先生，以及 PNP（Plug and Play）公司中国区 CEO 徐洁平、罗兰贝格公司合伙人兼大中华区副总裁纪纲先生对书稿提出宝贵意见，并欣然为本书撰写评论。

感谢中信出版社沈家乐、宋冬雪、付颖玥等人在本书编辑、出版过程中的努力工作。

最后，感谢我的太太和女儿对我研究、写作的大力支持，一直以来，她们都是我进行研究与写作的力量源泉。

曹仰锋

2019 年 3 月 29 日

于香港寓所颐元斋

Email：fc@iogei.com

第 1 章

管理百年：从“效率第一”到“价值第一”

要想让思想有远见，就需要向过去学习，同时不要被过去所束缚。

——爱因斯坦

读史明智，鉴往知来。

如果一个领导者不了解管理的历史，就注定会在管理上走很多弯路。在不确定性越来越高的世界里推动企业转型，是风险极高的重大决策。如果转型方向错误，可能会让企业积累多年的品牌声誉和资产等一切付诸东流。我在研究企业转型时，发现许多领导者在推动企业转型、思考转型战略与方向时，无一不是战战兢兢、如履薄冰，这是变革型领导者内心世界的真实反映，他们深知自己无法准确地预知未来。

今天，当我们思考企业的战略方向时，我们需要回头看看管理学的发展历史，从管理历史中汲取智慧和营养，这会让我们更加明智、理性和科学地制定企业转型战略。正如爱因斯坦所言："要想让思想有远见，就需要向过去学习，同时不要被过去所束缚。"[1]

在本章，我会简要回顾 1901 年以来发生的四次大的管理革命。根据每一次管理革命的不同特征，我认为可以这样界定：1901—1940 年为第一次管理革命，1941—1970 年为第二次管理革命，1971—2000 年为第三次管理革命，2001 年以后的管理新革命为第四次管理革命。

下面，就让我们从第一次管理革命开始，了解管理学100多年来跌宕起伏的历史。

第一次管理革命：科学管理（1901—1940年）

管理是个古老的话题，我们很难说清楚管理的历史到底有多么悠久，但是，现代意义上的管理学科诞生在20世纪。从1901年到1940年是第一次管理革命时期，“规模经济”是社会经济的核心特征，“科学管理”应运而生。围绕科学管理理论和原则，“经济人”的假设成为激励模式的主旋律，各种管理实践和方法如雨后春笋般破地而出，管理迎来一个崭新的时代。这次科学管理的革命不仅在美国，也在欧洲掀起了一场效率和大规模生产的浪潮，我称之为管理1.0。

科学管理之父：弗雷德里克·泰勒

让我们把管理的历史拉回到100多年以前，来看看管理革命的起源。吹响第一次管理革命号角的人是弗雷德里克·泰勒，他被誉为“科学管理之父”，开创了一个新的管理时代。令人惊讶的是，这位曾经的哈佛大学法律系的辍学生最后成了哈佛商学院的兼职教授，专门给管理者讲授他的科学管理。

在泰勒之前，管理主要依赖于“个人的经验”，因为没有科学规范的方法和程序，管理效率低下也就不足为奇了。泰勒是工程师出身，也是一位发明家，拥有40多项专利，还是高尔夫球、网球运动高手。

泰勒的科学管理思想来源于一系列的科学实验。从 1881 年开始，他着手进行“金属切削试验”，以此来研究工人的最佳工作量和工作标准。后来他又在工厂进行了多项试验来探索科学管理的规律。泰勒进行一系列研究是为了防止工人们“磨洋工”，他认为：“在整个文明世界里，20 个工人里有 19 个都坚定不移地相信，放慢速度更符合自己的利益。他们坚信，付出尽量少的劳动力换回所得薪酬是最划算的。”[2]

1890 年，泰勒到伯利恒钢铁公司工作。那时，伯利恒钢铁公司在经营上遇到了很大的麻烦，其市场份额不断被竞争对手蚕食。泰勒为伯利恒引进了一系列全新的工作方法，系统研究生产过程中的每一个任务，取消不必要的作业活动，改小时薪资为计件薪资，这些举措都帮助伯利恒公司提高了生产效率。1901 年，由于泰勒和管理层的意见不一致，产生了冲突和争吵，他被迫离开伯利恒公司。但是，泰勒并没有放弃他的“科学管理法”，而是在更多的企业里推广这些方法。[3]

泰勒的系列研究成果最终成就了其经典著作《科学管理原理》，该书于 1911 年 7 月正式出版，标志着管理正式从“经验化”走向“科学化”。在这本书里，他提出了科学管理的四项基本原则：

> 第一，对工人的动作和操作提出科学的方法，不能仅仅依靠过去的经验；
>
> 第二，科学地选拔工人，并进行培训和教育，帮助他们成长；

第三，一切工作依照科学的原则去开展，同时，与工人保持密切合作；

第四，科学地划分管理者和工人的工作职责。

《科学管理原理》的出版在当时引起了极大的轰动，它标志着一个科学管理新时代的到来。1915 年泰勒病逝，人们视其为科学管理运动的创始人，将“科学管理之父”的称号刻在了他的墓碑上。

管理学第一夫人：莉莲·吉尔布雷思

一生颇具传奇色彩的莉莲·吉尔布雷思（Lilian Gilbreth，1878—1972）对管理的“科学化”贡献巨大，她是美国社会心理学历史上第一个获得心理学博士学位的女性，被誉为“管理学第一夫人”。莉莲和她的丈夫弗兰克·吉尔布雷思（1868—1924）是泰勒科学管理思想的追随者和合作者，二人齐心合力，在工作改进方法方面进行了不懈的探索。弗兰克以砌砖学徒工的身份开始了自己的职业生涯，且后来痴迷于研究建筑工人的砌砖动作，借此来探索工人的动作对工作效率的影响，取得了很大的成就。比如，弗兰克通过设计新的工作方法，把砌一块砖的动作从 18 个减少到 6 个，一位熟练工人每小时只能砌 175 块砖，而弗兰克每小时却可以砌 350 块砖！

弗兰克将自己的毕生精力投入科学管理运动中，他坚信“世界上最大的浪费来自不必要的、不恰当的及无效的动作”，一生都在积极地探索新的工作方法以发现和消除这些不必要的浪费，被誉为“动作研究之父”。可惜的是，在 1924 年，弗兰克到捷克斯洛伐克的布拉格参加第一届国际管理学大会时因病突然离世。莉莲继承了丈夫的遗志，继续深入探究科学管理的原理，并在很多领域做出了很大的贡献。

莉莲弥补了弗兰克的“动作研究”和泰勒的“工时研究”中的不足，把“对人的关注”融入科学管理之中，将心理学和科学管理进行了结合。比如，她开展了一系列关于疲劳的研究，并且提倡科学地招聘、培训工人，提倡消除对工人年龄的歧视，等等。尽管这些观点在今天看来似乎并不新鲜和稀奇，但是，在当时这些都是非常超前的研究。1987 年，美国专门发行了一枚邮票来纪念莉莲的成就，尊称她为“管理学第一夫人”。

莉莲和她的丈夫弗兰克是管理学历史上一对难得的黄金搭档，他们贡献了自己的全部智慧来探索最佳的工作方法，痴迷于科学管理的原则并付诸工作实践，甚至将其融入自己的家庭生活。比如，弗兰克认为 12 是最有效率的数字，在他和莉莲结婚时便计划生 12 个孩子。最终，吉尔布雷思夫妇果然养育了 12 个孩子，践行了自己的理论，圆了他们的梦想。

欧洲第一位管理大师：亨利·法约尔

在欧洲大陆，泰勒的科学管理思想也有很多共鸣者，亨利·法约尔（Henri Fayol，1841—1925）就是其中之一。法约尔同样致力于探索管理的科学性，但是在关注的问题、研究的方式和研究的对象方面，他和泰勒、莉莲有很大不同。法约尔以整个企业组织作为研究对象，从最高管理层的视角研究整个企业管理的科学性；而泰勒和莉莲重点从技术层面研究管理，以操作工人作为研究对象，主要探索生产作业和生产技术的效率和科学性。

法约尔的一生颇具传奇色彩，他出生于法国一个中产阶级家庭，19 岁大学毕业时获得了采矿工程师资格，同年以采矿工程师的身份进入科芒特里公司工作。1888 年，47 岁的法约尔临危受命，被任命为科芒特里公司的总经理，当时该公司已濒临破产，他的任务就是带领公司走出危机，重振雄风。法约尔不负众望，在担任总经理期间展示了他在管理方面的才华，把科芒特里公司从破产的边缘拯救了回来。

1916 年，法约尔出版了其代表作《工业管理与一般管理》，这是一部在管理学史上具有划时代意义的经典著作，开创了管理科学研究的新时代。法约尔是管理学历史上第一位对“管理”进行科学定义的人，他指出：管理是一个通过完成主要职能来实现目标的过程，包括计划、组织、指挥、协调和控制等五大职能。法约尔对管理的科学定义，以及其提出的“管理职能论”对 20 世纪管理学的发展产生了广泛而深入的影响，开创了“管理过程学派”，其本人被誉为管理过程学派的“开山鼻祖”。

法约尔提出了“一般管理”（general management）的概念，并将其与“工业管理”（industrial management）区别开来，强调了管理的普适性，而后者则是泰勒和莉莲等人重点关注的领域。法约尔的“一般管理”理论是管理思想史上的一座丰碑，不仅对管理进行了科学的定义，同时还全面和系统地阐释了管理的基本原理、主要职能和核心原则。比如，为了指导管理者实施管理活动，法约尔提出了实行管理职能的 14 条原则，具体内容包括：劳动分工、权力与责任、纪律、统一指挥、统一领导、个人利益服从整体利益、人员的报酬、集中、等级链、秩序、平等、人员的稳定性、主动性、团队精神等。

科学管理：把人变成机器?

许多人常常把“科学管理”和喜剧电影《摩登时代》（*Modern Times*）联系起来，这部影片由著名喜剧演员查理·卓别林导演并主演。

影片的故事发生在 20 世纪 20 年代的美国，时值美国经济大萧条的高峰期。由卓别林饰演的工人查理每天挣扎在生产流水线上，日复一日地疯狂工作，以期能够获得填饱肚子的可怜工资。

查理的任务是拧紧六角螺帽，昏天黑地地工作使他精神麻木，他的眼睛唯一能看到的东西就是一个个转瞬即过的六角螺帽。结果在查理的生活中，一切六角形的东西都遭了殃，因为他只要看见六角形的东西就会情不自禁地去拧。

工厂的管理层们则疯狂地压榨员工，老板甚至认为工人吃饭的时间都过长，为了提高工人的工作效率，引进了全新的吃饭机。这种吃饭机可以在最短的时间内“喂”工人吃完饭，这样就可以省下大量的时间用于工作。查理则很不幸地成了“试验品”，在试用的过程中，机器出现了问题，不但无法停止，还开始发狂，结果搞得查理也几近疯狂。最终，查理还是失业了，他极不情愿但又无可奈何地成为失业大军中的一员。

其实，《摩登时代》所描述的故事和“科学管理”所倡导的管理原则并不完全一致，这部影片恰恰是对滥用的科学管理做了最精彩的批评。科学管理的目的绝不是“把人变成机器”，更不是让劳资双方对立起来，这是人们对科学管理的普遍误解。

“共同富裕”是科学管理之魂。泰特强调，科学管理的首要目的是保证雇主的最大富裕，以及每位员工的最大富裕。正如泰勒所言：“真正的科学管理要求雇主和雇员之间进行一场‘心理革命’，这来自劳资双方长期以来的相互尊重，而不是来自生搬硬套地采用所谓的效率装置或措施。”[4]

在科学管理的理论体系中，泰勒所倡导的“心理革命”本质上是要求劳资双方必须有“共赢思维”，企业和员工双方不仅仅要研究如何合理地分配财富，更要研究如何创造和扩大财富，只有财富的增加才能为实现共同富裕奠定基础。在泰勒的科学管理理论提出之前，管理者和工人们的“单赢思维”主导了激励模式的设计。随着劳动效率的提高，工人们的工资收入也不断提高，这对劳资双方来讲应该是一件双赢的事情，但是，管理者反而狭隘地认为管理成本增加了，于是开始削减工资，结果导致工人们开始消极怠工。

科学管理所倡导的“心理革命”就是强调劳资双方的共同利益，因为削减工资既不符合雇主的利益，也不符合工人们的利益。科学管理就是要运用一系列的制度和方法来激励工人们更加努力地工作，释放他们渴望财富的内在动力，提高工人们的工作效率，以创造更多的财富，实现劳资双方的共赢。

科学管理是经济环境的产物，它源于当时的工业界对效率的迫切追求。财富不会凭空而来，它是勤奋和努力的产物。因此，科学管理强调，“生产效率”是共同富裕之基。科学管理从本质上说是科学地选拔工人，用工程学的技术方法，聚焦于提高工人的最大效率，最大限度地降低使用工人的成本。

概括起来，科学管理的目的是实现“高技能、高效率、高工资”三者之间的良性循环。仅仅把工时研究等同于科学管理，忽略了科学管理在共同富裕方面的贡献，是对科学管理原理的最大误解。

人人都关注货币报酬

管理的对象是人，每一次管理革命对人性的假设都有所不同，第一次管理革命将人假设为“经济人”。

“经济人”的概念，最早源自英国经济学家亚当·斯密（1723—1790）关于劳动交换的经济理论。亚当·斯密认为，人的思考和行为都是理性的，唯一追求的就是自身利益最大化。

在“经济人”的假设理论中，满足个人利益最大化被视为个体的基本动机，人们会计算自己付出的成本和获得的收益，以确定自己是否采取行动。在泰勒的科学管理理论中，这一点得到充分体现。泰勒坚持实用主义价值观，认为人们都会谋求舒适、避免劳累，并在此基础上理性地计算什么最符合自己的利益。

科学管理强调要对个人的努力进行及时的奖赏，以鼓励工人们不断重复雇主想要的行为。当然，奖赏的基础在于工人们效率的提升，所以，科学管理坚持“效率至上”，把效率视为一切的基础，把效率放在伦理道德之前。我认为，科学管理的倡导者把效率作为共同富裕的基石，对今天的管理依然具有重要的意义。我们常常说，要提高员工的工作效率和工作效益，在此基础上提高员工的人均收益，这在本质上就是科学管理的思维。

科学管理本身并不是不道德的，毕竟提高效率对企业和员工双方都有益。《管理百年》的作者斯图尔特·克雷纳曾经这样评价科学管理："科学管理只是把道德的考量放到了效率至上的理性主义态度之下。员工成了炮灰。科学管理的立足点，缺乏信任，缺乏对个人价值和才智的尊重。"[5]

我并不认同克雷纳对科学管理的评价，更不认为科学管理把员工当成了"炮灰"，这的确有些夸大其词，也对泰勒不公。实际上，科学管理一直致力于追求企业和员工之间的"共同富裕"，效率的提高是达成共同富裕的先决条件。泰勒的科学管理也并非完全漠视人的需求，事实上，泰勒一直认为"没有任何制度可以脱离真实的人的需求而存在"。

当然，我们也必须承认，由于泰勒接受了"经济人"这一假设，将人的追求单一地和"货币报酬"联系起来，对效率过度追求，而忽略了对人其他需求的关怀，忽视了员工的创造力，将工人们视为"无意识的机器"。尽管人们倾向于追求物质利益的最大化，但是，当科学管理过度追求效率和物质利益时，还是遭到了许多人的反对。

代表企业：福特汽车

亨利·福特（Henry Ford，1863—1947）是美国汽车工程师与企业家，也是福特汽车公司的创立者。

1910 年，福特开始在位于密歇根高地公园的福特工厂进行自动化实验。1913 年，福特工厂推出了第一条装配生产线，福特带领一个研究效率的专家团队，检查装配线上的每一个环节，试验各种方法，以求提高生产力。装配线把生产一台发动机的时间从 9 小时 54 分钟缩短到了 5 小时 56 分钟，极大地提高了生产效率。福特高度认同科学管理的原则和方法，他写道：“在科学管理的帮助下，现在一个工人顶得上几年前的四个人。”[6]

福特汽车的贡献是创造了世界上第一条汽车装配流水线，践行科学管理的原则，大幅度提高了劳动生产率。福特不但改变了传统的工业生产方式，而且对科学管理的推广起到了巨大的作用。

效率的提升也给工人带来了更高的回报。1914 年，福特宣布提高工人的工资，从原来 9 小时 2.34 美元，提高到 8 小时 5 美元，这个报酬是当时技术工人正常工资的两倍。福特认为提高汽车生产工人的报酬，就会将工人变成汽车的拥有者，反过来可以提高汽车的销售量。

亨利·福特开创了一个新时代，他独特的汽车生产线和为大众服务的经营理念一方面给自己带来了丰厚的利润，另一方面也改变了美国人的消费观念，从此，美国成了汽车的王国。1917 年，福特公司当年生产了 70 多万辆汽车，成为当时工业界的楷模和标杆。1918 年，福特汽车在全球汽车市场上所占的份额达到了 50%。这些巨大成就得益于亨利·福特所推行的科学管理。

第二次管理革命：人本管理
（1941—1970 年）

管理革命是经济环境和社会环境孕育的产物，管理 1.0 中诞生的科学管理源于当时工业企业对效率的迫切追求。而到了 20 世纪 40 年代，全球的经济环境和政治环境发生了巨大变化，“范围经济”是经济发展的核心模式，多元化的并购成为企业成长的战略选择，由此推动管理理论不断演变和革新。1941—1970 年，企业迎来了第二次管理革命。这次革命将关注的视角从“效率”转向“人性”，研究人性动机的各种理论应运而生，“社会人”这一崭新的概念替代了“经济人”，管理步入“人本管理”的新时代，我称之为管理 2.0。

人际关系运动的开创者：埃尔顿·梅奥

在管理发展历史上，一项持续了 8 年的研究在其成果不断公布于世后，掀起了一场新的管理革命，这项研究因在美国西方电气公司的霍桑工厂进行而被称为“霍桑实验”。

霍桑实验从 1924 年开始，到 1932 年结束，由哈佛大学教授埃尔顿·梅奥（Elton Mayo，1880—1949）主持，他后来被称为“人际关系运动的开创者”。项目组核心成员还包括来自哈佛大学的弗里茨·罗特利斯伯格（Fritz Roethlisberger）和威廉·迪克森（William Dickson）。这项研究得到了洛克菲勒基金会的资助，研究所关注的核心问题是：科学管理为何不能对生产力和人的行为产生革命性影响？研究所涉及的具体问题包括：人们在工作中最关心什么？怎样才能激励工人？哪些因素会影响工人的士气和生产力？

霍桑实验开启了“人本管理”的新时代，主要在以下三个方面对 1940 年以后的管理运动产生了深远的影响。

第一，人是管理的核心，是目的，是未来。在科学管理时代，“人”被视为生产的工具，甚至等同于“原材料”，缺乏人性的温暖。

梅奥认为，企业管理需要高度关注人的社会动机，否则就会导致管理的失败，让工人士气低落。

第二，人是“社会人”，而不仅仅是“经济人”。在科学管理时代，人被视为经济人，追求经济利益是工人工作的最高动机。然而，霍桑实验的结果表明，人类的合作本能很容易超越个人的经济利益，成为工人们工作的核心动力。1948 年，弗里茨 · 罗特利斯伯格在一份研究报告中指出：“在人类的商业行为中，经济利益绝不是最主要的和唯一的推动力……工作中的人是一个‘社会人’，同时也是一个‘经济人’。他既有个人需求和社会需求，同时也有经济需求。”[7]

第三，组织是一个有机系统。在科学管理时代，企业被视为以高效生产为核心目标的运营组织，企业和人都是生产产品的机器。梅奥第一次从系统的角度来审视组织的复杂性，他认为企业是一个有机系统，应当把企业运营视为若干变量相互作用下的一种均衡状态，任何变量发生变化，整个组织就会随之而变。[8]

需求理论大师：亚伯拉罕 · 马斯洛

应当说，“人本管理”的思想为管理者激励工人打开了另外一个窗口，即员工的社会性动机。然而，社会性动机过于抽象，很难让管理者据此制定有针对性的激励措施。弗雷德里克 · 赫茨伯格（Fredrick Herzberg，1923—2000）采取“二分法”将人的动机分为保健因素和激励因素两类，为管理者制定激励措施提供了理论支持。但这还远远不够，这种分类方法相对静态，而人的动机是动态的、复杂的。

亚伯拉罕 · 马斯洛（Abraham Maslow, 1908—1970）的“需求动

机理论”填补了这一空白。1943 年，他在《人类激励理论》一文中建立了一个被管理者广泛认可的需求动机理论模式，推动了人本管理革命的进步，这一理论后来被冠以“人本主义理论”的美誉。

马斯洛的需求动机理论指出，人的需求有五种类型：生理需求、安全需求、社会需求、尊重需求和自我实现需求。这五种需求互相联系，呈阶梯状，从低到高，逐级提高。生理需求是人的基本需求，也是最低级的需求。当低级的需求得到满足后，人们便会出现新的、更高级别的需求，直到达到自我实现需求，这是人最高级别的需求。自我实现的需求是指“成为真实的自己”，这是人类行为的最高动机，也是普遍的需求，但是非常难以实现，而且只有当其他四种需求得到满足后才会出现。

正如《管子 · 牧民》中指出“仓廪实而知礼节，衣食足而知荣辱”，百姓只有粮仓充足，丰衣足食，才能顾及礼仪，重视荣誉和耻辱。将人的需求动机进行多层级分类，具有很强的管理指导意义，可以让管理者根据情境进行动态管理。

组织决策管理大师：赫伯特 · 西蒙

决策是管理的核心，人际关系运动不仅极大地改变了企业的管理模式，也挑战了传统的决策模式。向传统决策模式发起挑战的是卡内基 – 梅隆大学教授赫伯特 · 西蒙（Herbert Simon，1916—2001），他与詹姆斯 · 马奇（James March, 1928—2018）合著的《组织》一书中提出，要想理解组织，就必须研究对员工的选择和行为产生影响的决策过程的网络结构。在《管理行为》（*Administrative Behavior*）一书中，西蒙质疑了传统的决策理论，即认为管理者是完全理性的决策者，追求利润最大化，是“经济人”决策者。

西蒙提出了“有限理性”这一观点，认为管理决策受参与决策者的智力和情绪限制，同样还受他们可能无法控制的外部环境因素的制约。所谓的“最优决策”是几乎无法实现的，管理者通常会根据所掌握的信息及所处的外部环境，确定一个有限的决策选项，然后选择一个被决策者认为是“足够好的”或者“令人满意”的选项，而不是去追求最优选择。

西蒙的“有限理性决策”理论是人本管理思想的一个重要体现，他将人在决策过程中的假设从“经济人”转向“社会人”，从“绝对理性”转向“有限理性”，并且认为组织应赋予基层员工决策的自由和权利。从实用主义的观点来看，西蒙的决策理论更符合实际情况。人们在进行决策时，通常会依据“是否满意”这一标准决定自己是否能够下定决心，而“满意”是相对的，是对决策后结果的一种期待。

人本管理：人是第一要素

1956年，《财富》杂志记者威廉·怀特出版了一本著作——《组织人》（*The Organization Man*）。怀特认为依照泰勒科学管理理论发展出来的管理方法，完全遏制了个人主观能动性和知识型人才的创造性，对人的激励应该关注其复杂的动机。[9]应当说，从20世纪40年代开始，像怀特一样质疑、批评和挑战科学管理的运动此起彼伏，对霍桑实验成果的普及应用推动了管理学历史上的第二次革命。这次革命历时 30 多年，其核心是“人性的革命”。

在第二次管理革命中，人与组织的关系被重新定义。或者说是人战胜了机器，而在科学管理时代，人是机器的附庸。在企业的诸多资源要素中，“人”跃升为第一要素，越来越多的管理学者呼吁“企业管理的核心就是人，而不是机器”。尽管效率的提升依然是企业面临的最大挑战，但是，提升效率的法宝则从“提高机器效率”转向“激发人的动力”。

动力源于动机，而人的动机是复杂的。在第二次管理革命期间，员工的满意度和工作动机成为组织行为学家研究的热门话题，人们意识到只有识别员工的动机，满足员工的需求，才有可能提高员工的动力，进而提升企业的效率，这是一条逻辑清晰的激励路径。

美国的行为科学家弗雷德里克·赫茨伯格对工作动机进行了深入的研究。赫茨伯格深受霍桑实验结果的影响，于 1959 年提出了著名的双因素理论，这一理论又称为“激励保健理论”。该理论认为有两个核心因素会影响人们的工作动机和满意度：一是保健因素；二是激励因素。前者和物质激励相关，关注的是人的“经济性动机”；后者则与精神激励有关，关注的是人的“社会性动机”。赫茨伯格的一个重要发现是，只有激励因素才能够给人们带来满意感，而保健因素只能消除人们的不满，但不会带来满意感。

第二次管理革命重新定义了组织中人与人之间的关系，协同和合作成为职场中的新型关系，“成功之路源于赢得与他人合作”，这一观点被广泛普及。人们渴望得到集体的认同，在集体的协同中寻求快乐，在集体的归属中获得成就感。正如梅奥所言：

> 人总是想要和自己的同伴联系在一起，这是一种强烈的愿望，也是人类的特点。如果管理者忽视了它，或是想战胜这一人类本能，必定会导致管理的失败……只要管理方法还不曾考虑到人类本性和社会动机，工业发展就摆脱不了罢工和怠工行为。[10]

第二次管理革命奠定了“以人为本”的管理风格。1960 年，道格拉斯·麦格雷戈（Douglas McGregor，1906—1964）出版《企业的人性面》一书，提出 X 理论和 Y 理论。他的核心观点是，管理者对人的本质和人的行为的假设对决定管理者的工作风格具有重要的影响。X 理论假设普通人生来厌恶工作，对大多数人，必须使用惩罚措施来进行控制和指挥，以促使工人全力工作，这种理论代表的是“传统的指挥和控制”；Y 理论则假设普通人并不是生来就厌恶工作，人们愿意通过自我指挥和自我控制来实现他们认同的目标，这种理论代表的是“授权与自我管理”。

麦格雷戈的基本信念是组织中的和谐是能够实现的，但不是依靠强硬或者温和的手段，而是依靠改变对人的假设，并且相信他们能够被信任，能够自我激励和自我控制，具有将自己的个人目标与组织目标结合起来的能力。

代表企业：林肯电气

美国林肯电气公司成立于 1895 年，创始人是约翰·林肯，后来他的弟弟詹姆斯·林肯也加入企业。公司成立之初只生产马达和发电机，现在它已经是世界上最大的焊接设备制造商，业务遍布全球 160 多个国家和地区。

林肯电气的独特之处在于它的管理模式和激励体系，这一体系是“科学管理”和“人本管理”的融合。在第二次管理革命期间，企业对员工的激励重心从基于个体效率的激励转向基于工作场所中社会需求的激励，林肯电气公司将这两种制度巧妙地进行了融合。

林肯电气取消了计时工资制度，主要采取计件工资和利润分享。前者和个人的工作效率有关，后者则和团队合作及对公司的整体利润贡献有关。林肯计划（Lincoln plan）的创始人詹姆斯·林肯认为，人们最首要的激励不是金钱，也不是工作保障，而是对他们工作技能的认可。所以，林肯计划的核心目的就是激发员工最充分地发挥他们各自的技能，然后用“奖金”来鼓励员工对企业的贡献。

第三次管理革命：精益管理（1971—2000年）

从某种意义上来讲，管理1.0和管理2.0都是“内部导向”，不管是基于“经济人”假设，还是“社会人”假设，都是从组织内部的视角来反思组织模式、管理模式，两次革命实现了从“以效率为中心”到“以员工为中心”的变革。从1971年到2000年，全球进入了知识经济和信息技术时代，企业迎来了第三次管理革命，我称之为管理3.0。这次革命的突出特点是“以顾客为中心”，管理视角从组织内部转向组织外部，以流程再造和精益管理为基础，让臃肿的大企业变得灵活，发挥小型团队的创造力，构建“客户中心型”组织成为这个时代的主旋律。更有意思的是，第三次管理革命的主角从美国转移到日本，亚洲企业第一次吹响了管理革命的号角。

大师中的大师：彼得 · 德鲁克

彼得 · 德鲁克（Peter Druck，1909—2005）对企业界的影响巨大，被誉为“大师中的大师”。他一生出版了几十本著作，管理思想深邃、睿智，而且具有很强的实践指导意义。德鲁克认为整个社会和经济都处在创造、成长、停滞和衰退的持续状态中，企业也是如此。从整个社会来讲，企业的停滞和衰退未必就是坏事，每一次的停滞和衰退，都为未来的创新孕育了新的机会，释放了资源。企业避免失败和衰落的唯一途径就是持续创新，而创新的关键是“有目的地放弃”。

德鲁克的管理思想至少在以下两个方面对第三次管理革命起到重要的推动作用。

第一，德鲁克提出了“顾客第一”的管理命题，他言简意赅地指出：企业的目的，只有一个有效的定义，那就是“创造顾客”。德鲁克创造了目标管理（MBO）这一理论体系，认为管理者应该由目标来驱动，而不是由上级来驱动。而目标管理的核心是管理者要学会问正确的问题，即：企业的定位是什么？企业的顾客是谁？顾客需要什么产品和服务？企业能够给顾客提供什么价值？显然，德鲁克所说的目标其实来源于顾客。

第二，德鲁克在管理历史上第一次提出“知识工作者”这一概念，这一概念最早出现在 1969 年出版的《不连续的时代》之中。在 1992 年出版的《管理未来》一书中，德鲁克对“知识经济”时代的管理进行了更为深入的探讨。他认为不管是科学管理时代的泰勒，还是人际关系时代的梅奥，他们在研究提升生产效率时都不会问："工作是什么？为什么要做它？"因为在制造业中，工作任务是事先被界定清楚的，而在知识和服务领域中，提升生产率的首要问题是："任务是什么？我们要达到什么目标？为什么要这么做？"

在提升生产率方面，最简单也最重要的方法是重新界定工作，特别是撤掉那些不必要的工作。而要想提高知识工作者的生产率，仅仅界定工作任务、专注于任务和界定绩效是不够的，而是需要逐个环节地分解工作流程。在生产流程中，需要确定质量标准，然后在流程中进行质量控制。[11]

企业再造运动：詹姆斯·钱皮和迈克尔·哈默

如果说德鲁克是在管理思想层面论证了"流程再造"对提升知识和服务工作效率的重要性，构建了流程再造的理论，而詹姆斯·钱皮（James Champy）和迈克尔·哈默（Michael Hammer）则联合起来在企业界掀起了一场轰轰烈烈的企业再造革命。

1993 年，钱皮和哈默的著作《企业再造》横空出世，将企业再造推向了高潮，这本书成为企业优化流程、提高效率、降低成本的管理圣经。二人将"再造"定义为"从根本上重新思考业务流程并加以重新设计，以实现成本、质量、服务和速度等关键绩效指标上的显著改善"。他们所提出的企业再造超越了流程再造的概念，把全面质量管理、精益生产等模式全部囊括在企业再造体系之中，其核心目的是推动组织从"职能型组织"变革为"流程型组织"，从"职能导向"变革为“产品导向”和“顾客导向”。[12]

企业再造理论是当时时代环境下的产物。一方面，信息技术革命使得企业的经营环境和运作模式都受到很大的挑战，企业迫切需要治愈“大企业病”，打破职能导向下的壁垒，利用流程再造来提高效率。另一方面，“顾客第一”的思想已经开始深入人心，买卖双方关系中的主导权转移到顾客的一方，顾客需求逐步呈现多样化、个性化，对产品和服务提出了更高的要求。

日本战略之父：大前研一

20 世纪 80 年代，美国企业受到日本企业的挑战，两个国家的企业竞争力形成了鲜明对比。美国企业的好日子好像一去不复返了，竞争力日益下滑，而日本企业则伴随着国力的提升，日益活跃在全球经济的舞台上。美国企业管理者把学习的视线转向日本，但是日本企业的经营模式很难让人窥探清楚，大前研一及时地充当了桥梁角色，他的著作向全球揭示了日本企业管理的真相。

1982 年，大前研一出版了《战略家的思想》一书，总结了日本企业的竞争战略模式，提出了“战略三角”（战略 3C）这一概念，他指出“顾客”是日本企业战略模式的核心，也是企业价值观的体现。日本企业在制订战略规划时，通常考虑三个主要参与者：公司自身（company）、顾客（customer）和竞争对手（competitor）。大前研一认为战略家的核心任务就是保证自己的战略能够将企业的核心优势与市场需求相匹配，为顾客创造价值。

大前研一的另外一个贡献是向全球企业推广了日本企业制定战略

的艺术。他认为，日本企业制定战略的方式和美国企业有很大不同：美国企业管理者重在理性分析，习惯于线性思考，过于依赖数据分析；而日本企业则相反，领导者更多依靠的是直觉和创造力。

精益管理：顾客和团队精神的胜利

精益管理（lean management）的基础是精益生产（lean production，LP）。精益生产这一概念由美国麻省理工学院的詹姆斯·沃马克（James Womack）教授等人首先提出，主要是基于对丰田的生产方式的概括和提炼。精益生产的核心是精益思维，而精益思维的本质是顾客思维，即根据顾客的需求来定义企业的生产价值，按照价值流来组织全部的生产活动，其目的是让顾客需求拉动生产，而不是把产品硬推销给顾客。

由“精益生产”升级为“精益管理”的一个重要表现是将“精益思维”贯穿到从战略、市场、生产到服务的各个环节，从而引发整个企业的流程再造、业务再造，以及全面质量管理。精益管理成为第三次管理革命的主流模式，让顾客和团队的价值凸显出来。

建立“顾客中心型”组织，培育“以顾客为导向”的文化。不管是科学管理时代，还是人本管理时代，企业管理的模式总体上是“以生产为导向”，进行大规模制造。大企业在市场中占据强势地位，顾客的声音微弱而没有影响力。而精益管理模式则把顾客放在了首位，不管是流程再造，还是全面质量管理，都坚持“由顾客确定产品价值”的原则。

比如，精益管理的一个基本原则就是把整个生产流程视为一个统一的“价值流”，它包含了顾客与供应商，二者与企业共同创造价值。在爱德华兹·戴明（Edwards Deming）的质量管理手册中，明确提出了“质量是由顾客来定义的”“顾客是上帝”等理念。另一位质量管理大师约瑟夫·朱兰（Joseph Juran）则认为，“确定谁是顾客”是质量管理的首要任务。

第三次管理革命让“团队精神”发扬光大。在第二次管理革命期间，企业大多奉行的是并购战略，企业规模越来越大，但是在组织模式上，依然采取科层式的组织结构，导致企业臃肿，效率低下。精益管理通过流程优化，组织小型团队，发挥“群策群力”的作用，调动基层员工的参与感，充分授权，极大地提升了基层管理的活力和创造力。

在第三次管理革命期间，知识工人的概念深入人心，与之对应的是“智力资本”概念的兴盛，这是第一次将人的“智力”作为“资本”来对待。管理者们将“知识工人”和“智力资本”的理论应用到实践中，推出了新的激励措施。在这个时代，人被视为“复杂人”。所谓复杂人，是指人的概念包括经济人、社会人和心理价值。被称为“人际关系先生”的美国亚利桑那州立大学教授基思·戴维斯（Keith Davis）将工作场所中的人际关系定义为“通过这样一种方式，即激励人们在工作中相互合作和实现生产效率，并且使他们获得经济的、心理的、社会的满足，使人们在工作环境中整合成为一个整体”。[13]

如果说第一次管理革命满足了人的“经济性价值”，第二次管理革命满足了人的“社会性价值”，那么，第三次管理革命则满足了人的“心理价值”，这种心理价值体现为员工参与团队管理决策后所获得的“尊重需求”。

代表企业：丰田汽车

丰田公司以“丰田模式”而著称于世，在百年管理历史上享有独特的地位。

丰田模式是在美国人戴明的帮助下逐步实施和演进的，在20世纪70年代，丰田开始践行戴明的全面质量管理理念，到80年代发展成为独特的精益生产模式，到了90年代，丰田精益模式享誉世界。

由杰弗瑞·莱克（Jeffrey Liker）撰写的《丰田模式：精益制造的14项管理原则》一书功不可没，这本书向全世界揭示了丰田成功的秘密。杰弗瑞将丰田的企业哲学、流程管理、人员管理及解决问题之道有机地融合在一起，提出了“丰田模式”，并细化为14项管理原则，从而向其他企业提供了“一套帮助管理者持续提高工作效率的工具”。

第四次管理革命：价值共生（2001年以后）

从1901年到2000年的这100年，世界管理史经历了三次管理革命，这三次管理革命的根源仍然是科学管理的效率革命。从泰勒在生产流水线上掀起的效率革命，到丰田通过流程再造对企业进行重塑，这三次管理革命都被深深地打上了科学管理的烙印。

当我们走入21世纪，管理历史也进入了新纪元，但它注定是一个高度动荡的管理新世纪。2000年，世界经济论坛年会的主题是“新的开端，创造不同”，提出了人类在新世纪将面临网络革命和遗传基因革命这两大革命的巨大挑战，前者将颠覆传统经济，催生新经济。

海尔集团董事局主席兼CEO（首席执行官）张瑞敏在《新经济之我见》一文中写道：

> 网络将打破传统经济下以国界划分的经济区域，而使所有企业都面对世界经济一体化的冲击。在由网络建成的全球市场竞争平台上，企业的优劣势被无情地放大，优者更优，劣者更劣。[14]

张瑞敏的预测是富有前瞻性的，如今新经济已经具体演变成了“数字经济”，数字经济不仅颠覆了人们对传统企业和产业的认知，更让一些新兴的互联网企业获得爆炸式增长。由玛丽·米克尔（Mary Meeker）发布的《2018年互联网趋势》报告显示，2018年全球20大互联网科技公司的总市值高达5.89万亿美元。[15]

技术的突飞猛进是重塑管理的重要因素，当下，人工智能、区块链、云计算、大数据、边缘计算等五大核心技术不断重塑企业的商业模式和管理模式，这五大技术对物联网的发展也至关重要，更是推动企业不断向生态化转型的重要力量，因此，我将第四次管理革命称为管理的“ABCDE时代”。

在第四次管理革命中，互联网消除了距离，组织去中心化成为趋势，传统的科层式组织模式将被彻底颠覆，组织将从“流程型组织”向“生态型组织”转型；物联网的兴起让万物互联互通成为可能，连接力成为组织的核心竞争能力，这将重塑企业的生产方式、价值创造模式，“以产品为中心的大规模制造”将向“以用户为中心的大规模定制”转型。

第四次管理革命的核心是“价值共生”，“人的价值第一”将成为设计组织模式、管理模式、商业模式的基石，这正是本书的核心思想。这就要求管理者们必须重新审视传统的以公司为中心的价值创造体系，这种体系已经为我们服务了100多年。现在，我们需要一个新的价值创造的参照体系，这就是以共同创造价值为中心的新型管理体系。[16]

一些世界级的企业已经拉开第四次管理革命的序幕，它们开始了艰难和痛苦的探索和转型，并取得了卓越的成果。在本书中，我以海尔、苹果、丰田、西门子、阿里巴巴、亚马逊等六家世界级企业为核心案例，同时选择了其他若干家领先企业作为辅助案例，这些企业都是在第四次管理革命中转型的典范。

从“效率第一”到“价值第一”，管理学走过了100多年的历史，不断推动从“经济人”到“自主人”的跨越。

表1–1中，我列举了第一次管理革命到第四次管理革命的几个核心主题，我们可以看到每个主题在不同管理革命时代的演进规律，它们也是我写作本书时关注的核心内容。

表1–1　四次管理革命的核心主题比较

类型	时间	关键词	核心特征	人性假设
第一次管理革命（管理1.0）	1901—1940年	科学管理	以“效率”为中心	经济人
第二次管理革命（管理2.0）	1941—1970年	人本管理	以“人本”为中心	社会人

（续表）

类型	时间	关键词	核心特征	人性假设
第三次管理革命（管理 3.0）	1971—2000 年	精益管理	以“用户”为中心	复杂人
第四次管理革命（管理 4.0）	2001 年以后	价值共生	以“价值”为中心	自主人

在接下来的第 2 章，我将分别回顾一下六家世界级企业的转型历程。从它们的故事中，我们将获得转型的方向和力量。

第 2 章

变革巨人：由“产品企业”向“生态企业”转型

善战者，先为不可胜，以待敌之可胜。不可胜在己，可胜在敌。故善战者，能为不可胜，不能使敌之必可胜。故曰：胜可知，而不可为。

——《孙子兵法》

如果你喜欢看电影，我推荐你看一下科幻电影《终结者》。著名电影杂志《电影周刊》在评选 20 世纪最值得收藏的一部电影时，《终结者》荣居第一。这部科幻影片将时间推到公元 2029 年，地球被核武器毁灭，人类也几乎被消灭殆尽，此时的地球由人类自己研制的全球高级计算机控制系统“天网”完全统治。剩下的人类在领袖约翰·康纳的领导下与电脑“天网”英勇作战。“天网”为了战胜人类，制造了时光逆转装置，派遣“终结者”——机器人杀手 T–800 回到 1984 年，去杀死约翰的母亲康纳·莎拉，以阻止约翰的出生。约翰发现了这一阴谋，攻占了实验室，凯尔·里斯自愿通过时光隧道回到 1984 年去保护莎拉，扑朔迷离的剧情自此展开。

《终结者》给我的启发是，人类是自己的终结者，也是自己的拯救者。人类用自己研制的武器摧毁了地球，又依赖自己的智慧和力量让地球获得重生。地球的“终结”与“重生”让我联想到管理的“超越”与“回归”。当我穿越管理的时光隧道，惊奇地发现，管理的百年历史实际上就是一个不断被“超越”、被“回归”的过程，而在这个超越与回归的过程中，管理者是管理的终结者，也是管理的拯救者。

在第 1 章，我提出管理的历史正发展到第四次管理革命的前期，这次管理革命还将持续，并给企业在前三次管理革命中所形成的管理模式和商业模式带来颠覆性的冲击。

为了从全球管理进化的视角来分析第四次管理革命时代企业转型的战略方向，以及探寻组织管理的新模式和新机制，我采取多案例对比的研究方法，样本企业都是世界 500 强。

我共选取了六家分别来自中国、美国、德国和日本的“变革巨人”进行深度研究，它们的转型战略基本代表了世界企业转型的方向。这些企业分别是海尔（Haier，中国）、阿里巴巴（Alibaba，中国）、苹果（Apple，美国）、亚马逊（Amazon，美国）、西门子（Siemens，德国）、丰田（Toyota，日本）。

表 2–1 列举了这六家企业的基本特征。

毋庸置疑，这六家企业是全球公认的变革巨人，它们长期坚持推行组织持续变革与转型，是第四次管理革命时代的转型引领者。它们的转型方向是一致的，即向生态型企业转型。这六家企业分别代表两个不同的阵营，一个阵营是传统企业，另一个阵营则是互联网企业。其中海尔、苹果、西门子和丰田属于第一阵营，它们都出生于传统行业，正在从传统产品型企业转型为生态型企业；而阿里巴巴和亚马逊则天生拥有互联网基因，它们正在从互联网企业转型为生态型企业。

表 2–1　研究案例：“变革巨人”特征对比

企业名称	国家	创立时间	创始人	世界 500 强排名（2018 年）	转型战略与路径
海尔	中国	1984 年	张瑞敏	按集团总收入，排名第 318 位	产品型企业→平台型企业→生态型企业
丰田汽车	日本	1937 年	丰田喜一郎	第 6 位	产品型企业→平台型企业→生态型企业
苹果	美国	1976 年	史蒂夫·乔布斯	第 11 位	产品型企业→平台型企业→生态型企业
西门子	德国	1847 年	维尔纳·冯·西门子	第 66 位	产品型企业→平台型企业→生态型企业
阿里巴巴	中国	1999 年	马云	第 300 位	平台型企业→生态型企业
亚马逊	美国	1995 年	杰夫·贝佐斯	第 18 位	平台型企业→生态型企业

从发展历史来看，这六家企业都不是新创企业，而是“连续创业者”，最年轻的阿里巴巴成立于 1999 年，已有 20 年的发展历史，它们都是典型的领先且成熟的卓越企业。

图 2–1 数据显示，2018 年，在世界 500 强企业榜单中，排在前四名的国家分别是美国（126 家）、中国（120 家）、日本（52 家）、德国（32 家），这表明以上四个国家的企业是推动全球管理进步的重要力量，因此本书所选择的案例具有全球代表性，涵盖了北美、亚太、欧盟三大经济体。

而从 2017 年全球十大市值企业榜单来看，本书所选择的苹果（第 1 名）、亚马逊（第 5 名）、阿里巴巴（第 7 名）均位列其中，它们代表了世界上最受认可的商业模式。而且，苹果和亚马逊这两家企业在 2018 年一度成为市值突破 1 万亿美元的企业，创造了资本市场上的传奇。

在所有的六家企业中，来自中国的海尔集团非常独特，它不仅连续 9 年成为全球白色家电第一品牌，而且给全球的管理界贡献了丰富的管理思想。哈佛商学院分别在 1998 年、2015 年、2018 年开发了三个关于海尔变革的案例，这在企业界也是非常罕见的。[1]

每一家企业都有不同的转型故事，探究它们转型背后的奥秘最好的方式就是先简要回顾它们转型的背景、历史和关键决策。让我们先从中国的海尔开始。

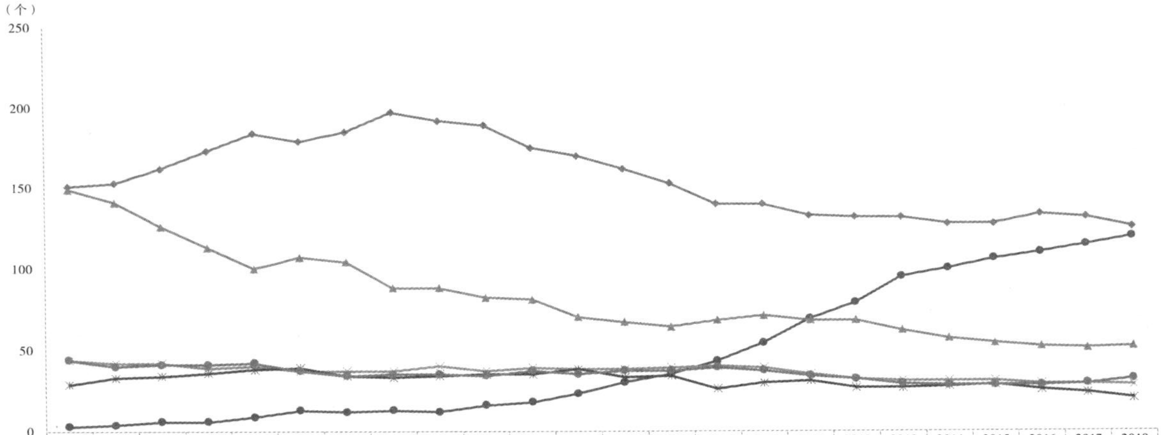

	1995	1996	1997	1998	1999	2000	2001	2002	2003	2004	2005	2006	2007	2008	2009	2010	2011	2012	2013	2014	2015	2016	2017	2018
美国	151	153	162	173	184	179	185	197	192	189	175	170	162	153	140	140	133	132	132	128	128	134	132	126
中国	3	4	6	6	9	13	12	13	12	16	18	23	30	35	43	54	69	79	95	100	106	110	115	120
日本	149	141	126	113	100	107	104	88	88	82	81	70	67	64	68	71	68	68	62	57	54	52	51	52
法国	44	42	42	39	40	37	37	37	40	37	39	38	38	39	40	39	35	32	31	31	31	29	29	28
英国	29	33	34	36	38	39	34	33	34	35	35	38	33	34	26	29.5	31	26.5	26.5	27.5	28.5	25.5	23.5	20
德国	44	40	41	41	42	37	34	35	35	34	37	35	37	37	39	37	34	32	29	28	28	28	29	32

图 2–1　主要国家世界 500 强企业数量对比（1995—2018 年）

备注：1. 各年份为《财富》世界 500 强榜单发布年份；

2. 中国数据包含香港、台湾。

海尔：打造无边界的“星际生态”

2018 年 9 月 20 日，我到青岛参加由海尔集团和加里·哈默尔管理实验室联合主办的第二届“人单合一”管理模式国际论坛。张瑞敏在演讲中介绍了海尔的生态圈模式和最新转型战略，海尔正在构建基于“生态圈、生态收入、生态品牌”的“三生体系”，它不仅是海尔集团在物联网时代创造的一种管理新范式，也是践行其“星际生态”战略的重要基础。[2]

“为用户持续创造价值”是海尔每一次转型的根本目的，张瑞敏更是把“为用户创造价值的能力”视为海尔的核心竞争力。在海尔的“星际生态”战略模型中，用户被视为“恒星”，所有资源方都并联在一起并不断进行自我优化与扩展，为创造用户价值而协同服务。海尔战略转型的基本逻辑是：生态圈的中心是用户，除了产品收入之外，更需要产生生态增值收入，所有资源方共创，以产生源源不断的创业机会，在此基础上形成用户终身信赖的生态品牌，最终实现围绕用户这颗“恒星”打造无边界、无限增值的“星际生态”的目标。

海尔是从产品企业向生态企业转型的典范，它的转型历史可以追溯到 1984 年。从 1984 年到 2018 年，海尔的转型历史可以分为三个大的阶段。

第一个阶段是从 1984 年到 2005 年，在这 20 年间，海尔先后践行了名牌战略（1984—1991）、多元化战略（1992—1998）和国际化战略（1999—2005）。海尔转型的一个重要策略是坚持战略模式和管理模式同步转型，张瑞敏非常认同哈佛商学院的阿尔弗雷德·D. 钱德勒

（Alfred D.Chandler）教授关于战略与结构的理论，即所有企业的成长都有两个变量，一个是企业战略，一个是组织结构。张瑞敏很形象地将其比喻为头和身体的关系：“战略制定后，组织结构要从属于战略。如果说战略是头的话，组织结构就是身体。当头转向战略方向的时候，如果身体没有转，这个问题就很严重，说明企业还没有真正转过去。”[3]

在这一转型哲学的指导下，海尔将战略模式转型与管理模式转型同步起来，让二者相互协同、相互支持，极大地提高了战略执行力。比如，全面质量管理模式匹配了名牌战略，OEC 管理模式[①]匹配了多元化发展战略，市场链管理模式则与国际化战略匹配起来。[4]

在 2005 年之前，海尔的创新主要以产品为中心，虽然在管理、流程、产品、技术、品质等多方面进行了突破式创新，但从本质上来说，海尔仍然是一个产品导向型企业。

海尔转型的第二阶段是从 2005 年到 2012 年，这一阶段的战略是全球化战略。相应地，张瑞敏创新性地提出了“人单合一”管理模式来匹配这一战略。在全球化方面，海尔加大了对海外企业的收购力度。2011 年，海尔并购日本三洋的白色家电业务；2012 年，海尔并购新西兰国宝级家电品牌斐雪派克（Fisher & Paykel）。

在此阶段，互联网的兴起对传统企业发起了很大的挑战，海尔的转型目的就是利用互联网来打造平台型企业。“人单合一”管理模式

---

① OEC 是 Overall Every Control and Clear 的缩写，指全方位地对每个人每一天所做的每件事进行控制和清理，即“日事日毕，日清日高”。可参考作者的另一本著作《海尔转型：人人都是 CEO》。——编者注

在本质上是平台企业管理模式，它在战略、组织、员工、用户、薪酬和管理六个方面进行了颠覆性探索和创新，加速了海尔向平台企业转型。

海尔转型的第三阶段是从2013年开始到现在，这一阶段的战略主要是网络化战略，并将“人单合一”管理模式升级为共创共赢生态圈模式，目的是推动海尔转型为生态企业。“人”从员工升级为全球创客，“单”从用户需求升级到用户价值，“双赢”升级为共赢，最终目的是实现共创共赢生态圈的多方共赢增值。

在全球化方面，2016年，海尔以55.8亿美元收购了美国通用电气公司的家电业务（GEA），全面加速了海尔的全球化进程，并开始将“人单合一”管理模式应用到通用。目前，海尔在全球布局了八大品牌：统帅、海尔、卡萨帝、日日顺、AQUA、斐雪派克、GEA、Candy，从不同领域持续满足用户的最佳体验。

在此阶段，海尔转型的主要方向包括以下两个方面：战略上，建立以用户为中心的共创共赢生态圈，实现生态圈中各相关方的共赢增值；在组织上，变传统的自我封闭为开放的互联网节点，颠覆科层制组织，变为网状组织。在这一过程中，员工从雇佣者、执行者转变为创业者、动态合伙人，目的是构建社群最佳体验生态圈，满足用户的个性化需求。

2016年，海尔提出以诚信为核心竞争力，以社群为基本单元，建立后电商时代的共创共赢新生态。海尔将重点聚焦把“一薪一表一架构”融入转型的六个要素中。“一薪”即用户付薪，是互联网转型的驱动力；“一表”为共赢增值表，目的是促进边际效应递增；“一架构”是小微对赌契约，它可以引领目标的自演进。三者相互关联，形成闭合链条，共同推动企业向生态企业转型。[5]我在《海尔转型：人人都是 CEO》一书中详细地介绍了海尔自 1984 年以来所实施的管理变革。[6]

在构建生态企业方面，最引人注目的是，海尔开发了 COSMOPlat（Cloud of Smart Manufacture Operation Plat），它是全球第一个以用户为中心的产业互联网平台，核心目的是赋能海尔生态圈中的产业和小微企业。COSMOPlat 以用户体验为中心，为企业提供智能制造转型升级的大规模定制整体解决方案，从产品传感器变为用户传感器，实现由大规模制造向大规模定制转型，最终构建企业、用户、资源共创共赢的新型生态体系。

图 2–2 展示了海尔自 1991 年至 2018 年的营业收入和增长率。2018 年，海尔全球营业收入达到 393.83 亿美元（约 2 661 亿人民币）。

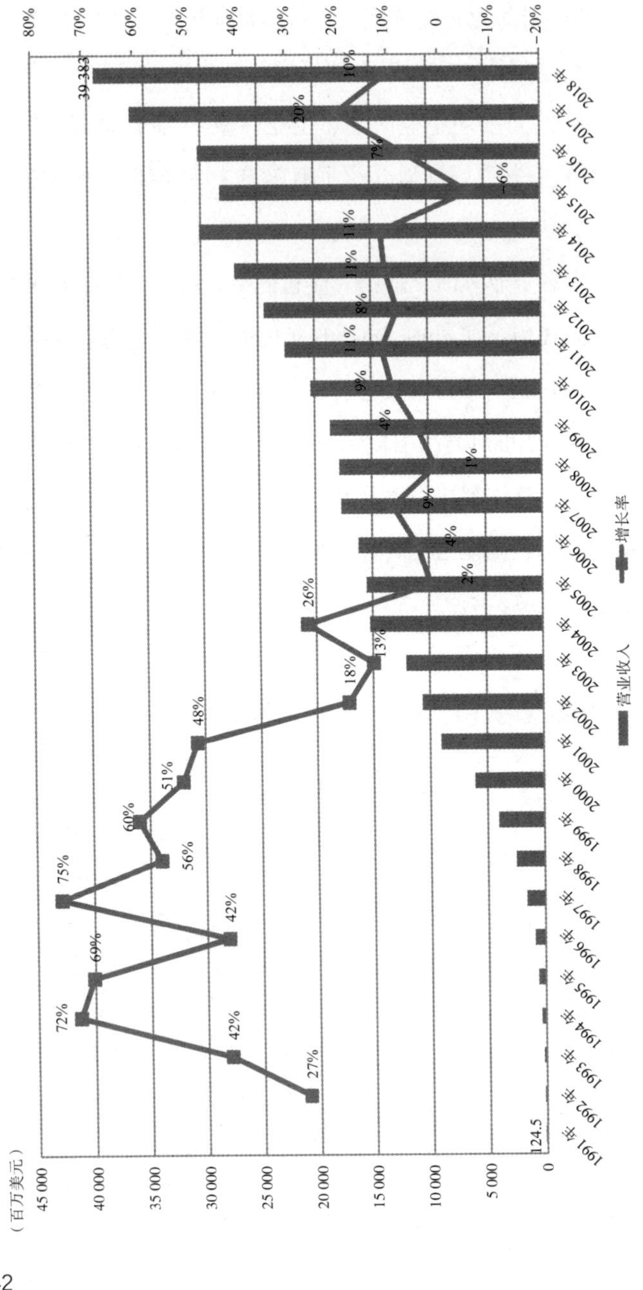

图 2-2 海尔集团 1991—2018 年营业收入与增长率

阿里巴巴：构建未来的商务生态系统

1999 年，阿里巴巴由以马云为首的 18 人在中国杭州联合创立，后来，这 18 位创始人被称为“阿里巴巴十八罗汉”。阿里巴巴的业务开始于 B2B（企业对企业）网站（Alibaba.com），但是，和美国 B2B 网站不同的是，马云将阿里巴巴 B2B 业务的顾客定位为小企业，他将其称为“虾米型企业”。“美国的 B2B 网站服务的企业就像鲸鱼一样。但是，海中 85% 的鱼都是虾米那么大的，见过捕虾致富的，没有见过捕鲸致富的。”这是马云从电影《阿甘正传》中得到的灵感，在这部电影中，主人公阿甘在一场暴风雨后终于捕捞到了虾，赚了第一桶金。[7]

马云和阿里巴巴是幸运的，在企业创立不到一年的时间里，先后从两大国际著名投资机构香港高盛、日本软银分别融资 500 万美元、2 000 万美元。这两次里程碑式的融资让阿里巴巴在互联网泡沫时期度过了生存危机。[8]

尽管阿里巴巴解决了创业期的资金问题，但是它一直没有找到赢利模式。2000—2002 年堪称互联网企业最黑暗的三年。2000 年美国纳斯达克指数达到峰值，随后一直下跌，颓势持续了两年多时间。互联网神话破灭，互联网公司的股票低迷不振，一片哀鸿。比如，2000 年 8 月，网易的股票价格只有 IPO（首次公开募股）时的 1/3。因为阿里巴巴在当时并不是上市公司，没有遭受资本市场的冲击，但是它赢利能力很弱，所以通过削减成本、增加收费项目，奋力让自己“活下去”。

2002年末，阿里巴巴的B2B业务开始逐渐好转，此时，马云开始思考布局新的业务领域，开辟“第二曲线”，准备进军中国的消费性电子商务领域。转机始于2003年，当年5月10日，淘宝网（Taobao.com）正式上线。由于受“非典”的影响，数百万人开始在网上购物，淘宝网一下子就火了起来。2003年10月18日，阿里巴巴推出了在线支付解决方案——支付宝，这更有利于消费者在家中上网购物。2004年2月，日本软银再次领投淘宝网，几家投资机构共注资8 200万美元，这笔资金为淘宝对抗eBay（易贝）起到至关重要的作用。

从2003年到2005年，淘宝网与eBay之间展开了堪称史诗般的市场大战。2003年，eBay在中国C2C（个人对个人）市场的占有率一度超过90%，而到了2005年末，eBay的市场占有率已经下降到不足1/3，淘宝网的市场占有率则接近60%。免费是淘宝网的制胜法宝，不管是买家注册或交易，还是卖家注册或展示商品，都不用支付费用，而收费是eBay模式的核心原则。eBay最终在竞争中输掉了，并于2006年退出中国市场。免费模式和eBay一系列的决策失误成就了淘宝网，使它成为这一市场的领导者。2006年，淘宝网的用户数量达到3 000万，蚂蚁最终战胜了大象。

2007年，阿里巴巴的B2B业务在香港资本市场上市（股票代码1688），这是继2004年谷歌IPO以来最大的互联网IPO事件。上市当天，收盘价达到39.5港元，市值一度达到260亿美元。然而，股价在第二天就开始下跌，当日跌幅高达17%。2008年金融危机爆发，全球贸易量大幅度下降，这也让阿里巴巴的股价开始暴跌。2008年9月，阿里巴巴的股价跌落至 IPO 价格的 1/3。2012 年 6 月，阿里巴巴从香港退市摘牌。

相对于 B2B 业务的萎靡不振，阿里巴巴的淘宝业务却如日中天。2011 年 6 月 16 日，阿里巴巴将淘宝公司分拆为三个独立的公司：淘宝网（taobao），C2C 业务；淘宝商城（tmall），B2C（企业对消费者）电子商务服务商；一淘网（etao），一站式购物搜索引擎。截至 2011 年底，淘宝网单日交易额峰值达到 43.8 亿元。2012 年 1 月，淘宝商城更名为“天猫”。同年，阿里巴巴集团对组织结构进行了大幅度调整，从子公司制调整为事业群制，共设立了淘宝、一淘、天猫、聚划算、阿里国际业务、阿里小企业业务和阿里云 7 个事业群。

2014 年是阿里巴巴从“平台企业”向“生态企业”转型的分水岭。当年 9 月 20 日，阿里巴巴在美国上市，创造了美国股票市场上的最大 IPO 事件，融资达到 250 亿美元。当日开盘价为 92.7 美元，较 IPO 定价 68 美元大涨 36.3%。收盘价 93.89 美元，当日市值为 2 314 亿美元，仅低于谷歌，比亚马逊和脸书的市值还高。

在美国上市后，阿里巴巴更加坚定地执行生态战略。“我们旨在构建未来的商务生态系统。我们的愿景是让客户相会、工作和生活在阿里巴巴，并持续发展最少 102 年。”这是阿里巴巴面向未来的愿景和使命，阿里巴巴希望赋能数以亿计的用户之间、消费者与商家之间、各企业之间的日常商业和社交互动。同时，阿里巴巴向客户提供商业基础设施和新技术，让他们建立业务、创造价值，并与阿里巴巴的其他生态系统参与者共享成果。

> 我们旨在赋能企业改变营销、销售和经营的方式，并提升企业效率。我们为商家、品牌及其他企业提供基本的科技基础设施及营销平台，让其可借助新技术的力量与用户和客户互动，以更具效率的形式开展运营。我们的业务包括核心电商、云计算、数字媒体和娱乐，以及创新项目。我们已经建立起围绕自身平台及业务的生态系统，涵盖消费者、商家、品牌、零售商、其他企业、第三方服务提供商及战略联盟伙伴。[9]

阿里巴巴集团正在围绕着自身平台在全球构筑以“数据驱动”的智能商业生态系统。在阿里巴巴的智能商业生态系统中，主要业务包括电商、云计算、数字媒体和娱乐。其中，电商业务包括聚焦于中国零售市场的淘宝集市、天猫、农村淘宝，聚焦于跨境及全球市场的全球速卖通、天猫国际，聚焦于批发业务的 1688.com（中国）、Alibaba.com（全球）；云计算业务主要包括阿里云，这是阿里巴巴未来将投入巨资孵化的新业务，在从 IT（信息技术）时代向 DT（数据技术）时代转型的过程中，传统的商业模式要转型为智能型商业模式，云计算在其中承担重要角色；数字媒体及娱乐业务包括优酷土豆（在线视频）、阿里巴巴影业、阿里音乐、阿里体育、UC（手机浏览器）；阿里巴巴生态系统中的创新业务主要包括本地生活 O2O（线上到线下）业务，高德（地图及导航）、口碑（本地服务）、饿了么（外卖）。[10]

除了以上三个核心业务之外，阿里巴巴生态系统中还有两个重要的平台业务：金融平台和物流平台。金融平台包括蚂蚁金服和网商银行。2014 年 10 月，阿里巴巴集团组建“蚂蚁金服”统筹整个金融业务，业务涉足支付、征信、借贷、理财、保险、银行、众筹、证券等多个领域。阿里巴巴集团协议收购了蚂蚁金服 33% 的股权，后者为阿里巴巴生态系统中的消费者及商家提供支付及金融服务。

菜鸟联盟是阿里巴巴智能商业生态系统中的物流平台，成立于 2013 年。在阿里巴巴的新零售战略中，淘宝和菜鸟是“顶天立地”的组合，即“淘宝为天，菜鸟为地”。菜鸟联盟的战略目标是发展“中国智能物流骨干网”，它由三大网络构成：天网、地网和人网。“天网”是指由数据驱动的云供应链协同平台，强调电子商务及物流数据的交换和分享。“地网”则是线下物流服务站点，让天网的数据能力真正在地上跑起来。“人网”是最后一公里物流服务和基于消费者各种生活场景的便民服务。阿里巴巴将菜鸟定位为“智慧物流平台”，其菜鸟电子面单、物流云将逐步成为行业基础设施。曾任菜鸟首席战略官的陈威如认为：“智慧物流生态圈的平台希望能扮演物流根的角色，像土壤一样为物流业提供养分；也希望能够成为物流行业的心脏，为整个有机体创造生命。”

图 2–3 展示了阿里巴巴自 2004 年至 2018 年的销售收入。数据显示，阿里巴巴是一家高速成长的企业，2018 年，阿里巴巴集团收入 372.97 亿美元（约 2 503 亿人民币），同比增长 58%，创下 IPO 以来最高增速，净利润达到 89.3 亿美元（约 614 亿人民币），同比增长 49%。[11]

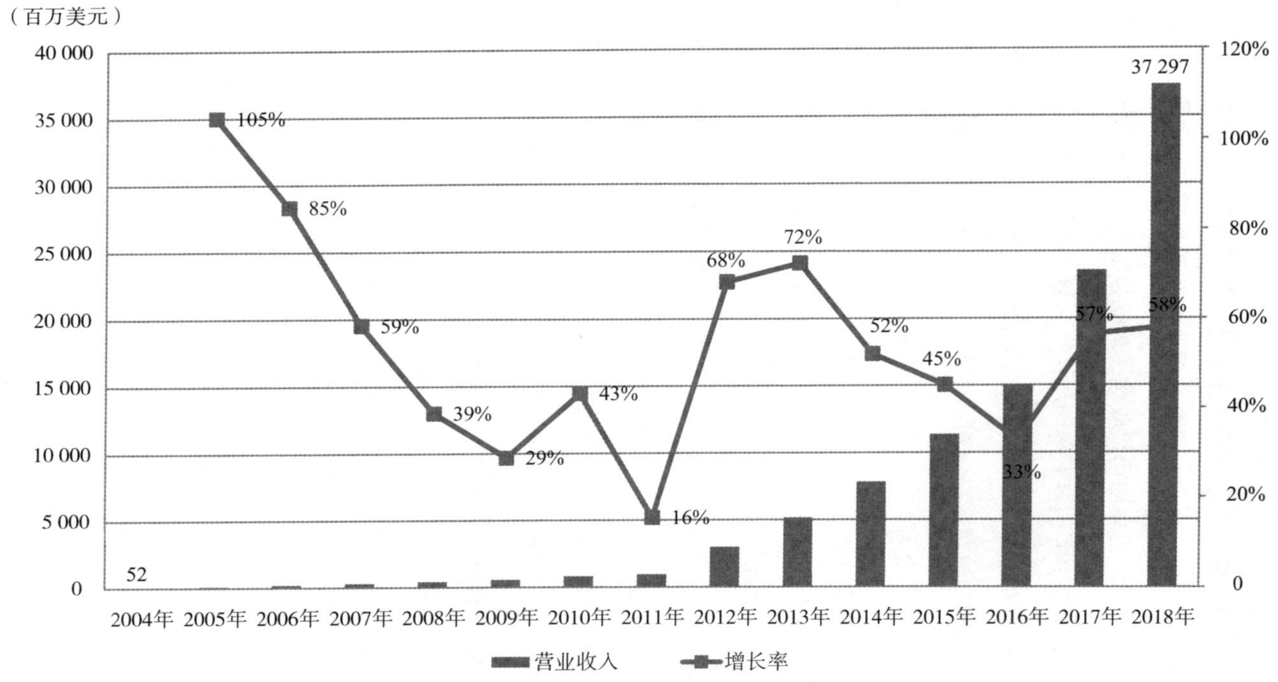

图 2–3　阿里巴巴 2004—2018 年营业收入与增长率

丰田汽车：构建移动出行生态系统

丰田汽车是一家有辉煌历史且令人尊敬的公司，其创造的丰田管理模式享誉世界，被全球许多管理者奉为精益管理的圭臬，是 20 世纪制造业管理模式的代表。丰田汽车成立于 1937 年 8 月 28 日，已经 80 多岁“高龄”了，但是，这家公司没有显现出老态龙钟的感觉，将转型之路走得大胆、快速且坚定。

“车到山前必有路，有路必有丰田车。”这句著名的广告语向人们展示了丰田汽车的自信，它曾经是一家典型的产品导向型企业，目前正在向生态型企业转型。2016 年是丰田汽车转型的一个重要分水岭，这一年丰田对外宣布了转型方向，要从“汽车制造企业”转型为“移动出行公司”（mobility company）。下面，就让我们简要了解丰田汽车的辉煌故事，以及它转型背后的战略逻辑。

丰田汽车的创始人丰田喜一郎在大学学习的是机械专业，他酷爱汽车，对一辆德国 DKW（小奇迹）牌前轮驱动汽车进行了两年多的拆装研究，并于 1935 年 8 月造出了一辆木制车身的汽车，车顶用皮革缝制。丰田的第一辆小型轿车的样车在 1947 年 1 月才试制成功。到了 1972 年，丰田在日本国内累计汽车产量达到 1 000 万辆。

20 世纪 70 年代后期，丰田汽车进入快速发展的轨道。1984 年，丰田汽车进军美国市场，与通用汽车公司成立合资企业。2002 年，丰田汽车占全球汽车市场份额的 10%。2003 年销量超过美国福特公司，成为全球第二大汽车品牌。2008 年销量超过美国通用汽车，为全球汽车销售量第一。丰田汽车和通用汽车在美国市场上进行了史诗般的激烈竞争，最终丰田汽车凭借低成本、品牌高溢价两项看似难以融合的战略，创造了更大的价值空间，从而击败了通用汽车，牢牢地占领了美国市场。2012—2015 年，丰田汽车销售量位居世界第一。[12] 而到了 2016 年和 2017 年，丰田汽车被德国大众汽车超越，全球销量位居第二，其中丰田在 2017 年销售量为 1 044.1 万辆，而大众的销量为 1 074 万辆。

2016 年是丰田汽车向生态企业转型的元年。这一年，丰田发布了出行解决方案平台 MSPF（Mobility Service Platform），提出了“以服务升级驱动利润增长”的新发展模式，并提出打造“移动出行服务平台”这一新的战略定位。丰田的新战略包括三个核心要素：自动驾驶、共享平台和生态共创。

丰田不断加大在提升自动驾驶平台能力上的投入和自动驾驶汽车的开发。2017 年 1 月 4 日，丰田汽车向全球首发了名为“CONCEPT–爱 i”的概念车，这辆小车采用了人工智能系统 Yui，能够实现第 5 级自动驾驶。[13] 同年，丰田汽车与包括麻省理工学院媒体实验室在内的五家科技公司达成合作，将共同为自动驾驶车辆研发区块链技术；与英特尔、瑞士电信设备制造商爱立信及日本的电装公司、电信商 NTT DoCoMo 等数家科技公司及汽车公司联合，成立汽车大数据联盟，目标是通过大数据支持智能驾驶、实时数据绘图等新业务。

丰田向自动驾驶转型的速度不断加快，它希望未来能够让车主像用智能手机一样操作汽车。除了自动驾驶之外，丰田还在车的空间上大做文章，未来的汽车空间将是一个服务共享平台，可以连接各种服务，比如餐饮、电商等。

2018 年，丰田董事长丰田章男亲自发布了最新的转型战略——“电子调色板”（e-Palette Concept）生态战略，这是在 MSPF 出行解决方案平台基础上的业务升级，强调“移动即服务”（Mobility as a Service，MaaS），该平台未来将支持多家服务提供商共享一辆车，可以将物流、办公、休闲、销售、餐饮甚至住宿等各类服务场景整合到一个统一的平台上，同时，可以根据服务提供商的需求定制汽车内饰，从而创造出全新的移动服务生态圈。

丰田的 e-Palette 本质上是以无人驾驶为核心的移动出行商业生态系统，这一生态模式的两大元素是“自动驾驶”和“共享”，该平台可以与多家服务商共同构建一个巨大的商业生态系统。以下是丰田 e-Palette 生态系统的未来场景：

> 2025 年的一天，你准备去上班但临时有工作要处理，一辆联合办公空间 We Work 提供的 e-Palette 来接你去公司，路上你可以使用车内的办公设备及时解决你的工作问题。在你结束一天的工作后，一辆共享汽车 e-Palette 来接你回家，车里的桌上放着你刚刚订的外卖和昨天从亚马逊上买的书。[14]

我相信这一美好的场景不久就会到来，事实上，丰田已在夏威夷的瓦胡岛推出一项名为 Hui 的汽车共享服务。这一服务是对自行车租赁、公共交通和拼车应用等移动服务的有效补充。人们可以通过智能手机应用预订并解锁一辆丰田或雷克萨斯汽车，这些汽车被停在特定的预留车位，会员使用智能手机上的 Hui 应用可以提前找到并预订一辆汽车。[15]

丰田还发起成立了“e-Palette 联盟”，通过这一联盟共同构建生态圈，联盟伙伴都是移动出行领域、汽车领域、服务领域的知名品牌企业，比如滴滴、亚马逊、必胜客、优步、马自达等。这一联盟还在不断扩大，涵盖了汽车厂家、出行平台、电商平台、餐饮平台等多方资源。

图 2–4 显示，丰田汽车 2017 年的营业收入达到 2 652 亿美元，自 2008 年以来，销售增长明显放慢，这表明丰田汽车正在进行艰难的转型探索。丰田汽车利润丰厚，是世界上最赚钱的汽车企业，2017 年的净利润高达 225 亿美元。[16]

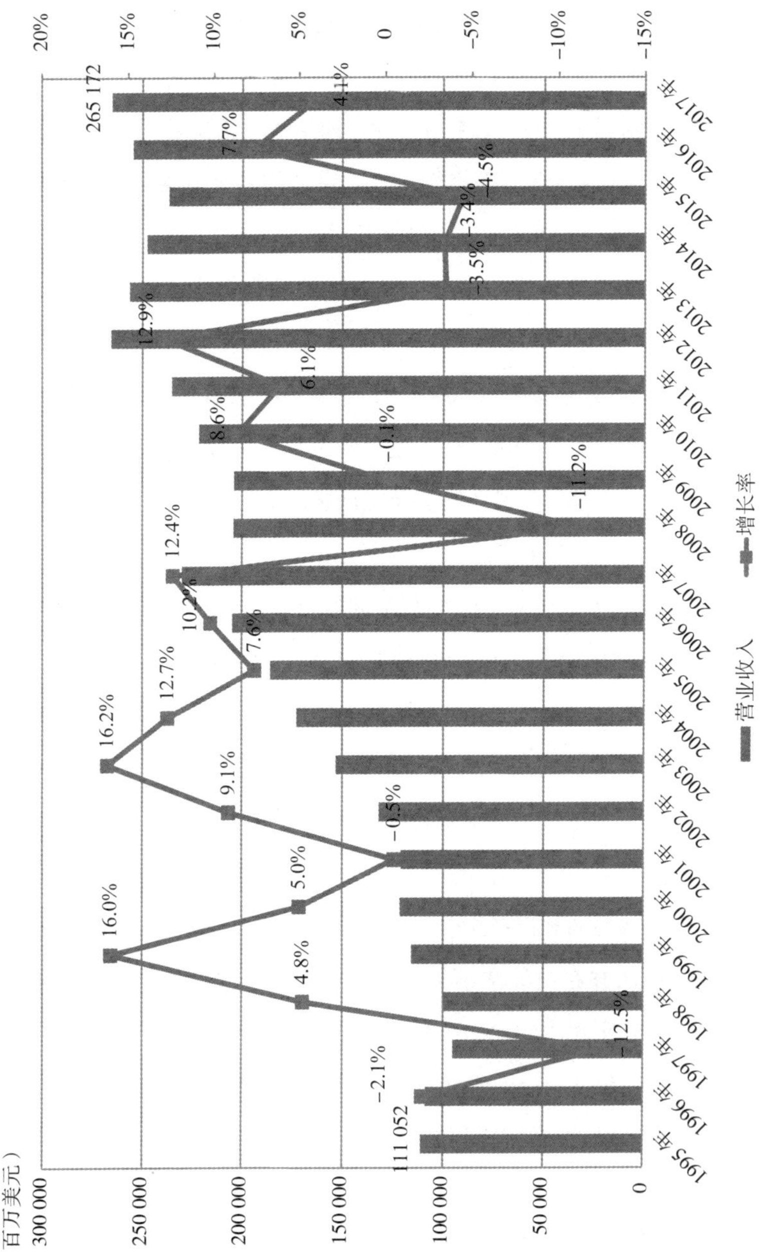

图 2–4　丰田 1995—2017 年营业收入与增长率

苹果：重新定义未来的世界

苹果公司创立于 1976 年 4 月 1 日，创始人包括史蒂夫 · 乔布斯、斯蒂夫 · 沃兹尼亚克和罗 · 韦恩等三人，最初的名字为美国苹果电脑公司（Apple Computer Inc.）。

回顾苹果公司的转型与发展历史，可谓跌宕起伏，它甚至在 20 世纪 90 年代中期差一点就倒下了。公司的第一个产品是苹果一代电脑（Apple Ⅰ），是乔布斯等人在一个车库里组装起来的。1977 年，公司推出了苹果二代（Apple Ⅱ），这一产品被誉为商业上最为成功的个人电脑之一，让苹果公司开创了新的行业，也助力苹果公司于 1980 年 12 月 12 日公开招股上市。

从 1981 年开始，IBM（国际商业机器公司）开始销售个人电脑，苹果遇到了强劲的对手。由于 IBM 的个人电脑使用 DOS 系统，在英特尔微处理器上运行，很快成为市场上的主导电脑，在市场份额上超过了苹果二代。为了应对竞争，乔布斯决定投巨资开发丽萨电脑（Lisa），他希望通过丽萨电脑将图形用户界面革命带到全世界，让它在"宇宙中留下一个凹痕"。当 1983 年丽萨电脑上市时，这是全球首款将图形用户界面和鼠标结合起来的个人电脑，售价高达 9 995 美元。但是，这次乔布斯非常不幸，丽萨电脑没有掀起重塑电脑行业的革命，而是几乎无人问津，产品一败涂地。更惨的是，在 1985 年，因为在麦金塔电脑（Mac）项目上投下的巨大赌注，乔布斯遭苹果公司董事会解雇，被迫离开公司。约翰 · 斯卡利（John Sculley）接任公司 CEO。

1986 年至 1996 年是苹果公司衰落的十余年，其电脑产品主要聚焦在桌面出版与教育等细分市场上，没有革命性的产品，产品线也很混乱，和微软公司因知识产权打了近 8 年的官司，个人电脑市场份额从 20% 跌落到 5%。1997 年，苹果公司亏损 10.4 亿美元。

1997 年，乔布斯创办的 NeXT 公司被苹果公司收购，他借机重新回到苹果公司，并在不久之后出任 CEO。同年 8 月，在 Macworld 大会上，乔布斯用平缓的语气说：“苹果生活在一个生态系统里。它需要其他伙伴的帮助。在这个行业里，破坏性的关系对谁都没有好处。”这是乔布斯重塑苹果公司的第一个关键策略，即结束苹果与微软长达 10 年的版权和专利争斗，两家公司重新建立战略伙伴关系。乔布斯的激情回归，再加上与微软的合作，给苹果打了一针强心剂。大会当天的交易日结束时，苹果股票收盘于 26.31 美元，当日涨幅高达 33%，这一天的股价暴涨让苹果的市值增加了 8.3 亿美元，乔布斯将苹果从死亡线上拉了回来。[17]

乔布斯拯救苹果的第二个策略是“专注做极致的产品”。他认为，苹果已经忘记了如何真正地做好最基本的东西，要想起死回生就需要“努力回到好产品、好营销和好分销这些最基本的东西”。乔布斯开始大刀阔斧地砍掉一些型号和产品，精简产品线。他设计了一个四方格的产品矩阵，横轴是消费级和专业级，纵轴是台式和便携式，乔布斯认为苹果只需要做四个伟大的产品，每个方格一个产品，把每一款产品都变成世界级的产品。

苹果公司的工程师们高度专注于这四个产品领域，相继开发出了四个革命性的产品：专业级台式电脑 Power Macintosh G3、专业级便携电脑 PowerBook G3、消费级台式电脑 iMac、消费级便携电脑 iBook。这种专注战略拯救了苹果，1998 年财年，苹果终于扭亏为盈，实现了 3.09 亿美元的盈利。[18]

2001 年是苹果从产品企业转型为平台生态企业的关键一年，这一年苹果对外宣布了“数字中枢”战略。这一战略以用户为中心，认为个人电脑将成为“数字中枢”，它可以整合各种数字设备，包括音乐播放器、录像机及照相机，用户可以利用计算机连接并同步所有以上这些设备，它也可以管理用户的音乐、图片、视频、信息等。苹果“数字中枢”战略的目标是塑造用户“数字生活方式”。

2001 年 1 月，苹果发布了 iTunes 软件产品，这是其“数字中枢”战略的重要体现。iTunes 软件让移动数字设备和电脑连接起来，实现了多设备资源的共享，让电脑变成“数字中枢”成为可能。比如，Mac 机的用户可以利用 iTunes 软件从 CD（激光唱盘）上复制音乐，也可以刻录 CD。同年 9 月，苹果发布了革命性的产品 iPod，这是一款数字音乐播放器，它在后来的 10 年里主导了全球便携音乐播放器市场。苹果将硬件 iPod 和音乐应用平台 iTunes 连接起来，开创了“硬件 + 软件 + 服务”的平台生态商业模式。2004 年 7 月，用户从 iTunes 音乐商店购买的音乐单曲数量过亿；同年 8 月，iPod 在美国数码音乐播放器市场的占有率高达 58%。

2007 年，苹果公司推出了智能手机 iPhone，并将其与应用程序商店 App Store 连接起来，这一平台生态模式和“iPod+ iTunes”模式类似，同样将硬件、软件、服务连接起来。同年，乔布斯将公司名称中的“电脑”二字去掉，更名为苹果公司。苹果战略的核心是将消费电子产品打造成“数字中枢”，连接用户的“数字生活”。

2010 年，苹果公司推出了 iPad，这是一款便携式平板电脑，使用 iPhone OS 操作系统，用户可以阅读邮件、看视频、浏览网页等。上市一个月销售了 100 万台，前 9 个月卖出了 1 500 万台。2014 年，苹果推出 Apple Watch 智能手表。2018 年，新款 Apple Watch 已经逐渐成为数字健康领域的“数字中枢”，它能够察觉到用户摔倒，并启动应急电话；可以检测用户的心律不齐、心率慢等问题，而且可以直接获得心电图。

苹果以追求极致的用户体验而著名，乔布斯相信苹果创造的产品能够“在宇宙中引起关注”。他的目标不是制造人们会买的产品，而是要改变数百万人的日常生活方式。[19]

2018 年 8 月，苹果公司成为人类历史上第一家市值突破 1 万亿美元的企业，其软硬件一体化的生态战略功不可没。苹果将 iPod、iPhone、iPad、Apple Watch 等世界级硬件产品和 iTunes、App Store 等软件服务平台连接起来，通过硬件产品带动内容消费，获得了生态收益。

“活着就是为了改变世界”，这是乔布斯的一句名言。苹果推出 iPod 播放器和 iTunes 在线商店，改变了音乐产业；而 iPhone 手机和 App Store 则重新定义了移动计算的未来。

图 2–5 展示了苹果自 1982 年以来的业绩。2018 财年，苹果营业收入高达 2 656 亿美元，净利润达到 595.31 亿美元，堪称世界上最赚钱的企业。

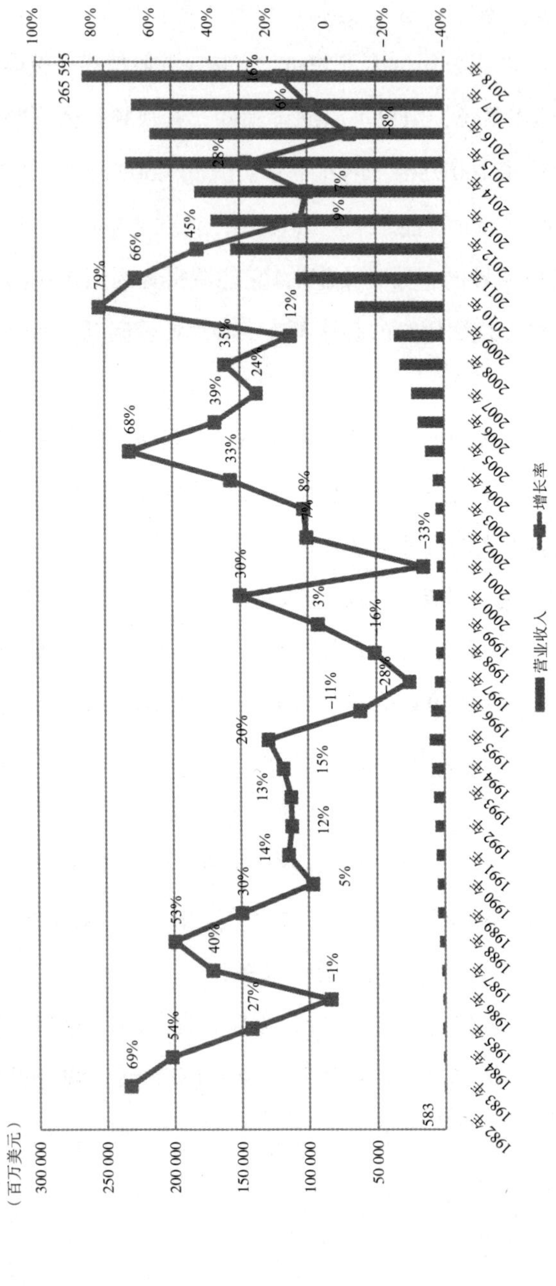

图 2–5 苹果公司 1982—2018 年营业收入与增长率

亚马逊：孕育全球最大的商业生态系统

1995 年 7 月 16 日，杰夫 · 贝佐斯在美国西雅图创立了亚马逊公司（Amazon）。据说，贝佐斯使用这个名字，主要有两个原因：其一，这个名字的首字母是 A，代表“第一”；第二，亚马孙河是地球上孕育最多种生物的河流，寓意未来的企业生机勃勃。也许这个名字真的代表了“好运”，亚马逊一路高歌猛进，势不可当，改变了人们传统的阅读方式和购物习惯。1997 年 5 月 15 日，亚马逊在纳斯达克上市（代码是 AMZN），IPO 价格为 18 美元，市值约 4.3 亿美元，而到了 2018 年 9 月 4 日，其每股价格高达约 2 040 美元，亚马逊成为继苹果公司之后的全球第二家市值突破 1 万亿美元的上市公司。

亚马逊起步时专注于一个细分但商机无限的业务——网上书店（Amazon.com）。创业初期，贝佐斯采取了两个绝招来吸引用户：其一，丰富且便宜的图书；其二，允许顾客参与评论。这两招吸引了大量用户，1997 年，亚马逊的用户数达到了 100 万，同年，营业收入达到 1.4 亿美元。

同年，亚马逊研发出“一键下单”（One-Click）功能，并申请了专利。如果顾客以前在网站上购物，且保存了支付和地址等信息，那么，以后购物时就无须再重复提交这些信息，也就是只需一次点击就可以完成购买。尽管这项专利饱受争议，但是却给亚马逊带来了很大的收益，因为它提高了顾客购物的效率，让购物更加便捷。

1998 年，亚马逊陷入危机，原因是美国最大的连锁零售书店巴诺书店（Barnes & Noble）在上一年开通了自己的网上书店，凭借在图书市场的优势与亚马逊展开价格战。更糟糕的是，巴诺书店准备收购书籍批发商 Imgram，后者是亚马逊最主要的供应商，亚马逊 60% 的书籍商品都来自 Imgram。幸运的是，这次收购最终失败。从这次危机中，贝佐斯发现了单一销售书籍给亚马逊带来的极大风险。

贝佐斯决定拓展新的产品业务。1998 年，亚马逊开始销售音乐 CD，初试效果不错，便开始销售 DVD（数字激光视盘），电子产品销售业务蓬勃发展。1999 年，亚马逊开始在网上销售玩具，但效果一般，库存积压非常严重。

2000 年，亚马逊开始向平台企业转型。在这之前，无论销售图书、电子产品，还是玩具，亚马逊都只是一个网上商店，这是一种“产品型”商业模式，其盈利来源是“差价”。亚马逊从产品供应商购买产品，通过网上商店销售给用户，进而获得销售利润。这是重资产模式，亚马逊的库存和周转压力巨大。比如，在 1999 年圣诞节前，亚马逊购买了 1.2 亿美元的玩具，但销售不理想，假期结束后还有 5 000 万美元库存，后来只能降价销售。

亚马逊在玩具销售业务上出师不利，这逼迫贝佐斯创新商业模式。亚马逊开始与玩具反斗城（Toys “R” Us）合作，后者是全球最大的玩具及婴幼儿用品零售商。新商业模式是，玩具反斗城提供商品与供货商，亚马逊负责网站营运与物流。这是一种典型的平台模式，亚马逊不再负责库存，而是通过自己的网站帮助玩具反斗城挣钱，亚马逊则收取平台费。尝到平台模式的甜头之后，亚马逊利用平台模式与美国家居用品零售商 Bed Bath & Beyond、美国在线购物频道等企业合作。

在与多家大型零售商采取平台模式合作后，亚马逊决定建立更加开放的网站平台。2000 年 11 月，亚马逊整合了拍卖和 zShops 网上商城的业务，推出了第三方开放平台 Marketplace，中小商家和个人都可以在 Marketplace 上开店，展示并出售他们的商品，亚马逊收取交易金额的 5%~25% 作为平台佣金。[20]

后来的发展事实证明，亚马逊的 Marketplace 成为驱动亚马逊爆炸式增长的“火箭船”。数据显示，2018 年，亚马逊的营业收入达到 2 329 亿美元，Marketplace 平台与 Prime 会员服务、AWS 云服务成为亚马逊的三大核心业务。[21]

但是，Marketplace 平台的业务增长并非一帆风顺。事实上，从 2001 年到 2006 年，该平台的业务量并没有呈现出爆炸性增长，更多地起到对 eBay 的防御作用。在这个阶段，亚马逊重点关注的仍然是自营业务，比如在 2005 年推出的 Prime 会员服务就极大地促进了平台业务的销售。

Marketplace 平台业务的转机出现在 2006 年，当年，亚马逊市值超过 eBay，在竞争中获得了相对优势。更为重要的是，亚马逊强化了自身的平台能力。同年 9 月，亚马逊上线了两项关键服务：AWS（Amazon Web Services，亚马逊网站服务）和 FBA（Fulfillment by Amazon，亚马逊物流服务）。AWS 这项服务允许商家利用亚马逊的技术创建自己独立的电商网站，亚马逊的硬件和软件资源有偿提供给第三方使用，包括第三方电商网站，这为开放平台的发展提供了技术保障。后来 AWS 服务逐步升级为基于云计算的 IT 基础设施服务，成为亚马逊一个新的业务增长点。FBA 对开放平台发展的作用更大，直接为卖家解决仓储物流的难题，亚马逊借助这项服务使其开放平台业务进入快速发展的轨道。[22]

和苹果公司的 iPod+iTunes 模式类似，亚马逊开始尝试“硬件 + 服务”的平台模式。早在 2004 年，亚马逊就设立了 126 创新实验室，专门研发各种硬件产品。2007 年 11 月，亚马逊推出 Kindle 电子阅读器，一举引爆了全球电子书市场，并自此打开了电子书市场的大门，进军数字图书市场。亚马逊成功地将硬件（Kindle）和内容（电子图书）连接在一起，颠覆了传统图书的商业模式。

从 2008 年到 2012 年，亚马逊获得爆炸式的增长，当年活跃用户达到 2 亿，在《财富》世界 500 强中排名第 206 位，营业收入达到 610 亿美元。

2014 年，亚马逊开始发力向生态企业转型。同年 11 月 6 日，亚马逊推出 Amazon Echo 家庭智能音箱。2015 年，Amazon Echo 销售火爆，在整个音箱市场的份额达到了 25%。通过语音交互，Amazon Echo 能够实现包括播放音乐、设定闹铃、查询信息、优步打车、一键下单、在线订购比萨、控制开关等在内的多方面功能。Amazon Echo 内置了 Alexa 软件平台，亚马逊将 Alexa 定位为智慧家庭设备的交互中枢，设备制造商可以利用亚马逊提供的 Alexa 应用程序编程接口，让自己生产的设备支持 Alexa。同时，亚马逊在网站上开辟出 Alexa 智能家居的板块，所包含的设备包括灯泡、电风扇、空调、摄像头等。除了智能家居，亚马逊还为许多第三方开发者提供了开发工具，以方便它们将设备和服务整合到 Alexa 的人工智能技术中。从 2015 年 9 月至 2016 年 5 月，Alexa 的应用数量从 14 个上升至 950 个，如福特汽车也已经宣布让旗下智能系统 Ford Sync 支持 Amazon Echo。

亚马逊成立了 Alexa 基金会，以快速孵化创业项目，再加上 Alexa 技能插件、Alexa 人工智能语音服务，共同打造 Alexa 的生态圈，使得创业者、开发者、消费者都聚集在这个生态圈中，实现了多方共赢。

亚马逊还在线下不遗余力地布局生态圈。2017 年 6 月 16 日，亚马逊以 137 亿美元收购线下零售商全食超市（Whole Foods Market）。消费者在互联网上每花 1 美元就有 40 美分是给亚马逊的——这是一个惊人的数字，但贝佐斯似乎并不满足，因为大约 85% 的零售仍发生在实体店里。这位 CEO 掌控了我们的数字生活还嫌不够，他正试图无缝衔接线上与线下。

亚马逊可以很好利用其技术上的优势，使全食超市运行得更有效率。这也是亚马逊的一次线下尝试，亚马逊运用其积累的大量数据可以更好地为全食超市进行营销、成本控制及商业决策。亚马逊可以以全食超市为样板向线下市场进行全面扩张。

图 2–6 数据显示，2018 年亚马逊营业收入达到 2 329 亿美元。亚马逊是一家高速成长的企业，从 2008 年以来，年收入增长率在 20%~41%。

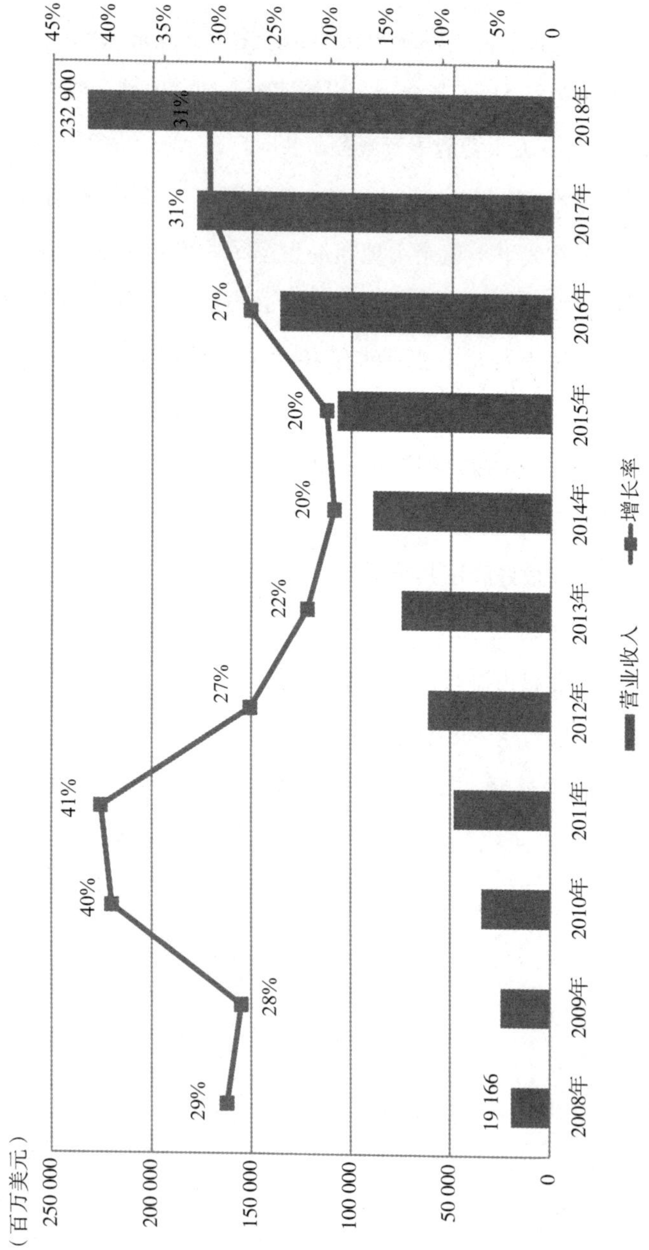

图 2-6　亚马逊 2008—2018 年营业收入与增长率

西门子：全球工业数字化领域的领导者

在本书所研究的世界级企业中，西门子是全球工业界公认的巨擘，它的年龄最大，已 170 多岁“高龄”。1847 年 10 月，31 岁的维尔纳·西门子与约翰·乔治·哈尔斯克在柏林创建了“西门子 – 哈尔斯克电报机制造公司”，这就是西门子公司最早的名字。公司最初经营的是电报业务，后来进入电气领域。1892 年 12 月 6 日，被誉为德国“电子电气之父”的维尔纳·西门子去世，当时，西门子已成为世界上最大的电气工程和技术公司之一，在全球拥有 6 500 名员工。维尔纳·西门子塑造了西门子的创新文化，他的一句至理名言是“我绝不会为了短期利润而牺牲未来”。维尔纳·西门子还曾为西门子划清了公司的业务边界：西门子将在所有的电气领域内采取行动，但绝不会再超越这个范围。[23]

维尔纳·西门子将公司的业务聚焦于电气领域很有先见之明：一是这个领域包含和发电、传输电及使用电相关的产品，产品线非常宽泛；二是电气业务让西门子赶上了第二次工业革命的好时机。1930 年，西门子的雇员总数达到 12.7 万人，成为欧洲最大的电气公司。不管是发电机、电灯，还是电气列车，在和电气有关的领域都可以看到西门子的身影。[24]

维尔纳·西门子的继任者们并没有完全遵循他给西门子制定的经营原则。后来，西门子逐渐发展成为一家多元化的企业，除了生产电气领域的产品之外，还生产过收音机、电视机、电子显微镜、洗衣机、计算机、半导体设备和心脏起搏器等产品。

1966 年 10 月 1 日，在恩斯特·西门子（创始人维尔纳·西门子的孙子）的主导下，西门子的三家关联公司 Siemens & Halske AG（成立于1897年）、Siemens-Schuckertwerke AG（成立于1903年）和Siemens-Reiniger-Werke AG（成立于1932年）合并为Siemens AG，即今天的西门子股份公司。

西门子历史上第一次大的战略转型是由卡尔海因茨·卡斯克（Karlheinz Kaske）来领导的，他于1981年起担任公司CEO。在10年的任期中，卡斯克成功地让西门子从一家传统的电气工程公司转型为一家全球性的电子技术企业。

卡斯克的继任者冯必乐（Heinrichv von Pierer）也是一位变革大师，他于1992年10月任西门子公司CEO，一直到2005年才从CEO的职位上退休。在冯必乐任职的13年里，他推动西门子进行全方位、深层次的转型与变革，不仅仅重塑了西门子的顾客定位和竞争力，而且对公司内部的管理架构和流程进行了大刀阔斧的变革。1998年，冯必乐引入绩效管理制度，建立高绩效文化，将员工的薪酬和绩效紧密关联起来，对员工积极授权，这些变革是对欧洲传统企业文化的一次全新突破，最终“把一头沉睡的雄狮唤醒了”。

2005年1月28日，柯菲德（Klaus Kleinfeld）接替冯必乐成为西门子CEO。柯菲德任职时间不长，只有两年。2007年5月，因西门子深陷企业腐败丑闻，柯菲德被迫辞职。柯菲德执掌西门子期间，在通信和医疗两大业务上做出了重要决策。2005年6月，西门子宣布将亏损的手机业务全盘出售给了明基电通公司，但在一年之后，因西门子手机的巨额亏损，明基不堪重负，并购失败。2006年4月，西门子将旗下通信集团相关的移动、固网业务与诺基亚的网络设备业务合并，成立了一家名叫“诺基亚–西门子通信网络”的新公司，双方各占

50% 股份。在医药设备方面，2006 年 7 月至 2007 年 1 月，西门子共斥资 57 亿欧元先后收购了 DPC（美国诊断试剂公司）和美国拜耳医药保健集团诊断部的业务，西门子因此成为全球最大的医药设备制造商。

2007 年 5 月，西门子迎来了其历史上首位非德籍且来自外部的首席执行官，奥地利人罗旭德（Peter Löscher，任职时间：2007 年 5 月 20 日—2013 年 7 月 31 日）。罗旭德是西门子向数字化战略转型的推动者，这一战略是通过一系列的并购实现的。同年，西门子以 35 亿美元的高价收购了 UGS，后者是全球产品全生命周期管理（PLM）领域软件与服务的市场领导者，西门子借机进入了数字化业务领域。

2013 年，凯飒（Joe Kaeser）接替罗旭德任西门子第 14 任 CEO。2014 年，凯飒推动发布了西门子“2020 公司愿景”，称西门子将专注于电气化、自动化和数字化三大核心业务。新的业务划分恰好对应了这家百年企业在第二次、第三次和第四次工业革命期间的主要变革。电气化、自动化两个业务依然是西门子营收的主要来源，但数字化业务的利润率最高，增长最快。[25]

“2020 公司愿景”是西门子推动数字化和生态战略的重要宣言。从收购 UGS 开始后的 10 年里，西门子持续投资近 100 亿欧元，不断在软件领域进行投资并购，投资了近 20 家软件公司，重要的收购包括虚拟仿真软件公司 LMS、企业级制造执行（MES）软件公司 Camster、应用程序生命周期管理（ALM）软件公司 Polarion、工程仿真软件公司 CD-adapco、专业工程软件与服务供应商 Vistagy 等。2017 年 4 月，西门子以 45 亿美元收购了明导（Mentor Graphics），这是一家电子设计自动化软件公司，该公司的软件产品被广泛应用于电子系统和集成电路的设计与测试。

在西门子布局的生态系统中，2016 年推出的 MindSphere 数据平台承担着重要职责。它是基于云的工业物联网开放式平台系统，是连接各类设备的统一接口，可以实现不同设备之间的互联互通；同时，它为各类工业企业的应用软件提供开发运营环境，就像海尔的 COSMOPlat 一样，赋能生态圈的各类工业企业。

西门子不断升级 MindSphere 的功能和应用。2016 年发布的 MindSphere1.0 版主要面向欧洲客户，MindSphere 2.0 版本主要面向北美客户。2017 年 10 月升级的 MindSphere 3.0 版则落地中国。在推动 MindSphere 平台应用时，西门子的战略重点是针对垂直行业定制应用软件和解决方案，而非打造适合所有行业的横向工业互联网平台。2017 年，西门子已和埃森哲（Accenture）、SAP 等十几个全球合作伙伴开发出了 50 多种工业应用程序。

2018 年 8 月 2 日，西门子发布“公司愿景 2020+”，对公司架构进行重大调整，以此强化其全球工业数字化领域的领先地位。这次组织结构调整取消了业务集团（Division）层级，精简公司总部。调整后的西门子公司组织架构包括三大“运营公司”——天然气与发电、智能基础设施和数字化工业，以及三大“战略公司”——西门子医疗、西门子歌美飒和筹备中的西门子阿尔斯通。新的公司组织架构旨在赋予各项业务更大的自主运营自由度，让业务单位更加专注于客户，并根据所在行业的特定需求开展业务。

西门子在“公司愿景 2020+”中，明确表示未来将通过收购相关公司继续扩展数字化业务，并投资物联网集成服务等新增长领域。发布会当日，西门子宣布以 6 亿欧元收购低代码应用开发领域的领导者 mendix 公司，在工业云上持续加力。美国 mendix 是低代码应用开发平台领域的先驱和领导者，其技术可以将编程和部署应用程序的速度提升 10 倍。通过新成立的物联网集成服务业务部门，西门子努力拓展物联网平台产品，以此为客户的数字化转型提供全面支持。预计 2025 年之前，物联网集成服务市场的年增长率将达到 10%~15%，西门子计划到 2025 年在这一领域雇用约 1 万名员工。

在第四次管理革命时代，西门子正在经历公司历史上最大的一次战略转型，它将聚焦于构建工业互联网平台生态圈，借助工业垂直领域的优势推动工业企业数字化。

图 2–7 展示了西门子 1999—2018 年的营业收入及增长率。数据显示，2018 财年，西门子整体业务收入达到 941.8 亿美元。[26]

人无完人，企业亦然。世界上没有完美的企业，所有的企业都会在不同的发展阶段遇到不同的问题。问题本身并不可怕，可怕的是企业对问题视而不见、置若罔闻，甚至掩耳盗铃、自欺欺人。卓越的企业之所以卓越，是因为它们勇于正视问题，并致力于在成长中去解决问题。

本章所选择的六家世界级企业，都善于在成长中去解决问题。更为难得的是，它们能够在保持高速增长的同时成功地进行转型，找到新的成长增长点。这就好比飞机在“飞行过程中换引擎”，在保持高速飞行的同时，进行动力系统更换，甚至调整飞行的方向。

这六家世界级企业正在引领第四次管理革命，它们正在从“产品型企业”转型为“生态型企业”，并且在战略、组织和模式等方面塑造物联网时代的管理新范式，这一切都围绕着“价值第一”这一核心理念。

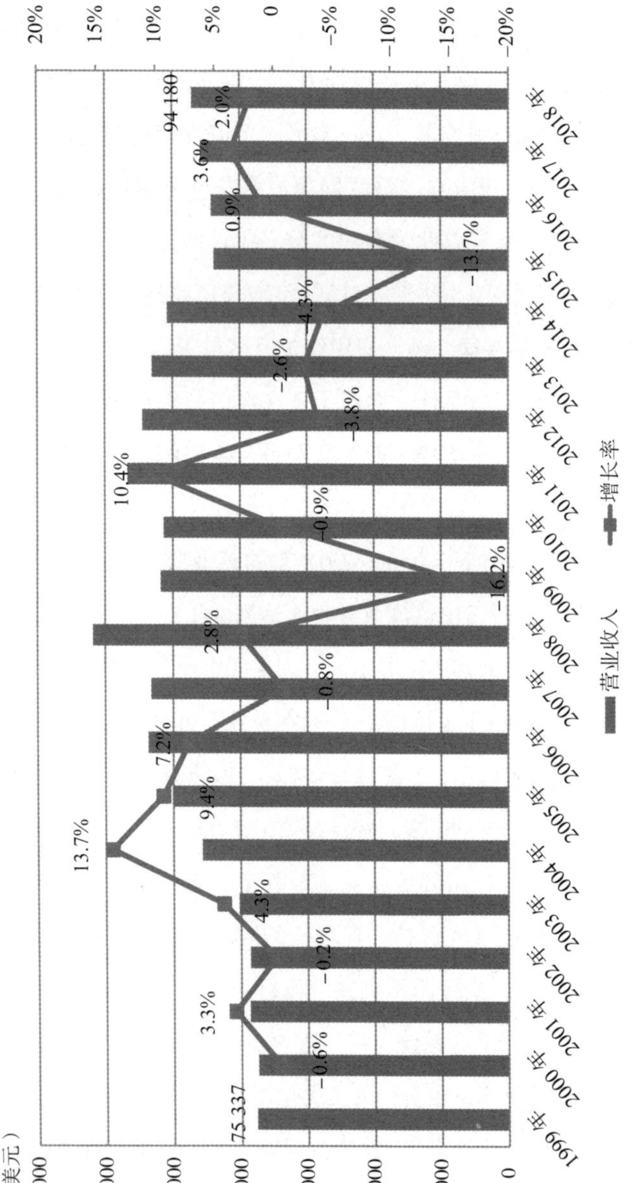

图 2-7　西门子 1999—2018 年营业收入与增长率

第 3 章

“V+”模式：生态企业“价值共生”的战略路径

人的价值最大化是一切商业模式和管理模式的核心。

——海尔集团董事局主席兼 CEO　张瑞敏

人们常常喜欢“秘方”，尤其是当我们遇到人生的困境时，寻找秘方的心情更是急迫，于是，市场上便有许多打着“祖传秘方”的产品和服务大行其道，其中夹杂着不少骗术和浑水摸鱼者。在今天的管理领域，也有不少声称自己掌握了管理秘方的“江湖郎中”，他们是机会主义者，擅长制造、兜售连自己都不太懂的概念，让企业误入歧途。

管理的“秘方”是什么？所谓“秘”，就是内在的觉悟；所谓“方”，就是明确的方向。秘方，就是通过内在的觉悟找到未来明确的方向。每个管理者都需要明白一个基本的事实，除非自己觉悟，他人是不能给我们传授秘方的，那些充其量只是一些经过粉饰的“雕虫小技”。面对越来越不确定的发展环境，许多管理者往往不知所措，急于寻找“秘方”，但是，任何事情都有其本源，只有掌握了这个本源，才能领悟到未来的方向。

在第四次管理革命时代，管理回到它的本源，管理的秘方是“价值共生”，因“价值”而“共生”，这是世界级企业领导者的基本共识和转型方向。华为公司以强大的创新力而闻名，任正非一直认为“创新的基础是要强调价值理论，不是为了创新而创新，一定是为了创造价值”。[1]

任正非把创新的目的指向“创造价值”，而张瑞敏则认为管理的目的就是“人的价值第一”，两位企业家的观点有异曲同工之妙。张瑞敏始终认为影响企业发展的最核心要素就是人，管理的目的就是要把人的价值发挥出来。2005 年，当张瑞敏提出“人单合一”管理模式时，就把“人的价值第一”放在首位，这一原则也成为海尔的转型和变革中一脉相承的主线。

和海尔一样，阿里巴巴、苹果、亚马逊、丰田、西门子等企业同样把“价值共生”视为在物联网时代企业转型的指南针，这是世界级企业的共性，它们在构建管理新模式的过程中始终不背离“人的价值第一”这一基本原则，尽管每家企业的表述方式各有不同。“人的价值第一”原则是企业在不确定环境中转型要把握住的方向，也是企业的转型“秘方”。这里的“人”既包括员工，也包括用户和生态圈的其他合作伙伴。

转型不是转行，转型的本质是转换不同的价值创造模式，它始终需要回答三个基本问题：创造什么价值？能不能创造价值？如何创造价值？我在第 1 章曾经指出，前三次管理革命的秘方是“效率至上”，这意味着“效率”是创造价值的重要手段，而第四次管理革命的秘方是“价值至上”，“共生”是价值创造的“不二法门”。

基于对六家世界级企业商业模式和管理模式的研究，我把这些世界级企业正在构建的模式定义为“价值 +”模式，即“Value+”模式，简称为“V+”模式（见图 3–1）。“V+”模式包括一个中心、三个维度，其中一个中心是指以价值共生为中心，三个维度是指战略生态、平台赋能和价值共创，每个维度聚焦于价值共生中的一个核心问题。其中，“战略生态”回答的问题是创造什么价值，“平台赋能”回答的问题是能不能创造价值，价值共创回答的问题是如何创造价值。

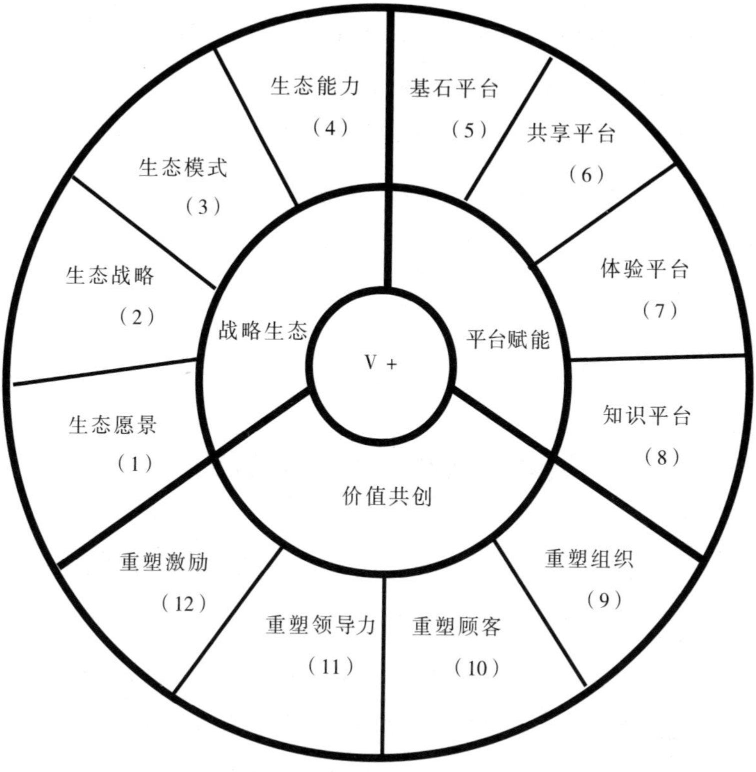

图 3–1　“V+”模式：生态企业价值共生的战略路径

第一个问题有关生态系统的愿景、使命、战略和能力，它的核心是战略生态化，即战略生态。

第二个问题涉及生态系统的平台、结构、资源和组织，它的核心是组织平台化，即平台赋能。

第三个问题则需要明确生态圈中员工与顾客的角色、激励及价值创造机制，它的核心是价值共生。

“V+”模式展示了构建生态系统所需要的十二条战略路径，每一条战略路径对应着构建生态系统所需要解决的一个核心问题。整个“V+”模式解释了生态系统创建、生长和发展的过程，并将有利于生态系统繁荣昌盛的各种原则有机地连接起来。

接下来，我将简要解释“V+”模式中的每一条“战略路径”。而在本书中，我将用 12 章（从第 4 章到第 15 章）来分别解释每一条战略路径如何实现价值共生。

战略：从产品到生态的演变

传统的战略观认为，战略的最基本任务是识别机遇和分配资源，从而将目标和资源有效匹配企业。这种观点认为“战略即匹配”，企业需要根据所拥有的资源来制定相应的战略目标。这种战略观点是相对封闭的，局限于企业自己所拥有的资源来制定战略目标。新的战略观认为“战略即生态”，企业可以在资源和目标之间创造一种不匹配来激发创业创新精神，然而，这种不匹配并不是通过减少资源来实现，而是通过提高目标的挑战性来实现。在这种战略观的指引下，企业的关注点不是拥有多少资源，而是整合资源为用户提供价值的能力，这是开放的生态战略。正如马尔科·扬西蒂和罗伊·莱维恩所言，战略正日益成为一门管理自身并不拥有的资产的艺术。[2]

在前三次管理革命中，战略聚焦于“产品和解决方案”，而在第四次管理革命中，战略聚焦于“平台和生态”。战略是对环境的应对策略，随着竞争环境的不断演变，战略模式也不断升级、迭代。

“战略生态”共包括生态愿景、生态战略、生态模式和生态能力等四条战略路径。

生态愿景

“愿景”是生态系统战略的最高级表现形式，它引领着生态系统各成员企业及每一个参与者的发展和进化方向。社会生物学家认为人类的进化是一种“双轨进化”，即包括生命进化和文化进化两种模式。促进两种进化模式的因素也各不相同，生命的进化取决于“基因”，而文化的进化取决于“模因”。我把生态系统视为一个有生命力的组织，“愿景”则是这个生态系统的“心灵”和“模因”。如果没有愿景，生态系统的所有企业和所有参与者都不能健康发展。所以，“愿景”是生态系统成员企业共同进化、生生不息的牵引力。

打一个比方，“愿景”是生态系统的太阳，如果没有太阳，生态系统中的万物不能生长；生态系统的成员们就像是向日葵，向日葵需要向阳而生，尽管生态系统中的成员企业可能分布于不同的产业，但它们都需要紧紧围绕着生态系统的共同愿景（common vision）来调整自己的战略和方向，协同进化和发展。

本书第 4 章聚焦于生态愿景。

生态战略

我把战略管理分为四个层次，即战略 1.0、战略 2.0、战略 3.0 和战略 4.0。战略 4.0 的核心是生态战略，它的本质是开放、连接和共赢。生态战略和传统战略在经济模式、战略思维、竞争战略和组织形式方面都有很大不同。

在第四次管理革命时代，企业要么生态化，要么被生态化。企业的具体战略选择可能只有两种：生态化和专业化。对于那些大型的领先企业而言，它们的战略选择就是构建生生不息的生态系统；而对于中小企业而言，它们的战略选择就是专业化，通过融入大企业所构建的生态系统获得生存和发展。

在本书中，我将致力于构建生态系统的企业称为“生态企业”，它们是平台生态圈的建构者。生态企业关注的是平台生态圈的整体健康和竞争力，而且，它们将平台生态圈视为一个有机的创业创新生态系统，而不仅仅是传统的供应链伙伴或者产业集群的联合体。生态企业扮演着生态圈中的骨干角色，首先，它们致力于推动整个生态系统内的价值创造活动，其中既包括合作伙伴与自己的合作，也包括成员企业之间的合作；其次，生态企业通过设计生态圈的结构、机制来维持生态系统的健康。

设计平台生态结构是一项非常复杂的系统工程，多样性和协同性是两个重要原则。“多样性”不仅可以帮助平台生态圈应对不确定的环境带来的竞争压力，有效缓解生态环境变化所带来的冲击，而且有利于生态圈整体价值的创造，可以形成不同的产业链或者产业集群；“协同性”可以帮助生态系统的成员们在合作与竞争中协同发展，强调以"企业生态位"的思想来看待自己和对待他人，最终实现生态系统中各参与方的共生、共赢。

本书第 5 章聚焦于生态战略。

生态模式

物联网时代的商业模式有三个核心要素：智能互联（smart connected）、数据驱动（data driven）、价值网络（value network）。本书中的六家生态企业将以上三个要素融入自己的商业模式中，创新了一种全新的商业模式，我将其称为"端云网一体化"生态模式，它包括端、云、网三个核心组成部分。所谓"端"，是指终端产品。所谓"云"，是指云端服务，主要包括数据中心、数字大脑、应用平台等。所谓"网"，是指围绕着用户需求和体验而构建的开放、协同、交互的价值创造网络。

在成长模式上，我发现生态型企业在构建生态系统时通常采用三种成长模式，我将其分别称为内生型模式、外生型模式、内外共生型模式。"内生型"是一种内部创业孵化模式，通过搭建创业平台，支持企业内部员工进行转型，并不断孵化创业公司，这是一种内涵式的成长模式；"外生型"通过并购的方式将外部创业公司并入自己的生态圈，这是一种外延式的扩张模式；"内外共生型"则兼具内生和外生两种模式的特点，将内部孵化和外部并购相融合。本书中的六家世界级企业都采用了第三种模式，即通过"双轨道模式"来扩展自己的生态系统。

本书第 6 章将聚焦于生态模式。

生态能力

“核心竞争力”这一概念出现在第三次管理革命的中期，那时，全世界的大企业正在致力于多元化的重组与并购，流程再造更是如火如荼。C. K. 普拉哈拉德和加里·哈默尔将“核心竞争力”定义为组织内的集体学习能力，尤其是如何协调各种生产技能并且把多种技术整合在一起的能力。在此基础上，他们指出核心竞争力有三个主要的作用：首先，核心竞争力能够为公司进入多个市场提供方便；第二，核心竞争力对最终产品为客户带来的可感知价值有重大贡献；第三，竞争对手难以模仿。如果核心竞争力是各项技术和生产技能的复杂的融合，那么这项能力就难以被竞争对手模仿。

核心竞争力思维本质上是“产品思维”，两位学者当时认为全球竞争共分三个层面：核心竞争力、核心产品及最终产品。在以共享经济、数字经济为核心特征的第四次管理革命时期，世界级的企业已经从“产品型组织”转型为“生态型组织”，显然，20 世纪 90 年代发展起来的核心竞争力理论已经不能支持生态企业的战略了，核心竞争力也不能为数字化经济体带来竞争优势。

在第 7 章，我将生态型企业的核心竞争力进行了重新定义，基于“生态思维”，而不是“产品思维”，我将生态系统的核心竞争力定义为“价值元力”（valuable essence of competence，VEC），即生态型组织创造价值和实现价值的原动力，它是生态系统竞争优势的来源。VEC 不是一项单独的能力，而是一系列能力的组合。它包含两大维度，第一个维度是由人工智能、区块链、云计算和大数据等所产生的“硬能力”，第二个维度是善德、雄心、学习、独特、共鸣等产生的“软能力”，两种能力可谓“刚柔相济”。第四次管理革命是“价值共生”时代，不再是“产品管理”时代，价值元力将取代核心竞争力成为平台生态型组织新的竞争优势来源。

平台：赋能生态系统的“黑土地”

和传统企业相比，生态企业的组织模式更加复杂，生态圈的繁荣不仅取决于各方参与者的互动参与、共创共赢，更取决于平台的能力。打一个比方，平台能力就是生态圈中的“黑土地”。在肥沃的黑土地上，可以生长大豆、高粱、土豆等各种农作物。同样，在一个生态系统之中，平台能力越强，越能赋能创业者、赋能企业、赋能生态，越能让更多的小微企业、伙伴、各类资源方在平台上生长和发展，形成合力，共同为用户持续创造价值。

本书所研究的六家世界级生态企业基于“平台 + 生态”的战略，都致力于打造平台能力，培育生态系统中的“黑土地”，它们构建了各种各样的平台，共同赋能生态系统的企业和参与者，让生态伙伴们专注于为用户创造价值。在一个生生不息的生态系统中，最为核心的有四类平台：基石平台、共享平台、体验平台和知识平台。

基石平台

“黑土地”的营养主要来自土壤中的有机物质，而在生态系统中，基石平台的重要功能就是为生态网络提供有机物质，其中最为重要的有机物质就是“数据”。在第四次管理革命时代，“数据”是生态网络中的战略资源和核心资产，“云计算”是核心生产力，人工智能是核心技术。

所谓基石平台，就是生态网络中各成员企业利用“计算能力和数据资产”共创价值的“智能”技术底层平台。基石平台能够为生态网络中的成员企业提供解决问题的整套技术、工具和方案，借助一系列的接口或界面，将相关功能集成并提供给生态网络中的企业成员，承担着为生态圈成员企业赋能“数据智能”的功能。利用基石平台上的接口或者界面、工具和技术，成员企业可以根据用户的需求开发自己独特的应用平台或者产品，以创造更多的价值。因此，基石平台的核心特征是资源开放、价值共创和价值共享。

在生态企业构建的生态系统中，基石平台的定位是应用平台的基础平台，即“平台中的平台”。海尔、阿里巴巴、苹果、亚马逊、丰田汽车、西门子这六家领先的生态企业，正是凭借着自己所倾力构建的基石平台，让自己处于生态系统中的基石地位，成为各自生态系统价值网络的中心。

依赖基石平台的核心技术，平台企业不仅捍卫着整个生态体系的健康，防范其他竞争平台企业的入侵，同时，也为整个生态体系企业物种的多样性、稳定性、创新性和竞争性奠定了基础。

本书第 8 章聚焦于基石平台。

共享平台

“黑土地”的第二类重要有机物质就是“组织能力”，这一能力由生态系统中的“共享平台”来提供。在本书中，我将共享平台定义为管理与运营职能的集成平台。共享平台能够为生态系统中的伙伴企业提供包括财务、人力、采购、物流、信息化等一体化的整合服务。比如，海尔集团构建了大共享服务平台，这一平台由财务共享、人力共享、数字技术、运营分析、海尔大学、税务、资金、商务法律、诉讼及反舞弊、内控内审等10个共享赋能服务板块组成。

共享平台将管理职能由传统的“管控”转变为“赋能”，服务和驱动一线的小微企业为用户创造价值，为小微企业的成长赋能“组织能力”，帮助小微企业在共享平台上高效率运营。

本书中的六家生态企业将共享平台定位成生态系统的压舱石，稳定的共享平台能够提高一线团队的敏捷力，让它们更加快速和敏捷地发现用户的需求，及时为用户提供具有竞争力的价值。生态系统是多样性与统一性、敏捷性与稳定性融合得最为完美的有机社群。这些特征在万物互联时代表现尤为突出，即呈现出多样性（大规模定制化生产）与统一性（数据与算法的基础支撑平台）、敏捷性（决策、执行的快速响应）与稳定性（功能模块的沉淀与赋能机制）高效有机融合的特点。如果说多样性与统一性的高效有机融合是生态型商业模式的核心特征，那么，敏捷性与稳定性的高效有机融合则是生态型组织架构的核心特征。[3]

本书第9章聚焦于共享平台。

体验平台

我们必须清晰地认识到长久以来的以“企业为中心”的思维方式到底在多大程度上限制了我们向“价值共生”模式转变。在第四次管理革命时代，价值创造方式已经发生了颠覆性的变化，企业未来的竞争将依赖于一种新的价值创造方法，即以消费者个体为中心，由消费者和企业共创价值。所以，企业管理者必须学会站在个体消费者的角度来体验这个世界，秉持“消费者思维”或者“顾客主义”，将顾客价值体验视为一切问题的出发点，寻找与顾客共生的价值创造空间。[4]

“体验”是生态系统“黑土地”的第三类重要有机物质，著名战略管理学者 C. K. 普拉哈拉德和文卡特·拉马斯瓦米在《消费者王朝》一书中指出，对消费者来说，决定价值大小的主要因素是产品或者服务所带来的体验质量，共创体验已经成为价值的基础，因此，在未来的生态系统中，建造共同体验的平台和机制将是生态企业的一个根本性挑战。[5]

本书所研究的六家世界级企业不仅在产品战略上坚持追求“极致的顾客体验”，而且通过建立多场景的体验环境，将传统的交易平台升级为体验平台，利用体验平台构建体验网络，将价值融入用户的个性化体验之中，使得消费者与企业在交互中创造价值和获取价值。

本书第 10 章聚焦于体验平台。

知识平台

知识和智慧是创造价值的基础，没有知识和智慧的共创就无法实现价值的共创。无数个企业失败的故事告诉我们，绝大多数企业的没落或失败，要么是穷尽了企业的知识和智慧，要么是没有发挥企业内部成员的集体知识和智慧。一旦失去了知识和智慧，企业就失去了活力和创造性；而一旦失去了创造性，企业就会变得僵化，变得墨守成规。僵化的企业无法与外部环境保持一致性变化，无法在竞争中保持灵活的适应性，无法在竞争中保持优势，自然逃脱不了被淘汰的命运。

“知识”是生态系统“黑土地”的第四类重要有机物质，本书所研究的六家世界级企业在构建生态系统时能够快速吸收、创造知识和智慧，利用知识平台构建了全球知识共享网络。从个人智慧、团队智慧，到组织智慧，再到生态智慧，这是生态企业建立智慧型组织的四个阶梯。生态企业的领导者都是激活生态智慧和驾驭生态协作的高手，善于到企业外面去寻求伟大的想法，他们以“无差别心”的仁者心态，以“世界就是我的人力资源部”“世界就是我的研发部”的胸怀，坚持“不为所有，但为所用”的原则，开放组织的边界，构建各种知识社群，吸纳全社会身怀绝技的知识创造者进入企业的知识共享平台，共同为用户创造价值。

本书第 11 章聚焦于知识平台。

价值：创造共同繁荣的“命运共生体”

从“效率第一”到“价值第一”，“价值共生”是第四次管理革命的主旋律，“一切以用户价值为依归”成为生态型企业战略转型的首要原则，而践行这一原则需要将用户、员工视为企业的两条生命线。彼得·德鲁克曾经指出，企业的首要利益关系者是顾客。如果没能够让顾客满意，那么，其他任何事情都免谈。

本书所研究的六家企业致力于构建“价值导向”的文化和机制，这包括价值创造、价值实现和价值分配三个核心环节，其目的是构建共同繁荣的“命运共生体”。在这样的价值共同体中，个体的价值与企业价值相互融合，企业价值与生态价值相互融合。而为了实现这一战略目标，生态型企业需要重塑组织、重塑顾客、重塑领导和重塑激励。

重塑组织

企业转型遵循一个普遍的规律，即使命决定战略，战略决定组织结构，反过来，组织结构又会影响战略。当企业的使命和战略发生了改变，相应地，就需要调整组织结构以适应这种变化。张瑞敏将其比喻为头和身体的关系，“（使命）战略制定后，组织结构要从属于战略。如果说战略是头的话，组织结构就是身体，当头转向战略方向的时候，如果身体没有转，这个问题就很严重。说明企业还没有真正转过去”。

本书的六家世界级企业在推动战略转型的同时，也同步推动组织转型。在生态战略的指引下，它们都致力于打造生机勃勃的生态组织。尽管这六家企业没有共同的组织结构，每一家的组织结构都很独特，都不尽相同，但是，它们所构建的生态组织有四个共同标准，即敏捷性、生物性、信任与灵活决策。这些基本的组织标准重塑了我们对组织结构、组织权力、组织边界、决策模式的传统认知。

在组织形式上，职能分权制、联邦分权制和模拟分权制分别对应第一、二、三次管理革命的核心组织特征。事实上，这三种组织形式至今依然有很大的影响力，但是，这些传统的机械式组织模式正受到越来越严峻的挑战，因为这些传统的机械型企业追求的是精准、控制和可预期，创新难以找到生存空间。在第四次管理革命时代，海尔、阿里巴巴、亚马逊等世界领先企业创新了一种新型的组织形式，我将这种新型的组织形式称为“平台分权制”。

平台分权制是对联邦分权制、模拟分权制和职能分权制的升级与创新，在这种组织结构中，核心的组织形式有两级，即“平台+自主单位”。其中，平台包括两个层级，即“后台”和“中台”；自主单位是具有高度自治权的小微企业或团队，又被称为“前台”。在平台分权制中，员工的定位也发生了根本性变化——从传统的“打工者”转型为“价值共创者”。

本书第12章聚焦于生态型组织的标准和平台分权制。

重塑顾客

在第四次管理革命时代，企业必须重新审视传统的以公司为中心的价值创造体系，这种体系已经为企业服务了一百多年。现在，企业需要一个新的价值创造的参照体系，答案就是一个以共同创造价值为中心的新型体系，这一变化始于产业系统中顾客角色的转变。

我发现，正确认识与顾客之间的关系，对于企业重塑价值创造体系至关重要。我将企业与顾客之间的关系总结为三种类型：交易关系、交互关系和共创关系。这三种关系的背后是企业对顾客角色的四种不同定位：标准化的消费者、个性化的消费者、参与式的消费者和价值共创者。企业对以上三种关系和四种角色的不同认知模式，将决定企业采取不同的价值创造模式。

本书中的六家世界级企业不再将顾客视为一次性的交易者，而是将顾客的角色定位为“价值共创者”。顾客定位从“参与式的消费者”

到“价值共创者”的转变，推动组织逐步演变成无边界的平台，并催生出一种新型的价值创造模式：以用户为中心的大规模个性化定制。海尔、丰田汽车等是这一模式的领先者。比如海尔集团依托工业互联网平台，以及智能互联工厂的研发和柔性制造能力，实现了从“交互需求”到“产品众创”，再到“规模定制”的创新升级，重新定义了顾客的角色，同时也重塑了传统的价值创造模式。

在第13章，我剖析了本书中的六家世界级企业如何从传统的“以产品为导向”转型为“以顾客为导向”，激励顾客一起共同创造价值。从海尔、丰田、亚马逊、苹果等公司的管理实践来看，与顾客共创价值包括三个核心要素：交互、体验与迭代。

重塑领导力

和传统企业僵化的管理模式不同，生态系统更倾向于采取自组织、自运营的分权式管理模式，在这种具有“共治”特征的管理模式下，领导者如何引领每一个创业者、每一个成员企业朝着共同的目标前行是一个极大的挑战。“英雄式领导”是以领导者自己为中心的领导力模式，如今，它饱受挑战。纵观本书中的六家世界级企业，它们都曾经经历过“英雄式领导”阶段，但是，它们的过人之处在于意识到这种领导力模式已经不适应组织不断扩张的需要，在推动战略向生态化转型的同时，亦推动领导力模式进行转型。在第四次管理革命时代，企业进化和转型的方向是生态系统，未来的实体经济将发展成高度共生共创的生态系统，领导力依然非常重要，但我们需要重塑领导力。如果领导者仍然秉持过时的领导力思维，就无法建立起欣欣向荣、生生不息的商业生态系统。

领导力是一种力量，是一种引领自己、他人、企业和系统达成目标和实现价值的力量。物质与心智的整合也是当今领导力变革面临的重大挑战。心智是内在的，它体现的是生命的内涵和价值；物质是外在的，它体现的是财富和地位。心智与物质的割裂恰恰是领导力异化最深层次的问题。我将物质与心智的整合程度，以及与外部系统的融合发展水平视为衡量不同领导力水平和模式的重要标尺。据此，我区分了四种不同的领导力模式，即领导力 1.0、领导力 2.0、领导力 3.0 和领导力 4.0，这也是领导力发展的四个阶段。领导力从 1.0 到 4.0 的变革升级就是领导力源头和权力从组织结构顶端不断下移、外移的过程，在这一过程中，领导者的心智思维和利益分配不断被割裂、重整。

共治，即共同治理。创业生态系统的健康发展是所有成员企业赖以生存和发展的基础和保障，因此，生态圈中的每一个领导者都要树立“生态命运共同体”的发展理念，从整个生态圈的高度，共同谋划、同舟共济，协同推进创业生态系统的治理。领导力 4.0 正是让生态系统中的每一个人都能找到与未来的连接，都能够在“共治”中获得创造性张力和丰富而有意义的人生。

本书第 14 章聚焦于重塑领导力。

重塑激励

“人的价值第一”是“V+”模式的核心理念，但是，用什么样的机制才能激发每一个个体与企业共同创造价值呢？ 本书的六家企业都致力于建立以“价值”为纽带、以平台为基础的合伙人机制，即“平

台 + 合伙人”。这种激励机制的核心是以“价值”为纽带，企业构建管理平台，让合伙人在平台上自主创业，依据价值契约获得相应的报酬和奖励。

每家企业采取的合伙人机制并不完全相同，我识别出三种合伙人模式，即股权合伙人、价值合伙人和平台合伙人。这三种模式不是相互割裂、相互排斥，而是相互依存、协同发展的。在每一家公司内部，有时会同时实施这三种模式。合伙人制度将企业与员工之间的关系从雇佣关系转变为合作关系，管理模式也从“控制”向“赋能”转型。赋能将员工从原来的“打工者”变成价值共创者，共同创造价值，共同分享价值，从而激活每一个个体内在的动力。

“合伙人”改变的不仅仅是员工的身份，而且重塑了企业的薪酬制度。从过去 100 多年薪酬制度的演变来看，主要有三种被广泛应用的薪酬制度：计件薪酬、能力薪酬、职位薪酬。而本书中的六家企业正在对薪酬制度进行颠覆式的变革，比如海尔抛弃了曾经长期执行的职位酬，创造性地提出了“人单酬”。顾名思义，“人单酬”是以“单”为基础的报酬体系，也就是说“单”是计算“报酬”的核心依据。我将海尔创造的“人单酬”定义为“价值酬”，这是未来企业薪酬制度变革的方向。在“价值酬”制度中，计算员工的薪酬依据是其为顾客创造的价值，创造的价值越大，得到的报酬越高。

在第 15 章，我详细分析了合伙人机制和价值酬，这些机制的核心目的是让生态系统中的各个参与方实现“共益”，即共同增益。益的本质是“利他”，生态系统中的每一个成员企业要致力于研究如何创造价值，如何通过价值创造让整个生态圈增值，生态系统成功的关键是其成员企业要坚守“利他主义”。在一个平台生态圈中，其成员企业之间在“共益”的基础上实现利益的“共享”，依据价值共享原则，生态型企业可以通过设立共享的利益分配机制，激励成员企业为整个生态圈创造价值。

“V+”模式：在“模糊性”和“复杂性”中引领战略转型

组织理论的奠基人詹姆斯·马奇在《论领导力》一书中指出，领导者们常常低估模糊性及其对决策的影响，而更加希望于在明确的战略中实现明确目标的理性行动。事实上，我们追求的目标往往是模糊、不清楚、不连贯、不稳定的，在行动过程中甚至是行动的结果中才被明确下来。[6]

对领导者而言，决定转型是异常困难的，这不仅仅是因为企业转型面临着越来越复杂、越来越模糊的经济、技术环境，更是因为领导者无法预知转型的结果是成功还是失败。这就像是在雾中前行，模糊性带来了复杂性，任何应对这些复杂性的战略举措对于企业转型都至关重要，然而，复杂性的概念非常模糊，没有一致的定义。

麻省理工学院的奥托·夏莫将复杂性分为三类：动态复杂性（dynamic complexity）、社会复杂性（social complexity）、涌现复杂性（emerging complexity）。动态复杂性意味着在原因和结果之间存在空间或时间上的系统性距离或者延迟，这个因果链条越长，问题的动态复杂性越高；社会复杂性因众多利益相关者之间的不同利益和多元化的世界观而形成；涌现性复杂性则主要由破坏性变革或技术而引起。[7]

我们应该如何在转型中应对这些复杂性呢？显然，应对不同的复杂性，需要不同的方法。动态复杂性主要反映的是因果之间的复杂性，可能出现多因一果，也可能出现一因多果，更可能出现多因多果。一因一果，是最简单的动态复杂性；多因多果，是最高级的动态复杂性。如果动态复杂性程度较低，则可以对之进行逐步分解处理。如果动态复杂性程度很高，则需要关注不同系统之间的相互依赖关系，解决这类问题，奥托·夏莫给出的建议是采取“整体系统法”。

“整体系统法”更像是一个哲学术语或概念，我们需要从战略管理的视角来解决动态复杂性。我发现本书所研究的世界级企业采取了“生态战略”来解决动态复杂性。生态战略秉持的是系统观、整体观，生态战略的核心就是从商业生态系统的角度来构建共赢机制，即“V+”模式的第一个维度“战略生态”。

在一个复杂的生态系统中，围绕着生态企业，还有诸多的利益相关者，故呈现出社会复杂性。解决社会复杂性，生态企业需要听取利益相关方的诉求，设计共同利益机制，以及资源共享机制，这就是“V+”模式的第二个维度“平台赋能”。

涌现复杂性的核心特点是“涌现”，它常常由颠覆性的技术所引发，是最难解决的复杂性。奥托·夏莫指出，在涌现复杂性的环境下，未来无法根据过去的趋势和轨迹预测，我们必须随着形势的演变而采取措施。涌现复杂性程度越高，管理者越无法依靠过去的经验，而需要一种全新方法，这种全新的方法就是找到创新与变革的源头，这个源头就是把组织视为一个有机的生命体。在这个生命体中，要充分发挥生态中的群体智慧，捕捉那些蛰伏于公司主流之外的创新思想，需要让顾客、合作伙伴及一线员工都参与进来，跨过组织边界，拓展创新的范围。[8]“V+”模式的第三个维度“价值共创”可以解决涌现复杂性。

第四次管理革命渴望出现伟大的战略家，但是，伟大的战略家不是天生的，多数成功的领导者会在变革过程中学习如何进行战略思考，以及如何在战略和组织层面有效地执行。正是领导者的学习能力——对于战略、执行及新领域的业务学习使得他们长期以来成为高效的领导者。向未来学习的能力是领导者的核心能力，所有的战略家都有一个对未来的愿景。能看到未来，并不能成就伟大的战略家；要成为伟大的战略家，还必须知道如何走向未来。[9]

自2016年被确定为“物联网元年”以来，物联网的发展可谓如火如荼，正在对多个行业产生巨大的冲击。根据思科公司的预测，到2020年，市场上将有多达500亿台互联设备，可以实现万物互联。[10]

为了更为准确地描述未来的技术革命，思科公司率先将物联网（internet of things, IoT）的概念升级为万联网（internet of everything, IoE）。万联网把人、流程、数据及设备等所有的东西都连接在一起，把移动互联网和智能物联网彻底打通。万联网正在将数据、智能和网络等多个要素整合起来，将重新定义新的商业价值，构建万物互联的智能世界。万联网正在孕育一场新的智能化变革风暴，我相信，没有哪一家企业能够不受这场风暴的影响。

在模糊和复杂的动态环境中探寻转型的战略和路径，我们可以从著名华人战略管理学者、动态竞争理论创始人陈明哲教授构建的动态竞争理论中获得启发，这一理论的核心框架是“觉察–动机–能力”（AMC）模型。AMC模型强调驱动竞争响应或者战略行为有三个核心要素：觉察到竞争对手的行动，有响应的动机，并且有能力做出响应。

和大多数战略学者不同，我将战略定义为感知、连接并实现未来的能力，这个定义包含了感知、连接和实现三个要素，核心为“未来”，基础是“感知”，也即“觉察”。尽管感知未来非常难，我们却必须努力提高“感知”的能力，正是感知能力的高低把平庸的领导者和卓越的领导者区别开来。

在第16章，我聚焦于领导者如何感知和连接未来，如何在模糊、复杂和动态中寻找战略方向，制订转型方案。依托香港创业创新研究院，我联合数位来自中国、美国和欧洲的战略管理学者创办了管理X.0创新实验室与产业互联网实验室。这两个实验室的定位是聚焦于战略与组织转型的智库平台，致力于帮助企业推动和实施战略转型，尤其是向数字化、平台化和生态化转型，与企业共同寻找巨变时代的变革战略，共创价值。

在第四次管理革命时代，每一位管理者都需要深思的问题是：我到底是谁？我将走向何处？我如何走向那里？这三个问题关乎生态、企业或个人未来的愿景使命、战略定位，这些不仅是领导者需要首先觉察的核心问题，也是企业采取战略行动的基础。

第 4 章

共同愿景：生态系统的“灯塔”

如果说有一种关于领导力的理念，数千年来一直给组织以激励和启迪，那就是要有能力不断地分享我们所追求的未来图景。

——彼得·圣吉

管理大师彼得·圣吉将我们所追求的“未来图景”定义为“愿景”，对管理者而言，愿景是领导力的重要组成部分；而对生态系统而言，愿景则是生态文化的核心要素。电影《斯巴达克斯》讲述了一个关于古罗马奴隶起义的悲壮故事，它让我们惊叹“愿景”的力量。当起义军被罗马军团包围起来的时候，罗马将领对数千名斯巴达克斯起义军的幸存者说：“你们曾经一直是奴隶，你们还要再次成为奴隶。但是，罗马军团会大发慈悲，免去你们原本应当受到的刑罚。而你们只需要做一件事，就是把奴隶斯巴达克斯交给我，因为我们不认识他。”过了很长一段时间，斯巴达克斯站起来说：“我就是斯巴达克斯。”没有想到，他身边的另一个奴隶随即也站起来说：“不，我是斯巴达克斯。”不到一分钟，所有奴隶都站起来了，都声称自己是斯巴达克斯。在《第五项修炼》一书中，彼得·圣吉写道：“这个故事揭示了一个深层道理。当每个奴隶站起来的时候，就意味着选择了死亡。然而，他们对于斯巴达克斯的忠诚，并不是针对斯巴达克斯其人的。这种忠诚是针对斯巴达克斯所激发的共同愿景——即他们可以成为自由人的理想。这个愿景是如此具有吸引力，以至于没有一个人能够忍心放弃它，而重新沦为奴隶。”[1]

任何一个繁荣昌盛的生态系统，其成员企业和伙伴都需要拥有共同的愿景，它是整个生态系统中人们内心关于未来的图景，正是这种图景让生态系统有一种共同性，它贯穿整个生态系统，让不同的参与者在共同建设生态系统的行动中保持一种连贯性和一致性，让生态系统中的人在未来的事业中找到共鸣，激发出每一个人的认同、激情、承诺、奉献与忠诚。

尽管海尔、阿里巴巴、苹果、亚马逊、西门子和丰田汽车等生态企业所构建的生态系统有很大的不同，但是，这六家世界级的生态企业都有一个共同的特征，即拥有鲜明、独特和共享的生态愿景，这种“共同愿景”是整个生态文化的核心，也是生态的灵魂。

> 任何组织就像一个人一样，如果这个人只是四肢发达、头脑简单，可能不会长久。企业也是这样，企业文化是企业生存兴旺、可持续的关键。……2000 多年前，老子在《道德经》中有一句话非常精辟：“天下万物生于有，有生于无”，意思是有形的东西取决于无形的东西。对企业来讲，无形的东西就是企业文化。[2]

“无形”的愿景会对“有形”的战略发挥重要的影响，战略转型是在黑暗中探索前行，唯有共同愿景是照亮未来的明灯。毫无疑问，如果一个生态系统有共同的愿景，那么，这个生态系统的文化就可以不断传承、进化。资源是会枯竭的，唯有文化生生不息。而要全面理解生态系统的文化传承和进化机制，我们首先需要了解一个和文化传承有关的概念：模因。

模因：文化进化的驱动者

在本书中，我将生态系统定义为“价值共生体”，并视其为一个有生命力的系统，它的创建、生长、发展与进化可以从社会生物学的理论中得到许多启示。社会生物学家们已经发现，人类的进化是一种“双轨进化”，即包括生命进化和文化进化两种模式。促进两种进化模式的因素也各不相同，生命的进化取决于基因（gene），而文化的进化取决于模因（meme）。

对于基因这个概念，我们并不陌生。基因是遗传因子，是具有遗传效应的 DNA 片段，也是决定生命健康的内在因素，深刻地影响着我们每一个人的生命和行为。基因储存着生命的种族、血型、孕育、生长、凋亡等全部信息。可以说，生物体的生、长、衰、老、病、死等一切生命现象都与基因有关。

对于“模因”这个概念，我们则陌生许多，这个词最初源自英国著名科学家理查德·道金斯（Richard Dawkins）所著的《自私的基因》一书，其含义是“在诸如语言、观念、信仰、行为方式等的传递过程中与基因在生物进化过程中所起的作用相类似的那个东西”。语言、观念、信仰、行为方式等的传递过程被称为“文化进化”，也就是说，模因是推动文化进化的驱动者，因此，《牛津英语词典》将模因定义为：“文化的基本单位，通过非遗传的方式，特别是模仿而得到传递。”

理查德·道金斯认为模因是一种独立存在的复制因子，它具备遗传、变异和选择三个特征，而“模仿”是模因的主要传递方式。首先，模因具有遗传性。模因传播的过程就是自身遗传的过程，如某种宗教信仰传播时，宗教信仰作为模因，可以不断地在信仰者身上遗传。其次，模因具有变异性。模因的传递过程并非都是完善的，如人们在转述一个事件时，或许会添加一些细节，或许会删减一些内容。第三，模因具有选择性。模因的传播能力是不同的，某些模因更易于被传递，另一些模因则从来得不到传播。如我们学唱歌曲时经常会发现，有些歌曲比较容易记忆，并能很快传播，有些歌曲则很少被传唱。

在动物世界里，比如老虎、犀牛、大象、长颈鹿等，雄性为了争夺与雌性的交配权通常会大打出手，甚至有时会付出生命的代价，这表明动物的基因是自私的、排他的，而模因也有类似特征。苏珊·布莱克莫尔（Susan Blackmore）将基因和模因的功能进行类比，她指出：“正如基因之间相互竞争着，自私地、不顾一切地要进入到下一代的身体之中，最终决定了生物世界的格局及其结构；与此类似，模因之间相互竞争着，自私地、不顾一切地要进入到另一个人的大脑之中，这最终决定了我们的文化及我们的心理结构。”[3]

总的来说，根据社会生物学家的定义，模因是理念，是价值观，是文化进化和传承的驱动因素。模因的自私性、排他性让一个组织的文化变得具有“选择性”。这种选择是双向的，人会选择文化，文化也会选择人。不同的人会选择加入适合自己价值观取向的生态系统，而生态系统所独有的文化氛围也将选择留住那些符合平台价值观要求的个体。在一个生态系统中，人们对模因的选择驱动着观念的进化，而观念的进化则有利于模因的自我复制。

生态系统的“模因组合”

一个生态系统能否持续健康发展，关键在于其文化是否能够持续健康地进化。而在推动生态系统文化进化的过程中，有两个重要的模因相互发生作用，形成一个“模因组合”，它们分别是：生态愿景和生态使命。

一些管理者将愿景和使命等同起来，其实两者有很大的区别。二者虽紧密关联、不可分割，但关注点不同。生态愿景回答“未来是谁”（who）的问题，即一个生态系统的未来图景，是对生态系统未来发展的一种期望。简言之，生态愿景定义了一个生态系统长期发展的方向和目标。比如，海尔于 2017 年将其愿景确定为“诚信生态、共享平台”，并将“人单合一、小微引爆”确定为实现海尔生态愿景的行动纲领。

生态使命回答“为什么”（why）的问题，即一个生态系统存在的理由和价值是什么，它为谁创造价值，创造什么样的价值。简言之，生态使命定义了一个生态系统存在的价值和理由。

表 4–1 展示了六家生态企业的愿景和使命。马云认为，愿景和使命融合在一起，会像“化学反应”一样，激发出很多有意思的东西来，可以点燃个体，让人们觉得做事情非常有意义。比如，阿里巴巴的愿景是构建未来的商务生态系统，让客户相会、工作和生活在阿里巴巴，并持续发展最少 102 年；使命是“让天下没有难做的生

意”。二者的融合激发了阿里巴巴生态系统中所有伙伴的成就感和工作意义。

表 4–1　六家生态企业的愿景和使命

<table>
<tr><th></th><th>愿景</th><th>使命</th></tr>
<tr><td>海尔</td><td>诚信生态、共享平台</td><td>围绕用户这颗“恒星”打造无边界无限增殖的“星际生态”，以“人单合一”模式构建“三生体系”（生态圈、生态收入和生态品牌），创建物联网时代管理的新范式</td></tr>
<tr><td>阿里巴巴</td><td>旨在构建未来的商务生态系统。愿景是让客户相会、工作和生活在阿里巴巴，并持续发展最少 102 年</td><td>让天下没有难做的生意</td></tr>
<tr><td>苹果</td><td colspan="2">让每人拥有一台计算机</td></tr>
<tr><td>亚马逊</td><td>成为世界上最以客户为中心的公司，让客户能够寻找并发现他们可能需要在线购买的任何商品，致力于为客户提供尽可能最低的价格</td><td>让人们可以通过简单的网络操作获得具有教育性、资讯性、启发性的商品</td></tr>
<tr><td>西门子</td><td colspan="2">“2020+”愿景：聚焦于天然气与电力、智能基础设施、数字化工业等核心业务，拓展医疗、可再生能源、智能交通等战略业务，开拓物联网集成服务等新兴业务；赋予各业务更大自由度自主运营，加速业务增长；提高营收和利润率目标</td></tr>
<tr><td>丰田汽车</td><td colspan="2">提供安全放心、令人心动的驾乘感受，创造全球美好生活与富裕社会</td></tr>
</table>

海尔的愿景是“诚信生态、共享平台”；使命是“围绕用户这颗‘恒星’打造无边界无限增殖的‘星际生态’，以‘人单合一’模式构建‘三生体系’（生态圈、生态收入和生态品牌），创建物联网时代管理的新范式”。二者的有机融合，激发海尔生态系统的所有合作伙伴互联互通、共创共赢。

愿景：灯塔与引擎

如果说生态系统是一个“梦想孵化器”，那么，愿景则是这个孵化器的“灯塔与引擎”。愿景给予创业者们追求梦想的方向感，它定义了生态系统的核心规则。愿景是生态文化中最为核心的模因，是生态系统中所有元素的融合剂，更是生态系统成长的发动机。具体而言，它可以在三个方面为生态系统的发展、进化和成长提供帮助：方向、使命和张力（见图 4–1）。

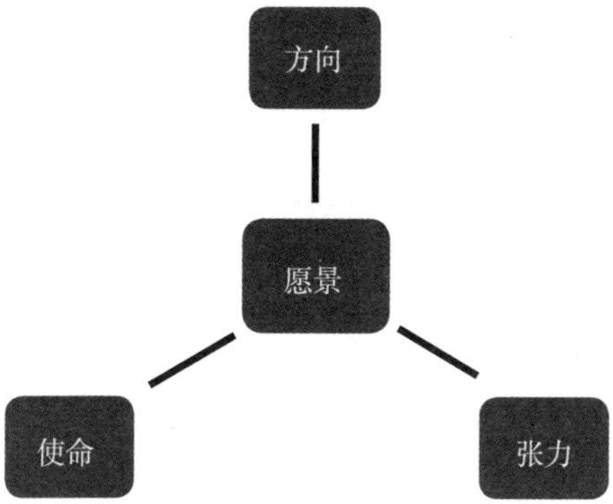

图 4–1　共同愿景的作用：方向、使命与张力

愿景是对生态系统未来发展的期望和想象，它首先为生态系统的战略方向提供了一幅“蓝图”，同时也为整个生态系统进行产业布局提供了指引。比如，从阿里巴巴的愿景中，我们可以看出阿里巴巴生态系统的方向是以客户为中心，让客户们共建未来的商业生态系统。而更有趣的是，阿里巴巴在其愿景声明中，还明确提出了“最少发展 102 年”的具体目标，让阿里巴巴生态系统中的伙伴们对未来更加明确。

生态系统的使命源于愿景，使命也是实现愿景的重要手段，它进一步界定了生态系统为谁创造价值，如何创造价值。比如，阿里巴巴在宏伟愿景的基础上，提出了阿里生态的独特使命，即“我们为商家、品牌及其他提供产品、服务和数字内容的企业，提供基本的互联网基础设施以及营销平台，让其可借助互联网的力量与用户和客户互动。我们的业务包括核心电商业务、云计算、移动媒体和娱乐以及其他创新项目。同时，通过我们投资的关联公司，我们也参与了物流和本地服务行业”。

愿景之于企业，就如同志向之于个人。通常，卓越组织或者系统的愿景是非常宏大的，然而实现宏伟的愿景并非易事，它需要人们的艰苦奋斗与努力。“理想是丰满的，现实是骨感的。”愿望和现实之间总是有着巨大的差距，但是，有这种差距并非坏事，在彼得·圣吉看来，愿景和现实之间的差距恰恰是“创造性张力”的来源。

> 愿景和现实之间的差距，也是一种能量的来源。假如没有这种差距，就没有任何追求愿景的行动的必要。其实，这种差距正是创造性能量的源泉。我们把这个差距叫作创造性张力。[4]

作为推动生态系统文化进化的“模因”，愿景本身也具有进化性。比如，从 2006 年到 2011 年，华为公司的愿景相对稳定，变化不大，这段时间华为的愿景是“丰富人们的沟通和生活”。而到了 2014 年，华为的愿景进化为“共建全连接世界”，但是，这一愿景只使用了两年时间。在 2017 年，华为又提出了新的愿景：把数字世界带入每个人、每个家庭、每个组织，构建万物互联的智能世界。

愿景是企业对未来世界的一种感知和图景化的想象，愿景的进化速度和企业所处的环境变化关系密切，但是，愿景作为对未来长期定位（通常为 20~30 年）的思考，进化的速度不易太快，要因时制宜。

使命：动力与意义

使命源于愿景。在公司愿景的指引下，阿里巴巴一直立志帮助中小企业成长，形成了“让天下没有难做的生意”这一企业使命，并秉承这一使命倾力打造自己的生态系统。马云曾多次解释阿里巴巴的使命：

> 我们要做的是让天下没有难做的生意，我们并没有说让杭州的企业没有难做的生意，我们是让天下，让全世界的小企业没有难做的生意……在这么一个平台上面，向全世界销售自己的商品，推销自己的商品。我们希望能为 1 000 万小企业提供一个生存的平台，创造 1 亿的就业机会，还希望为全世界 20 亿人提供消费。

使命对生态系统的影响主要表现在三个方面：价值观、战略与意义（见图 4–2）。首先，不同的使命孕育不同的价值观，我们来看看使命是如何影响价值观的。价值观本质上是“善恶观”，它是一种伦理习惯，是行动的准则，也是生态文化的重要组成部分。尽管我们对文化下了各种不同的定义，但文化塑造的主要功能是通过建立伦理道德的规则来约束人性中的自私行为，本质目的是“遏恶扬善”。

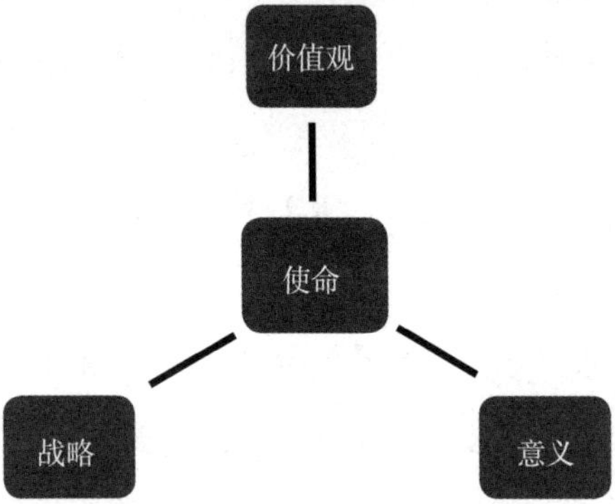

图 4–2　共同使命的作用：价值观、战略与意义

马云强调阿里巴巴的使命是让全世界的小企业没有难做的生意，这是阿里巴巴存在的价值和理由。这种宏伟的使命为阿里巴巴的企业文化注入了强大的力量，塑造了阿里巴巴独特的价值观。

在阿里巴巴，为了完成“让天下没有难做的生意”这一使命，阿里人构建了自己独特的核心价值观体系，这一体系被命名为“六脉神剑”。“六脉神剑”分别是客户第一、团队合作、拥抱变化、诚信、激情和敬业。阿里巴巴并没有将这些价值观贴在墙上，而是植入阿里人的基因里，为此，阿里巴巴设计了一套独特的价值观评价体系，用于评价管理者的行为是否符合阿里价值观。

战略在本质上是一种“选择”，这种选择与生态系统的使命有密切关联，更确切地说，是生态系统的使命催生了创业企业的战略选择。相对于使命而言，战略是在相对微观的层面上，通过明晰企业的发展目标、发展路径促进使命落地。

生态系统的“使命”还可以提升生态系统中参与者们的生命意义。在社会学家看来，寻找生命的意义是人类区别于其他动物最根本的行为动机。比如，管理大师吉姆·柯林斯认为“除非生活有意义，否则不能过美妙的生活；少了有意义的工作，很难过有意义的生活”。被誉为斯坦福大学最能启发学生灵感的帕特里夏·瑞安·马德森（Patricia Rayan Madson）教授，在《即兴的智慧》一书中说：“梦想不分大小，生命的意义和价值就在于通过有目的的行动来实现梦想。”

在许多人看来，工作的意义是工作积极性的关键驱动因素。所谓的工作意义是指让员工觉得自己从事的工作是非常有成就的，可以对人类和社会做出贡献。研究发现，那些基业长青的公司，都以“为广泛人群谋求价值为最大动力”。杨国安和李晓红在《变革的基因》一书中指出：

> （基业长青公司的）使命超越了赚钱的商业目的，更多是一种道德和社会责任感的目标，激发了善行和利他的本能，让公司上上下下每个人的工作都有了意义，让员工为之自豪。例如，迪士尼的使命是“让人快乐”。[5]

战略管理大师加里·哈默尔说：“财富最大化只是一种情绪催化

剂，它不是调动人类全部精力的能量。”相对于财富，使命感是调动人类精神的正能量，可以提升生命的意义。

1997 年，乔布斯重新执掌苹果，在之后 14 年内，乔布斯带领苹果公司创造了企业经营史上的奇迹，将苹果打造成世界上市值最高的企业之一。而乔布斯的管理哲学主要来自苹果创始人之一迈克·马尔库拉，据说马尔库拉曾将自己的管理哲学写了一页纸给乔布斯，上面主要是企业的使命和苹果营销三原则。

迈克·马尔库拉说：“你永远不该怀着赚钱的目的去创办一家公司。你的目标应该是做出让你自己深信不疑的产品，创办一家生命力很强的公司。”在使命感的塑造方面，乔布斯深得马尔库拉真传，在乔布斯看来，他的激情所在正是打造一家可以传世的公司。

> 这家公司里的人动力十足地创造伟大的产品，其他一切都是第二位的。当然，能赚钱很棒，因为那样你才能够制造伟大的产品。但是动力来自产品，而不是利润。一些人本末倒置，把赚钱当成了目标。这只是个细微的差别，结果却会影响每一件事：你聘用谁，提拔谁，会议上讨论什么事情。

“共享”与“内化”

和传统的组织模式不同，生态系统是一种高度分权的组织形态，生态系统中的创业者、创业企业拥有很大的经营自主权和管理决策权。然而，高度的分权也意味着风险的增加，正如“学习型组织”创始人彼得·圣吉所说：“在思想未统一的组织里放权给员工，可能会适得其反。如果大家没有共同愿景，对企业运营的现实没有共同分享的心智模式，放权只能增加组织的压力，加重组织协调和维持运营方向的管理负担。”[6]

彼得·圣吉的担心不无道理，如果一个生态系统里的创业企业和参与者们没有共同愿景，它们将会是一盘散沙，不可能形成生态系统整体的竞争力。这也是许多领导者在构建生态企业时所担心的，他们害怕数量众多的小微企业不能形成战略上的合力和系统，反而分散了企业的资源，使之丧失了战略优势。

共同愿景不会自动生成，对于生态企业而言，如何让创业者、创业企业享有共同的愿景，并且将其内化成每一个成员的行为准则，是非常大的挑战。

发挥愿景和使命对人行为的影响力，需要生态企业制定相关措施和路径传播生态愿景与使命，并设计相应机制来指导员工经常自省，将愿景和使命转化为自己内在的标准，以激发创业者们的抱负之心，激发他们的创业激情。愿景和使命内化的过程也是创业者们发现和体悟生命意义的过程，在这个过程中，人们可以在自己生命的意义和生态系统共同的愿景之间找到联系。彼得·圣吉认为，将愿景和使命内化为个人的行为标准，可以使“工作成为追求更大价值的志向目标的过程，而公司组织的产品和服务则具体体现了这种志向目标”。

生态价值观是一个生态系统中所有合作伙伴和参与者的行为准则，它是将愿景和使命“共享和内化”的重要工具。

比如，丰田汽车是将愿景和使命“共享和内化”的典范，它的绝招是用一以贯之的“丰田纲领”作为员工们的行为准则。丰田自创业至今，其经营核心的愿景和使命，以及企业精神都来自“丰田纲领”。1935 年 10 月 30 日，在丰田创始人丰田佐吉辞世五年之后，丰田利三郎、丰田喜一郎等丰田汽车的早期创始人根据丰田佐吉的遗训，发布了“丰田纲领”，这就是丰田的共同价值观。丰田纲领是根据丰田佐吉的思想精华总结而成，它是“丰田基本理念”的基础，共包括五条内容。

上下一致，至诚服务，产业造福社会；致力于研究与创造，始终走在时代的前列；切忌虚荣浮夸，坚持质朴刚毅；发挥团结友爱的精神，营造和谐家庭式氛围；具有敬畏感，知恩图报。

至今，丰田汽车依然将“丰田纲领”作为行动的最高准则。尽管根据时代的发展，丰田汽车调整了自己的发展愿景，但是，这一“纲领”自 1935 年发布以来一直未发生变化，它指导所有丰田人将愿景和使命内化为自己的行动。

2011 年，丰田汽车发布了在未来社会中领跑移动工具领域的全球发展愿景：“提供安全放心、令人心动的驾乘感受，创造全球美好生活与富裕社会。”丰田章男社长在发布全球发展愿景时表示，丰田汽车创业 74 年来，始终以“全球顾客的愉悦”激励所有丰田员工，秉承“制造服务于社会的汽车”这一理念，努力成为可持续发展的企业。为了践行这一宏伟愿景，丰田章男对全球 30 万丰田人的行为提出了具体要求和期望：“每一个丰田人都在打造高品质，都在时刻追求领先于时代的创新技术，都秉持与地球环境友好相处的意识；在坚持‘精益求精’和永无止境的改善精神的同时，我们还将倾听来自支持丰田发展的顾客的心声，锐意革新，实现更高更远的目标。”

2018 年，丰田汽车新的生态战略“电子调色板”是“提供安全放心、令人心动的驾乘感受，创造全球美好生活与富裕社会”这一愿景的具体体现，其目的是让“全球顾客体验愉悦”，共创美好生活。

本书中六家世界级生态企业的实践表明，愿景和使命就像是企业在大海中远航时的灯塔，它们对生态系统的战略、动力、价值观等产生至关重要的影响（见图 4–3）。“共享和内化”的前提条件是愿景和使命的清晰化，只有清晰地描述生态系统的愿景和使命，生态系统中的创业者、创业企业及合作伙伴才能对整个生态系统有更为清晰的认识。宏大的愿景和使命不仅能够激发人们发自内心的梦想，激发人们奋斗的动力和创业的激情，还能使生态系统中的创业企业、创业者们因为拥有共同愿景和使命而互联在一起，并产生强大的凝聚力和向心力。

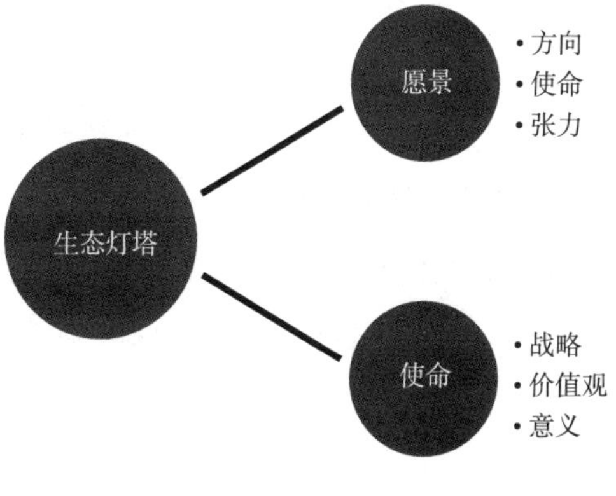

图 4–3　愿景和使命共同构成生态系统的灯塔

德国的西门子也是将愿景、使命和价值观有机融合并对生态伙伴进行激励的典范。2018 年，西门子股份公司总裁兼首席执行官凯飒发布了西门子“公司愿景 2020+”，其核心就是集成生态系统中各个参与方的利益。凯飒指出：

> 我们将以更高效、更专业的方式支持我们的客户，向他们提供建议，帮助他们实现目标——这不仅仅局限在数字化领域。对我们的员工来说，下一代西门子将提供更广阔的个人发展空间、更大的创意自由度和更多的承担责任的机会。我们的投资者也将从中获益，因为我们将尽可能地支持我们的业务在各自的市场领域成为行业领袖。而一个更加强大的西门子也将更好地履行社会责任。

西门子正在物联网时代创造奇迹，是全球数字工业转型的引领者。一个强大的西门子，需要强大的核心价值观来规范和约束所有人的行为准则。西门子的核心价值观是：勇担责任，致力于符合道德规范的、负责任的行为；追求卓越，取得卓越的业绩和运营成果；矢志创新，敢于创新，创造可持续的价值。

在一个由众多利益群体组成的生态系统中，所有参与者遵守道德规范和守法经营是整个生态系统健康发展的基础，西门子将“勇担责任”作为其核心价值观的第一条和业务决策的指南针，突出强调了遵守职业道德的重要性，绝不容忍任何不合规的行为。同时，西门子还对其生态系统中的所有伙伴提出了“共同遵守道德标准”的要求，让所有的商业伙伴、供应商和其他利益相关者遵循同样高的道德标准。

“追求卓越”是西门子实现公司宏大愿景所需要坚持的第二个核心准则，它意味着要为客户提供优异的质量及超越客户需求的解决方案，以及营造一种高绩效企业文化，吸纳市场上最优秀的人才并给他们提供发挥潜力的绝佳机会。西门子认为，追求卓越事关未来变革的成败，它不仅仅关系到西门子今天所做的一切，还要求找到一条持续改善的道路。这就需要公司灵活、积极地迎接变革，从而确保公司能够牢牢把握新的机遇。

“创新”是西门子业务成功的基石，可以释放员工的能量和创造力。西门子的目标是，在所涉足的众多业务领域都占据技术领袖地位。利用创新，西门子将自己定位成“惠及全球的企业公民”，并用客户是否成功来衡量西门子的创新是否成功。在这一价值观的指引下，多年来，西门子不断调整业务组合，并力图为全人类共同面临的最严峻的挑战提供解决方案，从而使公司得以创造可持续的价值。

方向对了，就不怕路远

面对第四次管理革命的冲击，许多企业都在探索自己的转型道路，无论如何，每一家企业都需要找到适合自己的商业模式、管理模式。只要方向对了，就不怕路远。只要行走在正确的道路上，就一定能够达到目的地。这就需要企业重新梳理甚至重塑自身的愿景、使命和价值观。愿景可以给企业指明转型的方向，使命让企业找到存在的价值，价值观是践行愿景和使命的行为准则，三者是生态系统中最为重要的“无形资产”，三者的有机融合可以有效指导企业在动荡的环境中实现成功转型。

斯坦福大学的詹姆斯·马奇教授认为，卓越的领导者需要将愿景、使命和价值观有机融合在一起，以此来引领整个组织进行变革，实现卓越的业绩。马奇教授在斯坦福商学院开设的领导力课程深受欢迎，他使用的一个核心案例是堂吉诃德。我一直好奇，为什么马奇教授喜欢借用堂吉诃德这一文学人物来诠释领导力？西班牙作家塞万提斯笔下的堂吉诃德更像是一个悲剧人物，他梦想成为一名游侠，行侠仗义，闯荡天下，尽管坚守理想和使命，却是屡战屡败。2014 年，我从哥本哈根商学院到斯坦福大学北欧中心做访问学者，而这个中心正好是马奇教授创办的，这使得我有更多机会来研究马奇教授“堂吉诃德式领导力”的内涵。

马奇认为堂吉诃德的身上折射出领导者的若干个核心品质。首先，堂吉诃德有“非凡的想象力”，因此产生“愿景”和“梦想”，能够超越现实的束缚，洞察潜在的可能性，看到常人看不到的东西。第二，堂吉诃德有追求梦想的“痴迷之心”，有强烈的骑士精神，“咬定青山不放松，任尔东西南北风”，将履行骑士职责视为己任。他倾听内心的呼唤，不以结果为导向，不以成败论英雄。这种精神是领导者动力的来源。第三，他有释然之心，在坚持的过程中面对失败和打击能够进行自我调整，有能力使自己达到“心灵自由”，并且能够在痛苦与失败中找到快乐，有着“一笑泯恩仇”的胸怀。第四，堂吉诃德有些“愚直”，经常做出让常人不可理解的事情来。在外人看来，他非常天真，甚至有点“疯癫”，但外在的评价不会扰乱他，不管受到多大的打击，他都能够一笑了之，因为他心里清楚地知道自己是谁。

一个有趣的问题是，马奇所谓的堂吉诃德式的领导者在现实中存在吗？毕竟，传统的领导理论告诉我们：卓越的领导者是“智者”，聪明至极，可洞察未来；他们是“感召者”，身上拥有无穷的个人魅力，一呼百应；他们是“利益追逐者”，不关注过程，以结果为导向，以成败论英雄。而堂吉诃德式的领导者似乎与这些传统的领导理论恰恰相反。

随着第四次管理革命的来临，传统的组织管理模式正在被平台模式、生态模式所颠覆，相应地，传统的领导力模式也越来越不适应平台管理模式的需要，甚至成为阻碍生态企业创新的枷锁，这在美国的硅谷表现得尤为突出。众所周知，以斯坦福大学为中心的硅谷形成了全世界最具活力的创业创新生态系统，更是共享经济和平台企业的发源地，我们耳熟能详的全球知名的几家平台企业，如苹果、谷歌、优步、脸书等都诞生在这里，而斯坦福大学当之无愧是硅谷的发动机，许多知名平台企业的领导者都曾经在斯坦福大学学习，马奇教授的堂吉诃德领导理论在硅谷不仅有许多知音，更不乏践行者。我发现，硅谷生态企业的领导者身上就体现出堂吉诃德式的精神，比如，苹果公司的创始人乔布斯就提倡领导者要有“童心”，要学会“愚蠢”的艺术，这就是“求知若饥，虚心若愚”（stay hungry，stay foolish）。

无独有偶，一些中国的生态企业领导者身上也体现出了堂吉诃德式的精神。他们是追梦者，他们的梦想常人难以理解，甚至遭受非议，但是他们听从内心的声音，隐忍前行。比如，海尔集团董事局主席张瑞敏，心怀“让每个人都成为自己的 CEO”的梦想推动海尔进行全面变革，颠覆传统管理模式，打造创业企业孵养平台；阿里巴巴创始人马云则以“让天下没有难做的生意”为使命，构建了阿里商业生态系统，推动中国商业文明的发展；小米的创始人雷军坚持为“发烧友制造手机”，小米公司的平台模式更是颠覆了传统的智能手机商业模式。

互联网、物联网催生了平台管理模式和生态商业模式，生态企业和传统企业不同，在生态模式下，企业经营最为重要的三个核心资源——员工、顾客和供应商的定位和角色都发生了根本性的变化。顾客不再是单纯的产品消费者，而是变成了价值共创者；员工不再是打工者，而是创业者，企业与员工之间传统的雇佣关系变成了创业共赢的关系；供应商不再是原材料的提供者，而是变成企业多边平台的产业联盟，直接为消费者创造价值。

具有宏大愿景和非凡使命的企业已经意识到，在第四次管理革命时代，传统的企业组织模式正走向消亡，新的平台生态组织模式正暗潮涌动。在生态愿景和使命的指引下，生态企业正在重塑它们的战略。在接下来的一章，我将详细解释从战略 1.0 到战略 4.0 的演变规律，以及企业如何制定生态战略，实现战略转型。

第 5 章

战略 4.0：构建生生不息的生态系统

你需要看到未来的发展趋势，并拥抱它们，而不能等到迫不得已的时候才参与。如果你抗拒发展趋势，就是抗拒未来。只有拥抱未来，才能在发展的道路上顺风顺水。

——亚马逊创始人　杰夫·贝佐斯

2018年10月15日，一则消息震惊全球商界，具有132年历史的美国零售巨头西尔斯（Sears）控股公司因转型失败而申请破产保护。希尔斯的创始人理查德·西尔斯在1884年就开始通过邮购的方式销售商品，开创了“向所有人出售一切”（sell everything to everyone）的商业模式，并创造了百货店、连锁店、购物中心等零售业态。西尔斯百货曾经是美国零售行业的象征，是世界上最大的私人零售企业，也是代表卓越管理的明星企业。管理大师彼得·德鲁克在《管理的实践》一书中将西尔斯称为美国管理的“最佳范例”，根据对它的研究来探讨企业的本质和管理的意义。

然而，在互联网时代，这家曾经拥有辉煌历史的明星企业却未能“看到未来的发展趋势”，未能“拥抱未来”，面对亚马逊等新兴互联网零售企业的冲击，转型未成，败下阵来，最终不得不申请破产保护。在申请破产保护时，西尔斯控股公司负债累累，资产价值约有69亿美元，负债却高达113亿美元。

西尔斯不是唯一的“失败者”，美国其他传统零售企业的日子也不好过。图5–1数据显示，从2006年到2016年，美国的传统零售企业业绩遭受重创，股价大幅度下滑，比如彭尼百货的股价跌幅为83%，梅西百货的股价跌幅为46%，沃尔玛的股价仅仅勉强维持了2%的增长。只有亚马逊这一家互联网企业创造了奇迹，其股价在10年间增幅达到1 910%，其市值曾经于2018年9月突破了1万亿美元。[1]

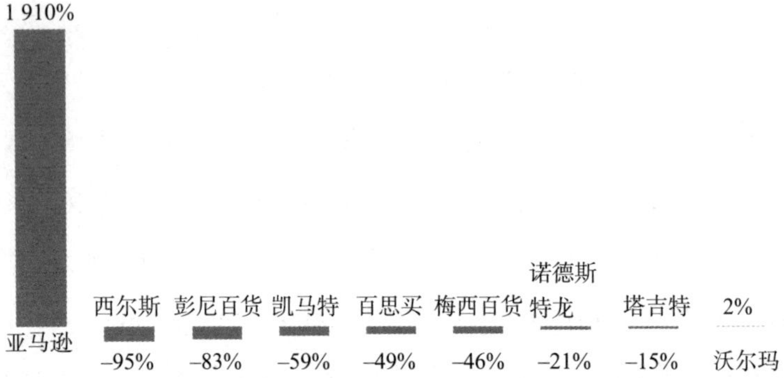

图 5–1　美国零售企业 2006—2016 年股票价格增长率

“抗拒趋势，就是抗拒未来。”用亚马逊创始人杰夫·贝佐斯所说的这句话来解释传统零售企业的衰败再恰当不过了。事实上，正是传统零售企业的战略失误为亚马逊的快速成长和崛起赢得了时间。它们没有看清互联网的未来，在亚马逊公司发展的前15年，它们不时提醒自己的员工和消费者不要惧怕电子商务，它仅占零售业务的1%、2%、3%、4%、5%、6%、7%、8%……更大的问题在于，它们不屑于改变自己，未曾想到要团结起来反击亚马逊带来的挑战，当它们意识到亚马逊对传统零售市场的威胁越来越大时，已经错过转型的时机。如今，亚马逊已经成长为零售业巨头，2018年的销售额达到2 329亿美元，重塑了美国整个零售行业的市场格局。

只有拥抱未来，才能找到制胜未来的战略方向。显然，亚马逊和传统零售企业采用了完全不同的战略，它致力于构建自己的商业生态系统和生态圈，我将这种战略称为战略 4.0。

本书所研究的六家全球领先企业是战略 4.0 的先行者，这一战略将“平台”与“生态”融通起来，构成了各个不同的“平台生态系统”。在自然生态系统中，能量流动、物质循环和信息传递是三大基本功能，是生态系统进化过程中最活跃的因素。在生态系统长期演化的过程中，系统功能随着系统生态环境的改变和物种之间竞争的加剧而动态演进，表现为新功能的出现，以及一些具体功能在重要性上的更替。自然生态系统功能的实现是以物质流、能量流、信息流的形式表现出来，这些功能流将自然生态系统的各个物种紧密联系起来。[2]

受自然生态系统功能的启发，结合六家世界级生态企业战略 4.0 的实践，我将平台生态系统定义如下：

> 平台生态系统是以资本、数据、知识为连接力，以共享、共治、共益为竞争力，以战略生态、平台赋能、价值共创为驱动力，拥有共同愿景和使命的生态企业、专业企业和用户相互依存、共同进化的“价值共生体”。

在这样的平台生态系统中，资本、数据、知识是生态系统重要的能量流，它们形成了强大的连接力，将成百上千个拥有共同愿景的专业化企业紧密地连接在一起，围绕着生态企业组成了一个相互依存、共同进化的价值共生体，为用户提供超值的产品和服务。而生态企业的核心职责是通过平台能力赋能专业化企业，并通过设计共治共益的机制实现创业者们的梦想。

然而，构建生态系统不是一蹴而就的事情，因为它是一个庞大的系统工程。从六家世界领先生态企业的战略演变路径来看，战略管理可以分为四个阶段，我称之为战略1.0、战略2.0、战略3.0和战略4.0。战略4.0的核心是生态战略，它的本质是开放、连接和共赢，构建生生不息的生态系统。生态战略和传统战略在经济模式、战略思维、战略定位等方面都有很大不同（见表5–1）。

表5–1　从战略1.0到战略4.0

维度	战略1.0	战略2.0	战略3.0	战略4.0
经济模式	规模经济	范围经济	平台经济	生态经济
战略思维	“零和”竞争	“非零和”竞争	“中心化”共赢	“非中心化”共赢
战略定位	专业化企业	多元化企业	平台型企业	生态型企业

下面，我从经济模式、战略思维和战略定位三个维度来解释四个战略阶段的不同，以及企业为什么要向战略4.0转型。

经济模式：从“规模经济”到“生态经济”

企业是整个经济社会中的细胞，任何企业的发展战略都深受经济发展模式的影响。

战略 1.0 时代的经济模式是规模经济。规模经济是指扩大生产规模而引起经济效益增加的现象，它反映的是生产要素的集中程度同经济效益之间的关系。顾名思义，规模经济的核心是“规模”，规模经济模式给我们的启发是，随着产量的逐步增加，产品平均成本会逐渐下降。企业为了降低生产成本，需要不断增加产量。但同时，我们需要注意，规模经济追求的是能获取最佳经济效益的生产规模，并不是生产规模越大越好，一旦企业生产规模扩大到超过一定的限度，边际效益就会逐渐下降，引发规模不经济现象。

战略 2.0 时代的经济模式是范围经济。范围经济是指扩大生产范围而引起经济效益增加的现象，它反映的是生产产品的范围程度同经济效益之间的关系。当企业同时生产两种或多种产品的成本费用低于分别生产每种产品所需成本的总和，也就是说把两种或更多的产品合并在一起生产比分开来生产的成本要低时，就会存在范围经济。

举个例子，如果一家咖啡厅以前只提供面包、咖啡等简单食品，后来根据顾客需要增加了一些新的品种，比如牛排、意大利面等，在没有增加房租成本的情况下餐厅可能会吸引更多的顾客，获得更多的收入，此种现象就是范围经济。和规模经济相同，范围经济也有一定的限度，超过这一限度，新增加的产品或服务所带来的收益要小于提供该项服务所要付出的成本，导致“范围不经济”的出现。

规模经济和范围经济描述的是企业自己生产产品时产量、品种、成本、效益之间的关系。和规模经济、范围经济不同，平台经济是指把“生产”和“消费”两端、“产品”和“服务”两个环节有机结合起来的一种经济现象。平台是指一种虚拟或真实的交易场所，平台本身不生产产品，但可以促成双方或多方供求之间的交易，通过收取恰当的费用或赚取差价而获得收益。可以说，平台经济是以平台企业为支撑演化出的一种新的经济形态。

平台经济的第一个核心要素是“网络效应”。这种效应指的是使用同一产品或服务的用户数量越多，每个用户从消费中获得的效用也就越大。电话、微信、钉钉等通信工具是最具有网络效应的典型案例，当只有一个人使用这些通信工具的时候，没办法与其他人产生联系，当使用的人越多，其价值越大，网络效应就越大。比如，淘宝网也是具有网络效应的平台，使用淘宝网的人越多，产品越丰富，就会吸引更多的人去使用这个平台。当然，网络效应也有它的负面作用，其中之一就是容易导致平台垄断，造成“赢家通吃”的格局。

被誉为共享经济鼻祖的罗宾·蔡斯在《共享经济》一书中指出，共享经济的核心基础是使用者更愿意只为“资产使用”的时间买单，而不是为“资产所有”买单。这背后的逻辑是资产（物品）“所有权”和“使用权”的分离。[3]

越来越多的人意识到，未来拥有资源的“使用权”比拥有“所有权”更有价值，这就导致未来将会有更多物品被共享。在共享经济模式中，人们对资产的拥有权不是那么重视了，相反重视的是资产的使用权，这种消费观念的转变会催生许多新的商业模式。在传统经济模式中，我们要使用一个物品，首先要购买产品的所有权，然后才能行使使用权，这不仅导致大量产品被浪费掉，而且直接导致两种消费困境，一是消费者买来的“无用”物品越来越多，二是为了省钱只好放弃部分低频物品的所有权，进而导致丧失使用权。共享经济模式的核心思想是激发消费需求，拓宽用户对资产的使用范围，降低资产使用权的门槛。

平台经济催生了战略 3.0，企业致力于构建“平台 +”模式，这一模式的核心思想是将物品的“使用者”和物品的“生产者”或者“拥有者”直接相连。比如，电商平台就打破了生产者对传统中间销售渠道的依赖，可以直接向最终用户提供服务或产品，产生交易。比如，阿里巴巴的天猫商城就是一个生产者和消费者直接交易的平台，这个平台取代了传统的中间商渠道，将商品的使用者和生产者直接相连。

共享经济的思想对战略 4.0 也有积极贡献，在第四次管理革命时代，战略将演变成“管理自己并不拥有的资产的艺术”，企业的战略目标是整合资源，构建生态系统。比如，丰田汽车意识到人们对汽车的利用正在从“拥有”转为“使用”，故正在重新定位经销商店铺的职能，在过去，经销商的店铺主要以新车销售为中心，现在，丰田汽车已经在销售店铺开始了租车服务，推动“共享汽车”业务发展。

2014 年诺贝尔经济学奖获得者、法国经济学家让·梯若尔认为，传统时代是单边市场，互联网、物联网时代应该是双边市场或多边市场。根据这一理论，战略 1.0、战略 2.0 聚焦于单边市场的竞争优势，战略 3.0 聚焦于双边市场的竞争优势，战略 4.0 聚焦于塑造多边市场的竞争优势，其核心是共享。

海尔所实施的“人单合一”管理模式，其支持平台就是相互并联的多边共享平台。比如，COSMOPlat 是海尔的大规模定制平台，它将企业、用户和供应商等利益相关方并联在同一个平台上，变成一个共创共享的生态系统，这是一个典型的多边平台。在市场营销上，海尔也与传统企业不一样，它采取的不是O2O模式，而是O+O（线下店加线上店）模式。海尔的“三店合一”模式包括线下店、线上店、微店，这就将整个营销网络变成了一个社群生态。张瑞敏认为物联网经济的特点一定是社群经济和共享经济，社群经济是以社群为中心组成的生态圈，共享经济就是生态圈中的每个人利益最大化，海尔探索的战略4.0模式就是社群经济加上共享经济。

生态经济的一个核心要素是“数字经济”。在2016年9月召开的G20峰会上，“数字经济”成为热点词汇。会上发布的《二十国集团数字经济发展与合作倡议》对数字经济给出了明确的定义。数字经济是指“以使用数字化的知识和信息作为关键生产要素、以现代信息网络作为重要载体、以信息通信技术的有效使用作为效率提升和经济结构优化的重要推动力的一系列经济活动”。这一定义是非常宽泛的，核心是将“数字化的知识和信息”列为“关键生产要素”，足以看出数字经济对企业商业模式创新的重要性。

事实上，数字经济对企业商业模式、管理模式的影响力刚刚开始显现，在未来的十数年，随着人工智能、区块链、云计算、大数据、边缘计算、生物识别等一系列新技术的逐步成熟，这些技术将会更深入地融入产业升级、模式创新的各个环节，整个社会的运行和生产生活方式将发生翻天覆地的变化，一个万物互联的数字世界指日可待。尤其是区块链技术和边缘计算技术，将会对企业的生态化战略产生重要的影响。比如，区块链技术的核心是“去中心化”（decentralization），通过应用共识算法，任何一个企业或者个人都很难通过区块链控制整个系统。相对于云计算技术，边缘计算技术可以提高智能设备的分布式计算能力。这些核心技术都会催生生态战略。清华大学戎珂等人的研究也发现，数字经济是推动企业从平台战略转型到生态战略的重要力量。[4]

目前，尚未对生态经济进行明确、一致的定义，本书中六家世界级生态企业的生态系统尚处于构建的早期，距离成熟、稳定、生生不息的生态系统尚有很大的距离。从这些企业的战略实践来看，我认为生态经济主要包含四个关键特征。

第一个特征是“多样性”。这和自然界的生态系统类似，在自然生态系统中，生物物种的多样性让食物链更加完整，有利于整个生态系统的繁荣。同样，在一个商业生态系统之中，生态伙伴的多样性不仅可以帮助平台生态系统应对不确定环境带来的竞争压力，有效缓解生态环境变化所带来的冲击，而且有利于生态系统整体价值的创造。

第二个特征是“相互依赖，互利共生。”一个生态系统就是一个价值共生体，所有伙伴相互依存，互利共赢，共赢共生。

第三个特征是“自组织”。一个真正繁荣的生态系统具有自我进化的功能，组织的核心是自我驱动。海尔在构建生态系统时，将传统的部门变革为“自主经营体”，赋予每个自主经营体决策权、分配权和用人权，这是非常具有前瞻性的组织变革。现在，海尔的“自组织”演进成“创业小微”，其本质仍然具有自我进化的特点。

第四个特征是“长期主义”。生态经济关注的是生态系统长期持续健康的发展，目标是让生态系统生生不息，这一思想被概念化为“长期主义”。张瑞敏常常引用凯文·凯利这句话，“所有企业最终都难逃一死，但城市却近乎不朽”，并以此来阐释海尔变革所坚持的“长期主义”和生态思维。

在张瑞敏看来，城市的永恒在于，永远拥有源源不绝的动力源，一个中心消失了，另外一个中心很快又可以出现。城市提供若干条件，让无数的人在各种小团队中成长、壮大，形成了一种让能量自我循环的生态。

战略思维：从“竞争”到“共赢”

战略思维决定战略选择，在战略 1.0、战略 2.0 的战略思维中，“竞”字当头，但是，竞争的格局和层次还是有很大不同的。在战略 1.0 模式中，战略思维是“零和竞争”，企业竞争常常是不择手段，拼个你死我活，最终常常是“双输”，没有赢家。在战略 2.0 模式中，企业的战略思维发生了重大的变化，不再追求“零和竞争”，而是升级为“非零和竞争”，即竞合，在合作中竞争，在竞争中合作。当然，不管是早期的“零和竞争思维”，还是后来的“竞合”，这类思维的本质都是竞争。凡是竞争，就有输也有赢，当然，有时也会出现双输的惨象。

京东首席战略官廖建文认为，企业习以为常的竞争思维与传统的经典战略理论有关，这种战略理论认为企业的利润率主要由两个因素决定。一是行业结构，也就是行业内竞争、供应商的议价能力、买家议价能力、新进入者威胁和替代者威胁这五股力量的综合影响。迈克尔·波特提出的产业“五力分析模型”依然在传统企业有强大的影响力，这一模型对产业结构进行了系统的描述，并且用规模经济、进入和退出壁垒等因素来预测五种力量的影响方向。这些因素的合力最终决定行业的平均利润率。第二个决定因素是企业拥有和控制的资源，这可以帮助企业保持成本领先或差异化的竞争优势，获得好的战略定位。如果企业拥有的资源是有价值、稀缺、不可模仿和难以替代的，就构成了核心竞争力。它决定了企业是否能持续获得高于行业平均水平的超额利润。由此可见，行业结构和企业的核心竞争力共同决定企业的利润率。由于行业结构被视为既定的、且在相当长的时间内保持稳定，“核心竞争力”一直是人们考虑提高企业利润率、增强竞争优势时使用的主流概念。传统经典战略理论逻辑的背后有一个重要的假定：零和博弈。因为核心资源非常稀缺、非此即彼，企业必须你争我夺，体现在与竞争对手的关系上是短兵相接、互不相让，体现在与上下游合作伙伴的关系上是提高谈判力量，争抢利润池中更大的份额。[5]

是时候改变传统的战略思维了，企业在第四次管理革命时代面临的竞争环境、竞争格局已经发生了很大的变化，传统的战略经典理论已经很难支持企业构建新的竞争优势。

在战略 3.0 模式中，企业的战略定位是构建平台企业，和传统企业“竞合”的战略思维不同，平台企业的战略思维则是“共赢”。但是，这种共赢有一个鲜明的特征，是“中心化共赢”，依赖网络经济产生的聚合效应。平台企业常常有追求“赢家通吃”的野心，结果将可能导致“平台垄断”。而在战略 4.0 模式中，战略思维得以升级，从“中心化共赢”到“非中心化共赢”。尽管只有一字之差，但是，思维的境界大有不同。“非中心化共赢”战略思维的目的是打造普惠生态，构建命运共同体。尽管不可能在命运共同体中完全实现所有伙伴之间的利益平等，因为每个生态伙伴创造的价值不同，但是，在这样的共同体中，核心的思维是“我为人人，人人为我”，唯有如此，生态系统的各个利益方才能实现共生共赢。陈春花教授在《共生》一书中认为，未来组织的进化方向就是“共生型组织”。[6]

多年以来，我参与了许多大型企业的战略转型与组织变革项目，我深深地感悟到，任何一件事情如果不能使所有参与者都获益就不会成功，即使成功了也只是短暂的成功，这样的成功与繁荣注定不会长久，这也是我将生态系统定义为“价值共生体”的原因所在。本书中的六家世界级生态企业都深刻地认识到，在一个生态系统中，各成员企业的“价值共生”思维将有助于提升整个生态系统的活力和竞争力，因为只有成员企业之间互利共生，整个生态系统才能生生不息，实现共同繁荣。

在第四次管理革命时代，生态企业倡导“多级繁荣”，这是“价值共生”战略思维的具体体现，其战略目的是推动生态系统的可持续发展、可持续繁荣，从中国传统文化的角度来说，就是创造“大同”的繁荣世界。

吴霁虹认为，创造多级繁荣，生态企业需要遵循三大定律。第一定律：利他 = 利己，为他人点灯，也照亮自己。一个企业既需要表达其“利他的价值观”，也需要传递它能够“做大利他”的能力。如果一个企业缺乏利他的理性观念，就会急功近利、唯利是图，导致习惯于做一次性买卖。这些企业并不是真正地在为顾客创造价值，而是在为自己快速圈钱。第二定律：分享 = 获得，分享越多，世界越大。互联网、物联网等之间的共同点就是分享知识、贡献创意、合作创造。

开放、透明的分享会获得真相，而封闭、隐瞒只会让自己越来越狭隘。新思想和新创意的速度，是当今最重要的竞争优势。第三定律：选择 = 进步，生命是选择的总和。当物质或者资源短缺时，消费者无法选择，一旦实现了基本需求，消费者就会想寻求更高级的产品和服务，来满足自己更高的需求。也就是说，当人类对自己的认知到达某一个临界点后，消费者就会开始追求意义、目的和价值，开始要有"选择"，要追求更有意义的生活。而人工智能，将帮助人们创造出能提供更多选择的产品和服务。人工智能也让消费者有能力选择将自己的钞票投给与自己价值观相符合的公司。[7]

在第四次管理革命时代，竞争并未消失，但是竞争的层级已经从企业个体之间的竞争升级为生态系统之间的竞争。在这个时代，唯有价值共生才能让生态系统生机勃勃，繁荣昌盛。海尔的战略 4.0 模式以"诚信生态、共享平台"为愿景，其目标是构建一个"大同"的生态系统。在这样的生态系统中，资源是开放和共享的，人与人是零距离的，价值是所有伙伴共同创造的，大家在价值共创中实现共赢、共生。

战略定位：从"专业化"到"生态化"

某一个时代的经济模式是其时代背景下技术、资源、消费、人口等共同作用的结果，经济模式具有很强的时代性，比如在互联网、物联网时代，催生了平台经济、共享经济等新的模式，这种模式在农耕时代不可能出现。经济模式不同，会催生不同的战略思维，不同的战略思维会促使企业选择不同的战略定位模式，也可以这样说，企业所奉行的战略模式是某种经济模式和战略思维下的产物，同样，战略定位模式也具有很强的时代性，所以，张瑞敏强调“没有成功的企业，只有时代的企业”，企业需要根据不同的经济模式选择不同的战略定位。

> 传统时代的企业战略导向正如伟大的企业史学家、战略管理领域的奠基者之一钱德勒所描述的，是“规模经济”和“范围经济”，前者是企业做得越来越大，后者则是企业多元化或者相关多元化，钱德勒说的是相关多元化。但是，到了互联网时代，一切都发生了变化，正如现代管理学之父德鲁克所说的，互联网给世界带来最大的影响就是“零距离”，规模经济和范围经济变成了平台经济，信息不对称变成信息对称，原来信息的主动权掌握在企业手里，现在到了用户手里，交互变得很重要。……而在物联网时代，企业一定要变成共创共赢的生态圈。传统时代是名牌的竞争，谁是名牌谁就赢，移动互联网时代是平台的竞争，像电商，谁的平台大谁就赢，但还没有形成生态系统；物联网时代一定是生态系统的竞争，只有利益相关各方都得利才能持续发展。[8]

张瑞敏的这段讲话清晰地反映出海尔的战略模式从 1.0 到 4.0 的演进路线。从 1984 年到 2018 年，海尔分别经历了规模经济、范围经济、平台经济和共享经济，相应地，海尔的战略也分别采取了四种不同的模式，即专业化战略、多元化战略、平台化战略和生态化战略。

从 1984 年至 2005 年，从负债 147 万元开始创业的海尔，历经了从小到大、从产品到解决方案的发展历程，在这个时代，中国经济的发展模式也是从规模经济走向范围经济，因应时代的需求，海尔采取的战略模式是以“创造名牌”为核心的专业化战略和多元化战略。前者以生产高质量的产品为核心，后者以为用户创造全面解决方案为核心。在战略 1.0、战略 2.0 时代，海尔以“海尔，中国造”为企业精神，采取了一系列战略措施来贯彻和实施名牌战略和多元化战略，比如全面质量管理、OEC 管理模式、激活“休克鱼”、内部市场链等等。

从 2005 年至 2013 年，也是全球互联网剧变的时代，海尔以“海尔，世界造”为核心理念，采取战略 3.0 模式，即平台战略。在这一阶段，海尔打破组织边界，进行颠覆式的组织变革，在管理模式上创新地提出了“人单合一”管理模式，让海尔的每一位员工都成为自己的 CEO。

海尔从战略 3.0 升级为战略 4.0，始于 2013 年，这一年，海尔提出了网络化战略。在这一战略指引下，海尔于 2016 年 12 月 26 日在集团创业三十二周年大会上，公布了海尔精神，即“诚信生态，共享平台”，并将海尔作风确定为“人单合一，小微引爆”。这标志着海尔的生态战略进入纵深阶段，以“海尔，网络造”为引领，围绕“智慧家庭”全面构建自己的生态网络。

海尔是从传统的产品制造型企业逐步转型为生态企业的，从产业的角度来看，海尔的生态系统共包括五大生态圈，即“互联网 +”工业生态圈、“互联网 +”商业生态圈、“互联网 +”金融生态圈、“互联网 +”住居生态圈、“互联网 +”文化生态圈（见图 5–2）。

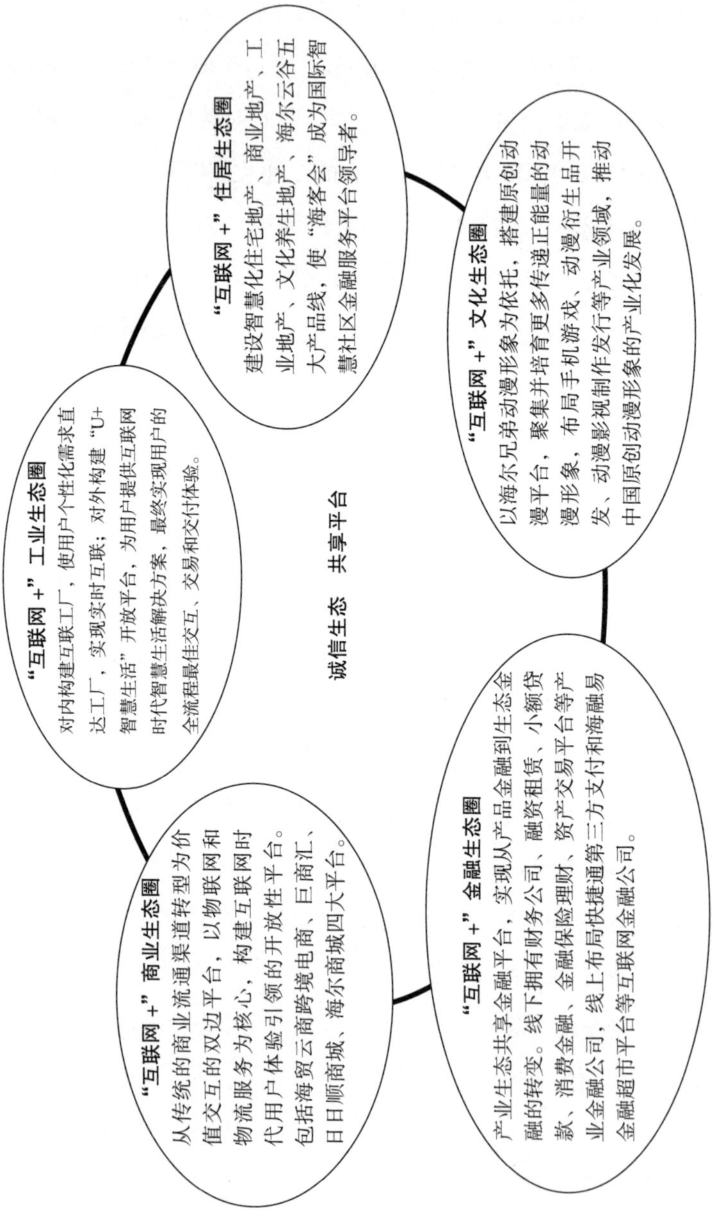
"互联网+"住居生态圈
建设智慧化住宅地产、商业地产、工业地产、文化养生地产、海尔云谷五大产品线，使"海客会"成为国际智慧社区金融服务平台领导者。
"互联网+"工业生态圈
对内构建互联工厂，使用户个性化需求直达工厂，实现实时互联；对外构建"U+智慧生活"开放平台，为用户提供互联网时代智慧生活解决方案，最终实现用户的全流程最佳交互、交易和交付体验。
诚信生态　共享平台
"互联网+"文化生态圈
以海尔兄弟动漫形象为依托，搭建原创动漫平台，聚集并培育更多传递正能量的动漫形象，布局手机游戏、动漫衍生品开发、动漫影视制作发行等产业领域，推动中国原创动漫形象的产业化发展。
"互联网+"商业生态圈
从传统的商业流通渠道转型为价值交互的双边平台，以物联网和物流服务为核心，构建互联网时代用户体验引领的开放性平台。包括海贸云商跨境电商、巨商汇、日日顺商城、海尔商城四大平台。
"互联网+"金融生态圈
产业生态共享金融平台，实现从产品金融到生态金融的转变。线下拥有财务公司、融资租赁、小额贷款、消费金融、金融保险理财、资产交易平台等产业金融公司，线上布局快捷通第三方支付和海融易金融超市平台等互联网金融公司。

图 5-2　海尔的生态系统

围绕着用户对美好生活的追求，海尔正在构建“U+ 智慧生活”生态圈，而这个生态圈又由 7 个解决方案生态圈组成，具体包括空气、用水、洗护、美食、健康、安全、娱乐七大智慧生态圈（见图 5–3）。

海尔每个生态圈的用户不同、定位不同、解决方案不同，但是生态圈的基本模式和基本要素是相似的。每个生态圈解决方案的基本要素包括硬件、软件、服务，三位一体。比如，在海尔的美食生态圈中，博观智慧窗、智慧星厨系列及智慧卡路里系列冰箱等，是海尔智慧健康美食生态圈中的硬件，当然，这些硬件的功能已经不是传统“电器”的功能，它们都是“网器”。所谓“网器”，就是智能电器，相对于电器，从电力驱动转变为物联网智能驱动。与“网器”相配合的是海尔智慧健康美食健康生态圈的软件设施。

2014 年是海尔产品从传统产品升级为智能互联产品的关键一年，在这一年，海尔提出要将传统的家用电器全部变成可以与外界互通互联的网器。海尔的网器分为两类：一类是传统的电器变网器，例如海尔博观对开门冰箱、天尊空调、模块化电视、免清洗洗衣机等；另一类是具有明显网器特征的空气盒子、冰箱健康盒子等智能终端，这些网器可以与其他网器及用户进行互通互联。

依托“U+ 智慧生活”的大平台，海尔冰箱设计开发了“我是星厨”应用程序，可以通过健康监测、建立家庭健康档案帮助用户保障身体健康，同时拥有智能菜谱推荐功能，实现了与用户进行全流程实时交互，用户不仅能够一键获得全球新鲜食材的信息，还能分享自己的烹饪心得，享受到与食材打交道的乐趣，而不再是一个人简单地买菜做饭。

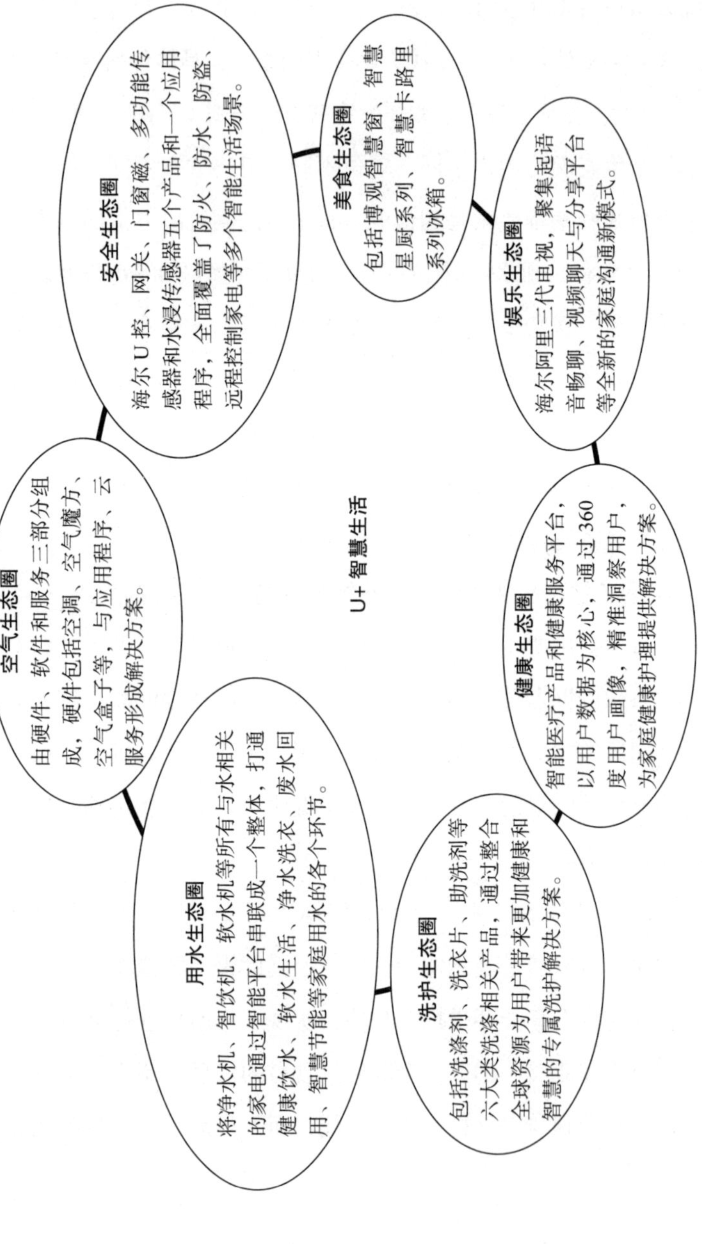

图5–3　海尔“U+智慧生活”七大生态圈

将电器变为网器，海尔的商业模式也随之发生了重要变化，像苹果公司一样，海尔也采取了软硬一体化战略，逐步实现从硬件到内容服务的一体化模式。比如，海尔的健康生态圈中不仅包括家用医疗器械制氧机、血压计、雾化器、智能体温计等智能终端产品，也包括移动医疗产品“海尔健康小管家”等软件服务。海尔的智能医疗产品和健康服务平台就是以用户数据为核心，通过 360 度用户画像，精准洞察用户，基于数据进行产品的创新迭代，从而为家庭健康护理提供更好的解决方案，这一解决方案本质上是软硬一体化模式。

三种战略转型路径

我把专业化企业（战略 1.0）和多元化企业（战略 2.0）都定义为价值链企业，有的学者将这类企业称为管道型企业，这类企业的核心是通过价值链的优化，来提高产品和解决方案的竞争力。

从战略 1.0、战略 2.0 到战略 4.0，企业有三种常见的战略转型路径。第一种路径是从价值链型企业转型为平台型企业；第二种路径是从平台型企业转型为生态型企业；第三种路径是从价值链型企业直接转型为生态型企业（见图 5–4）。

从前面我对海尔战略转型的分析来看，海尔完整地经历了从价值链型企业转型为平台型企业，再从平台型企业转型为生态型企业的过程。和海尔相似，苹果公司也经历了类似的转型过程。

苹果公司战略 4.0 所构建的是硬件、软件与服务三位一体的平台生态圈（见图 5–5）。苹果的生态网络由两个核心模式来支撑：一是

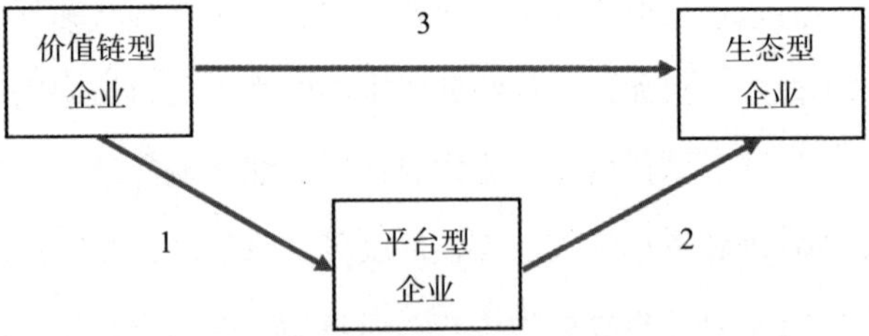

图 5–4 战略转型的三种路径

iPod（硬件）+iTunes Store（内容商店），即通过 iPod 购买音乐、电影等内容服务；二是 iPhone/iPad（硬件）+App Store（应用商店），即通过 iPhone/iPad 购买软件应用服务。苹果公司模式的厉害之处在于，既能够通过硬件获得高额产品利润，又能够通过用户在内容商店中的消费获得生态利润，这种双利润模式值得我们借鉴。

苹果公司从产品模式（战略 1.0 和战略 2.0）转型为平台和生态模式起步于 iTunes 和 iPod 的结合。iTunes 最初是一款数字媒体播放应用程序，是供 Mac 和 PC 使用的一款免费应用软件，能管理和播放数字音乐和视频。它的最初产品也不是苹果公司自己开发的，而是由苹果公司于 2000 年从外部公司购买过来的。iTunes 的第一次发布是在 2001 年 1 月。苹果将它标榜为世界上从未有过的、最令人惊讶的音乐播放软件，它能让用户将 CD 翻录成 MP3 文件并在一个易于使用的界面下将他们的音乐整理归类。2001 年，苹果公司同时推出 iPod，这是一款音乐播放器。

2003 年是对苹果公司极具历史意义的一年。当年苹果公司发布了 iTunes 4，并推出了 iTunes Store 音乐商店，将其与 iPod 完美对接。

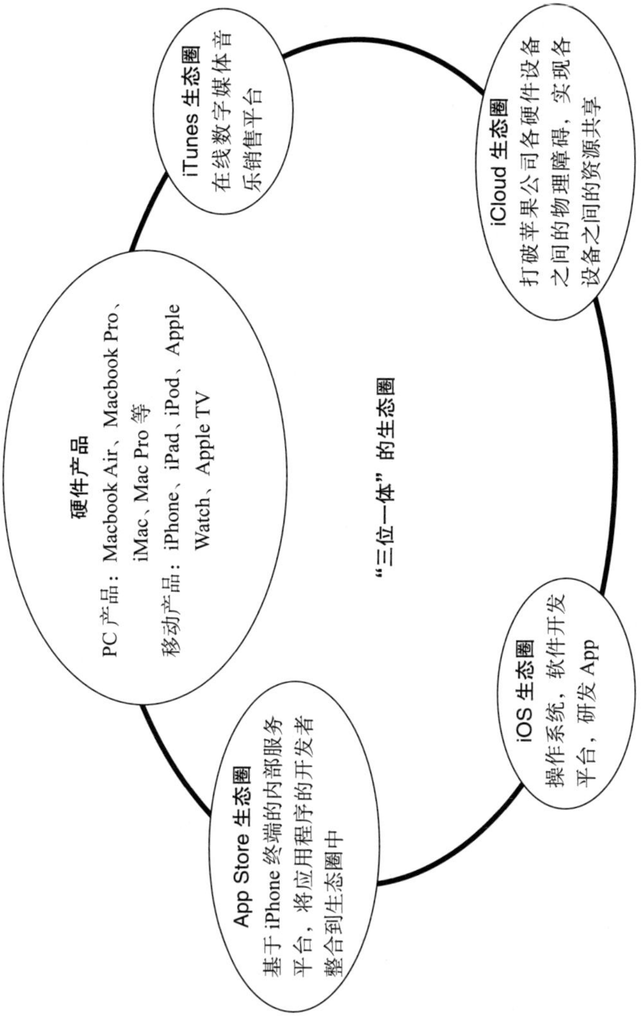

图 5–5　苹果公司生态系统

这是一个重大的战略转型，在那个时候，大多数的互联网用户仍通过购买 CD、下载盗版文件的方式获取音乐。苹果公司开创了一个全新的模式，用户可以在音乐商店里以每首 0.99 美元的低价随心所欲地挑选他们喜欢的音乐。

在 2005 年 10 月，苹果首次在 iTunes Store 中加入了音乐视频，并以 1.99 美元一集的价格推出电视剧节目（《绝望主妇》《迷失》《恶夜狂魔》等），让电视节目首次进入到 iTunes。iTunes Store 的用户还可以以 1.99 美元的价格购买皮克斯公司的短片，通过 iTunes 提前预览最终发行的电影等。如今，iTunes 已从一个最初和 iPod 相匹配的音乐管理平台，演变成苹果的软件管理平台，成为苹果生态的枢纽。

iPod 与 iTunes 音乐商店的结合标志苹果公司从产品型企业向平台型企业转型的开始。在这种模式出现之前，苹果是一家优秀的产品制造和销售企业，但是，硬件与内容结合的模式使苹果公司获得了新的巨大利润，它不仅仅通过销售硬件产品来赚钱，也通过销售内容产品来赚钱。从 2003 年到 2006 年，短短三年内，iPod + iTunes 音乐商店组合为苹果公司创收近 100 亿美元，几乎占到公司总收入的一半，苹果也一举成为全球最大的音乐销售平台。

苹果公司向生态模式转型的第二场重要战役发生在 2007 年，这一年苹果公司发布了 iPhone，掀起了一场智能手机革命。除了产品设计本身的创新之外，苹果公司还沿用了 iTunes 在 iPod 上的应用，在 2008 年推出了 App Store，并和 iTunes 无缝对接。iPhone+App Store 的组合，让苹果取得了手机市场的主导地位，引领了手机革命。和 iPod 颠覆了音乐产业一样，iPhone 也成功地颠覆了手机产业。

2010 年，苹果推出了 iPad 产品，这款新产品采用了和 iPhone 同样的商业模式，即 iPad + App Store 的一体化模式。iPad 设备在苹果的商业生态系统中承担着吸引大量新用户的作用，尤其是在新兴市场上。苹果在 2017 年销售了 4 380 万台 iPad。相比之下，三星和亚马逊分别销售了 2 490 万和 1 670 万台平板电脑，合计 4 160 万台，比 iPad 销售量低了 220 万台。可见 iPad 为苹果生态系统提供了大量新用户。比如在中国，40% 的 iPad 用户以前从未购买过任何苹果产品，68% 的 iPad 用户以前从未购买过苹果平板电脑。通过 iPad 产品增加用户体验，引导用户购买苹果的其他智能手机、平板电脑等产品，这是苹果公司对这款产品的重要定位。

在苹果构建的商业生态系统中，各种硬件之间能够互联互通，这一功能主要依靠 iCloud 来实现。比如，iPhone 上的来电可以通过 Mac 电脑接通，在 iPad 上用 Keynote 软件制作文件可以直接调用 iPhone 中的图片，通过 Apple Watch 可以浏览这些图片，从而让用户能够在合适的时间选用最合适的设备进行工作。

和海尔、苹果公司不同，亚马逊和阿里巴巴战略转型的路径是从平台型企业转型为生态型企业，因为这两家企业一出生就是互联网企业。接下来，我重点分析一下阿里巴巴的战略转型路径。在阿里巴巴的生态系统中，既包括电子商务、互联网金融、本地生活 O2O、泛文娱体育等商业生态圈，又包含医疗健康、企业服务、旅游、硬件、游戏、教育、汽车、房产等新兴产业生态圈（见图 5–6）。每一个产业生态圈中，又包括了具体的解决方案生态圈。在生态圈产业布局上，阿里巴巴采取了“自有业务”加上“外部投资”双轮驱动的战略。前者

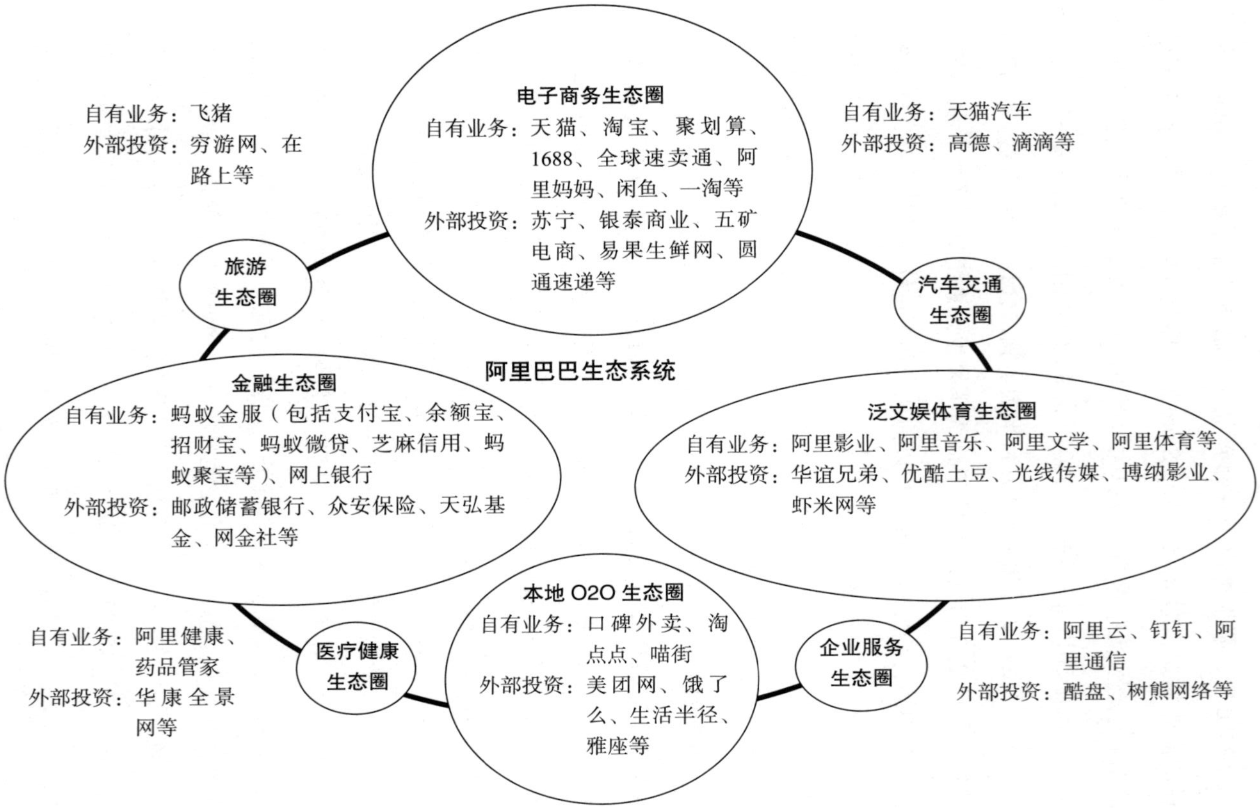

图 5–6　阿里巴巴的生态系统

主要依赖自己投资，后者主要进行资源整合与联合投资。比如，在电子商务生态圈，阿里巴巴主要围绕全球化、农村电商、物流体系进行布局；进口业务主打天猫国际、淘宝全球购，出口业务主打 1688.com；农村电商方面，阿里巴巴主打“农村淘宝计划”；物流方面，在国内通过菜鸟网络加强基础设施建设，在跨境物流上开展国际航线包机业务；B2B 电商方面，阿里与五矿共建钢铁 B2B 电商平台。[9]

在每一个产业生态圈中，衍生出不同的解决方案，这些解决方案也构建了自己的生态圈。比如，阿里软件与全球软硬件商业巨头，包括微软、思科、IBM、华为、戴尔等结成一个巨大的产业生态联盟，成立软件互联平台（www.alisoft.com）。阿里软件平台上有数量巨大的中小企业客户，它希望通过网上服务，为中小型企业提供一整套的软件服务。国内许多软件开发商也加入了软件互联平台，这个平台完全开放，可以接入不同类型、不同行业的应用软件、商业工具和服务。对用户而言，通过软件互联平台，可以自由选择企业所需要的软件和服务，灵活进行定制和租赁使用，从而最大化减少投入成本，提高软件应用价值。这个互联平台的理念是开放、协同和繁荣。阿里是这个平台的运营者，这个平台是一个第三方软件平台，开发者和使用者都可使用。

尽管丰田汽车、西门子和海尔、苹果一样，曾经是传统的价值链企业，但是，这两家公司的战略转型路径和海尔、苹果不同，它们采取了第三种战略转型路径，即直接从价值链企业转型为生态型企业，没有经过平台型企业这一过程。

战略 4.0 为企业领导者在物联网时代带领企业向生态企业转型提

供了一个思考战略的新框架，这和传统的战略定位理论不同。根据传统的战略定位理论，企业的战略通常分为多元化战略、相对多元化战略和专业化战略，这种战略思想是“价值链”竞争时代的产物，在以“商业生态系统”为竞争焦点的时代，企业的战略管理模式发生了很大的变化。产业之间的边界越来越模糊，传统的以产业理论为基础的战略管理模式行将失效。比如，如果以产业理论的观点，我们很难看清楚，也很难理解领先公司的战略定位模式。在第四次管理革命时代，企业的战略选择可能只有两种：生态化和专业化。对于那些大型的企业而言，它们的战略选择就是构建大的生态系统；而对于中小企业而言，它们的战略选择就是专业化，通过融入大企业所构建的生态系统来生存和发展。在生态系统中，专业化企业是数量最大的企业种群。这类企业立足于某一细分市场，奉行专业化和差异化的战略定位，将自己独特的能力专注于某些核心业务上，利用平台企业提供的用户资源、技术资源、管理资源、产业资源等开展经营活动，形成价值共生体。

在任何一个生态系统中，多样性和协同性都是两个重要原则。多样性这个概念最初来源于生态学，自然界生态系统中的各类生物在系统中各自扮演着重要的角色，一个健康的生态系统需要不同的生命形态，比如植物、动物、微生物等等。生物的多样性可以增强生态系统的环境适应能力；同时，生物的多样性也有助于形成多条完整的食物链，促进生态系统内物质流动与能量传输的良性循环。

同样，企业的多样性对于生态系统也是非常重要的。首先，企业的多样性有利于生态系统应对环境不确定性带来的竞争压力，企业的多样性结构可以有效缓解生态环境变化所带来的冲击；其次，企业的多样性有利于生态系统整体价值的创造，可以形成不同的产业链或者产业集群。

协同性对生态系统的健康发展同样非常重要，生态系统的核心特征是系统成员的协同进化。所谓协同进化，就是系统成员们在合作与竞争中协同发展，即通过功能耦合形成超循环，共同发展各自的管理能力、服务能力等。所谓超循环，是指不仅能自我再生、自我复制，而且还能自我选择、自我优化，从而向更高的有序状态进化。协同进化强调以“企业生态位”的思想来看待自己和对待他人，最根本的目的是获得与生物系统一样的进化方式——自组织，这是协同进化的核心机制。[10]

协同进化需要生态圈内的成员之间加强协同性，比如通过信息共享更加全面地了解消费者的需求，通过技术共享从更加前沿的视角来设计产品和服务，以满足消费者的需求，从而形成价值共生体。

任何人都无法阻挡技术革新带来的挑战，战略的本质就是持续不断地适应环境的变化并制定出前进的方向，如果没有明确的转型方向，企业变革将缺乏清晰的主线。越是在动荡的环境中，我们越需要有一个长期的目标，它可以指导我们在不同的模式下不断适应和持续改变。在接下来的一章，我将分析生态型企业所采取的商业模式，以及如何利用商业模式的创新来应对变化。

第6章

生态模式：数字化、智能化与生态化

未来30年，数据将成为生产资料，计算会是生产力。互联网是一种生产关系，有了计算能力，有了数据，有了人类的创新，人类社会将会发生天翻地覆的变化。如果我们今天不数字化，不和互联网相连，不去拥抱变化，那么会比过去30年我们不通电来得更加可怕，我们不能被今天的想象力限制了自己的未来。

——阿里巴巴创始人 马云

我在纪录片《动物世界》中看到了惊人的一幕。一只笨重的企鹅从海洋里觅食归来，爬上海滩，缓缓地走向它的家。突然，它加快了速度，像疯了一样，竟然摇摇晃晃地跑了起来。它远远地看到，自己的爱妻正在和一名“第三者”依偎在一起，在自己的“领地”里悄悄地说着“情话”。

两只雄性企鹅之间的战争开始了，丈夫对“第三者”发起了猛烈的攻击，用翅膀击打对方的身体，用嘴猛啄对方的眼睛。“第三者”也毫不示弱，为了自己的恋人，毫无惧色迎战情敌。两只雄性企鹅扭打在一起，数分钟后，它们浑身是血，筋疲力尽，直挺挺地站立在那里，似乎在等待裁判来裁决胜负。更残酷的是，它们之间的胜负将由雌性企鹅来判定。雌性企鹅背叛了为自己大打出手的丈夫，它站到了“第三者”的身边，轻轻地替它梳理了一下羽毛，并试图和它一起回到家里。丈夫更加怒不可遏，第二轮战斗开始，持续数分钟后，两只受伤严重的雄性企鹅等待着第二次判决，这一次，奇迹并没有发生，雌企鹅依然选择了“第三者”。企鹅丈夫彻底伤透了心，头也不回，拖着受伤的身体，摇摇晃晃地离开了曾经的爱妻和曾经温暖的“领地”。

商业模式：端云网一体化

在自然界的生态系统中，“领地”是动物们活动、捕食的场所，它是动物种群们各自所拥有的生态位的重要组成部分。所谓生态位，是一个生物单位（如种群）对资源的利用和对环境适应性的总和。生态位和竞争有关，当两个生物利用同一资源或共同占有其他环境变量时，就会出现生态位重叠现象。由于每个生物都需要资源才能够生存下去，因此两个生物不能占领相同的生态位，从而导致竞争的出现，就像雄性企鹅争夺“爱妻”一样。

在生态系统中，每一个生态企业都有自己独特的生态位。企业对资源的需求越相似，经营的产品和市场基础越相近，它们之间生态位的重叠程度就越大，竞争也就越激烈。腾讯和苹果两大平台巨头企业之间，就曾经发生过激烈的生态战争。

2017 年 4 月 19 日，很平常的一个日子，一场两大平台巨头之间的生态战争却在没有任何征兆的情况下爆发了。微信官方公众号“微信派”发出一则“遗憾通知”：从当日 17:00 起，苹果 iOS 版微信公众平台赞赏功能被关闭，安卓等其他版本微信赞赏功能不受影响。

微信这则短短的通知，一时引起轩然大波，微信公众号的运营者们对苹果公司的举动大加鞭挞，认为苹果公司此举为“不义之举”。苹果公司则快速对关闭微信赞赏问题进行了回应：微信可以选择使用“App 内购买”方式让用户赞赏公众号运营者。按照苹果的“规则”，在 iOS 端应用程序中购买非实体产品都需要通过 App Store 的渠道进行，而苹果会在交易中收取 30% 的平台费。比如用户在 App Store 中充值100元，苹果则会从中赚取30元。问题很明显，如果微信赞赏通过苹果自己的应用商店来实现，微信公众号的赞赏收入将有30%交给苹果公司。

收费之争的背后是微信和苹果两大巨头的生态之战。截至2018年底，微信和WeChat（微信海外版）合并月活跃用户数达10.82亿，微信已成为中国移动社交媒体和付款平台的领军者。而微信所推出的公众号成功催生了一大批内容创业者，也提供了一个商家和用户连接的通道，公众号基本成了商家标配。而微信小程序的出现更是给了消费者一种“微信在手，天下我有”的体验，对开发者而言也意味着更多的可能。

特别是在2016年，微信通过一系列战略措施，巩固了行业领先地位，丰富了生态系统，提高了平台竞争力。QQ和微信通过让用户进行沟通和社交，便捷地享受内容和服务，巩固了其在中国用户生活中无处不在的平台地位。尤其是微信，在移动支付服务市场的占有率和日均交易笔数大幅提高，腾讯移动支付的月活跃账户及日均支付交易笔数均超过6亿，这使得微信在商业支付交易上取得重大突破。

而让苹果公司担忧的是，虽然它推行的是软硬一体化的模式，但苹果公司的生态系统高度依赖硬件的销量。苹果的问题在于，苹果欠缺可与谷歌、脸书、腾讯等互联网公司叫板的杀手级软件产品。在软件生态上，缺乏杀手级产品的后果就是面临杀手级产品的反噬与权力架空。假设苹果能够有一款类似微信的社交类软件产品，能够聚集起所有iOS用户的社交关系链并将其牢牢绑定在iOS平台上，那么这无疑可有效提升iPhone品牌甚至整个软件生态的持久度和黏性。[1]

生态战争背后的原因不言而喻，微信和苹果都想构建一个巨大的生态系统，就好比是非洲草原上的两个狮群，为了捍卫、争夺地盘，战斗不可避免。苹果以规范 IAP（in-App Purchase，一种智能移动终端应用程序付费的模式接口）为名，实则是想打压微信在移动支付领域的霸主地位，这场争斗可能仅仅是个开始，未来腾讯和苹果之间的支付之争可能会更加激烈。战争的背后，另外一个平台巨头也若隐若现，它就是谷歌。谷歌公司开发的安卓平台目前几乎不收取平台费用，微信与苹果之间的战火也许会引发 iOS 与安卓两个生态系统之间的战争。

苹果和微信生态战争的背后是商业模式的竞争。在第 5 章，我提出生态企业的战略是构建生态系统，而实施这一战略需要由生态型商业模式支撑。未来的竞争也将是生态系统的竞争。传统商业模式拼的是企业内部的核心竞争力，企业能不能比别人做得更好，当上升到生态系统竞争的时候，就不是看“是否比别人玩得更好”，而是看“在和谁一块儿玩”。建立在生态系统上的商业模式变得更加难以模仿，此时核心竞争力由企业内部转移到企业外部，由单方变成多方。[2]

尽管本书中的六家世界级生态企业在产品和服务形态上各有不同，但从商业模式的本质上来说，它们都创新了商业模式，我将这种模式称为“端云网一体化”模式。这是一种全新的商业模式，共包括端、云、网三个核心组成部分。

所谓“端”，是指终端产品，这类产品不再是传统的机械式产品，而是智能终端产品，它既包括智能硬件，也包括软件应用。比如海尔的“网器”就是传统电器产品的智能化。

所谓“云”，是指云端服务，主要包括数据中心、数字大脑、应用平台等。比如阿里云、腾讯云、亚马逊的 AWS 云平台、苹果云等等。

所谓“网”，是指围绕着用户需求和体验而构建的开放、协同、交互的价值创造网络。

“端云网一体化”是全新的价值创造模式，这一模式将重塑价值创造和价值获取的方式，它包括三个核心要素：终端互联、数据智能、价值网络（见图 6–1）。

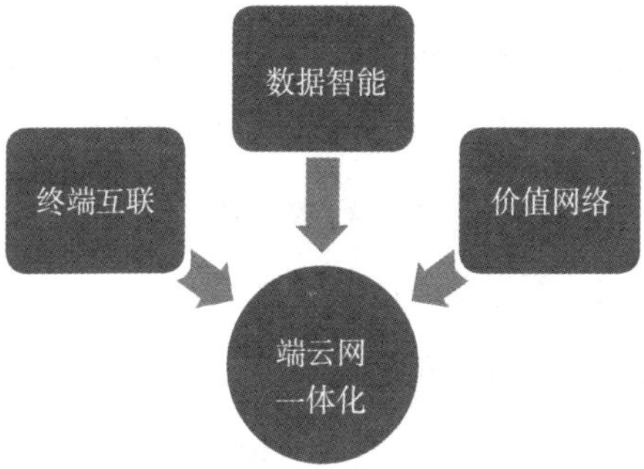

图 6–1　“端云网一体化”模式：终端互联、数据智能与价值网络

下面，我将分别解释终端互联、数据智能和价值网络。

终端互联：将产品变成“智能连接器”

在第四次管理革命时代，互联网、物联网将重塑商业模式，二者的共同属性是“联”，即连接。互联网的创始人蒂姆 · 伯纳斯 – 李认为，互联网是一种与世界连接的方式，它给予世界上任何一个地方的任何一个人分享和选择的自由。但是，这种自由也带来了后果，其中之一就是商业和社会结构之间的秩序发生了混乱，因为每个个体都可以绕过组织使用这种新自由，使组织陷入困境，就像被一条新路绕开的城镇一样。[3]

避免陷入困境的唯一方法就是因时而变，互联网的发展已经让世界变成了“地球村”，在过去的 20 多年里，我们看到互联网技术的发展经历了两个重要的阶段：移动互联网和万物互联网。2007 年，苹果公司推出 iPhone 智能手机，开创了移动互联网的新时代。智能手机作为智能终端，成为互联网连接的起点与入口，将人类的活动数字化。在未来的 20 年，互联网的使命不再仅仅是将人类的活动数字化，而是要将我们生活的物理世界进行数字化，让万物互联，这就是物联网，甚至有人提出“万联网”这个概念。

连接是互联网、物联网的基本属性，这一属性也被应用到智能产品之中。在“端云网一体化”的商业模式中，“智能终端”是指一切可以数字化、网络化、智能化的多元硬件，其核心作用就是获取大数据，尤其是顾客的行为大数据；“云”是指以人工智能（算法为其核心）为基础的大数据处理能力，其核心作用就是处理大数据。[4]

智能终端是数字商业模式的核心要素，它的功能和传统机械式产品有天壤之别，除了具备产品的基本使用功能之外，智能终端还是生态系统中的一个连接器，以及生态服务的入口。

传统的机械式产品就像是一个个孤岛，和外界并不发生连接，而智能终端本质上就是智能互联产品，它包括三个共同的要素：物理部件、智能部件和互联部件。其中物理部件包括机械设备和电子零件；智能部件包括传感器、微处理器、数据储存装置、控制器、软件、内置操作系统和数字用户界面；互联部件包括互联网接口、天线、连接协议、网络接口等。[5]

比如，海尔推出的“馨厨互联网冰箱”就是一款智能互联产品，它可以实现三种互联模式：人与机互联、机与机互联、机与平台互联。

首先，用户可以与馨厨互联网冰箱进行人机交互。比如用户在做饭时可能会发现冰箱屏幕上出现“鸡蛋还剩 3 个，只够吃 1 天”的提醒，这是冰箱自动提醒鸡蛋的存量。其次，馨橱智能冰箱与电商平台互联起来，如果用户需要，就可以在冰箱内嵌的“易果生鲜”或“闪电购”电商平台上一键采购鸡蛋。

互联是交互的，不是单向的。不仅用户可以通过手机应用程序或者微信等进行远程控制馨橱智能冰箱，而且馨橱冰箱可以通过集成人工智能语音交互系统，通过大数据分析用户使用习惯，对用户发出的语音指令进行语义解析，实现真正的人机交流。

海尔馨橱冰箱的语音交互技术主要包括语音识别、语音合成、声纹识别。用户发出语音指令后，系统先对该指令进行语音识别，进而分析用户数据，再向用户推荐合适的使用场景。例如，当父母忙着做家务或者工作时，孩子在学习中遇到难题后，可以选择与冰箱进行交流，冰箱能够针对孩子的提问推送百科知识解答等，成为孩子的学习帮手。在用户外出前，冰箱也提醒用户天气变化、增减衣物。此外，用户还可通过语音对冰箱实施控制，替代传统音乐、电台、视频、购物等操控界面指令，如用户可在做饭时，语音指控冰箱播放音乐、当天的社会新闻、电视剧等。

海尔利用馨厨互联网冰箱创造了一种全新的商业模式，智能冰箱成为一个家庭生活平台的入口终端，海尔利用这个智能产品与生鲜电商联合打造了“互联网冰箱＋生鲜配送”的软硬一体化模式。在这种模式中，馨橱冰箱这一智能终端产品充当了“介质”和“连接器”，承载了基于厨房生活这一场景产生的购物、娱乐等消费行为。

智能互联产品可以实时产生大量数据，因为，智能互联产品被赋予了新的功能。哈佛商学院教授迈克尔·波特将智能互联产品的功能分为四类：监测、控制、优化和自动。每类功能都以前一类功能为基础。监测功能是首要的，利用传感器和外部数据源能够对产品自身状态、产品运行情况进行监测；通过在产品中内置软件或基于云端的软件，可以对产品的各个功能进行控制；利用算法可以对产品的运行和使用进行优化，实现产品性能的提升，也可以获取数据，以进行问题诊断、服务和维修；最后，通过内置的软件和传感器，产品还可以自动运行、自我诊断和自我调整。[6]

像馨橱智能冰箱这样的智能终端将会重塑传统的商业模式。在传统的商业模式中，企业通过销售硬件而获利，但这往往是一次性的交易模式，硬件出售之后，除了维修服务和二次购买之外，企业很难再继续与用户互动，产生价值交换。而由智能终端所塑造的生态型商业模式彻底改变了价值创造和价值获取的模式，智能终端变成了企业生态系统的介质和连接器，原来的一次性用户则变成终身用户。在价值共生的时代，企业在开发智能终端产品时要坚持“可进化性”这一重要原则，企业设计产品不再是仅仅为了最终使用，而是要实现产品的可进化性，这种可进化性可以在将来根据消费者变化的需求和企业变化的能力对产品进行修正和扩展。通过制造和具有可进化性的智能终端产品，企业可以为用户不断提供其他服务和产品，价值创造得以持续进行，企业则获得了持续赢利的机会。

数据智能：持续提升客户体验

在第四次管理革命时代，数据是生态系统中最为重要的资产，是未来企业商业模式的战略性资源。互联终端产生了海量数据，这是智能化的前提条件。没有数字化，就不可能智能化。

“端云网一体化”模式的实质是数字化模式，这种模式应对的是万物互联互通时代下的物联网革命，但是，企业实施这一商业模式，并非易事，其中最为核心的是业务数据化、决策智能化。

数据化是相对信息化而言的。所谓业务数据化，就是由数据驱动业务；而业务信息化，则是将业务信息化。两者有很大的不同，业务信息化是将业务转化成数据，比如通过 ERP（企业资源计划）就可以帮助企业业务信息化，进而帮助企业提高运营效率。业务数据化则是通过数据分析和数据应用，重塑价值创造模式，实现商业模式的智能化。

马云认为以控制为出发点的信息化时代必将走向以激活生产力为目的的数据化时代，实施智能商业模式，需要把“一切业务数据化，一切数据业务化”。阿里巴巴的生态战略是让各项业务所产生、积累的大数据来赋能阿里的生态，依托于云计算的大数据是阿里巴巴一切业务的核心资源。

在数据化时代，数据价值就是商业价值，而算法就是提炼数据价值的技术。曾鸣认为数据就好比是数据化时代的“汽油”，算法就是“引擎”，只有算法才能让数据中的能量完全喷发出来，为智能商业这辆“汽车”加速。算法是机器学习的核心，基于数据和算法，完成机器学习，实现人工智能。在“端云网一体化”模式中，“云”是数据聚合、算法计算的智能平台，它通过算法优化，更好地揣摩用户需求，提升用户体验。没有“云”上的数据智能实时发挥作用，真正意义上的客户体验持续提升是根本无法实现的。曾鸣在《智能商业》一书中非常深刻地诠释了“端和云”的关系：

> 用户行为通过产品的“端”实时反馈到数据智能的“云”上，“云”上的优化结果又通过“端”实时提升用户体验。在这样的反馈闭环中，数据既是高速流动的介质，又持续增值；算法既是推动反馈闭环运转的引擎，又持续优化；产品既是反馈闭环的载体，又持续改进功能，在为用户提供更好的产品体验的同时，也促使数据反馈更低成本、高效率地发生。[7]

将互联终端和数据智能融合在一起，西门子和阿里巴巴正在打造“智能交通”一体化解决方案。2018 年 7 月，西门子和阿里云在德国柏林签署合作备忘录，双方致力于共同打造工业数字化网络，进行市场开发，培育物联网生态系统，并联合推出部署于阿里云的数字化操作系统 MindSphere 平台。MindSphere 是西门子基于云的开放式物联网操作系统，是西门子全面数字化解决方案的组成部分，可以为设备和终端提供广泛的数据连接选项、丰富的应用程序、先进的数据分析能力，以及基于数字孪生（digital twin）的闭环创新。[8]

通过物联网终端再加上西门子云平台架构，阿里巴巴和西门子开发了各种相关应用，比如基于环境的精细化交通管控、停车优化管理、对于相关人群活动的管理，甚至包括智能照明方面的一些综合应用，通过城市互联终端设备产品打造多个基于云平台的智慧交通应用。这些互联终端产品可以采集到空气污染、温度、湿度、噪声等相关的一些环境参数，以及通过边缘计算，对城市道路交通的一些事件进行监测。

价值网络：开放、柔性与协同

传统企业的战略是大规模生产标准化产品，通过提高效率和降低成本来获得竞争优势，这就需要不断优化、整合“价值链”，比如，一些企业常常采用上下游一体化的模式来提高整个价值链的效率和协同效应。但是，传统的价值链模式常常是封闭的、僵化的。

生态企业的战略是大规模定制个性化产品，这一战略需要通过构建“价值网”来完成。所谓价值网络，就是跨界整合、柔性协同的价值共创联盟。价值网络以满足用户最佳体验为中心，快速、灵活地配置资源，为用户创造价值。

价值网络的核心是“网”，从“价值链”到“价值网”，虽只有一字之差，但价值创造的模式完全不同，价值网的核心是跨界融合、柔性协同。宁波诺丁汉大学李平教授认为，生态企业的跨界融合常常包含两个维度：一是纵向跨界融合，即拉通产业价值链上下游，融合消费需求与生产供给，也就是整合 B2C 与 B2B 业务；二是横向跨界融合，即联通跨行业价值网络，也就是超越单一行业供应链或价值链，实现多行业整合。

海尔集团组织变革的一个重要战略就是构建基于满足用户体验的价值网络。海尔利用 COSMOPlat 实现由大规模制造向大规模定制转型，构建了涵盖企业、用户、资源伙伴共创共赢的价值网络。这一价值网络有三个特征：全周期用户参与、全流程价值交互和全生态跨界协同。

首先来看看海尔价值网络的“全周期用户参与”这一特征。我在前面已经提出，海尔将产品由电器变成了智能网器，这就大大提高了产品的可进化性和可扩展性，不仅让海尔模式从提供家电产品转型为提供美好生活，更是实现了从产品的生命周期到用户需求的全生命周期延伸。消费者之于企业，由传统的一次性交易的客户变为持续交互的终身用户。比如，在海尔构建的“衣联智慧生活平台”中，用户可以全流程参与智能洗衣机的价值创造过程，定制的智能洗衣机到用户家里后变成生活场景的连接器。洗衣机变成生态入口，可以连接衣物护理、衣物购买、衣物储存等资源，从而满足用户不同的生活场景。

其次是全流程交互，这是纵向跨界融合。COSMOPlat 将低效的串联流程转变为以用户为中心的并联流程，以互联工厂为载体解决了大规模制造和个性化定制的矛盾，实现了从大规模制造到大规模定制的转型。我们都知道，大规模生产很容易，但标准化、同质化不能满足用户的个性化和高端化需求；个性化生产也可以做到，但成本高、效率低。COSMOPlat 打通了交互定制、设计创新、精准营销、模块采购、智能生产、智慧物流、智慧服务等七大环节，以用户数据驱动全流程，通过互联工厂实现了大规模与个性化定制的融合，解决了成本和效率的问题。同时，海尔将纵向价值链上的所有资源都连接在 COSMOPlat 上，实现了价值链一体化的融合。用户只需登录海尔定制平台提出定制需求，订单信息就会马上到达互联工厂，工厂的智能制造系统随即自动排产，将信息传递到各条生产线，以最短的时间定制出用户专属的个性化家电产品。

最后是全生态跨界协同。COSMOPlat 不是一个封闭的体系，而是一个开放协同的平台。围绕用户生活场景需求，COSMOPlat 开放整合全球一流资源，并联协同，共同满足用户需求，实现用户、企业、员工、供应商和合作伙伴等相关方的共创共享，让资源价值最大化。目前，海尔利用 COSMOPlat 聚集了 3.3 亿多用户，构建了全球化的价值网络。丰富的生态资源使海尔价值网络富有弹性和柔性，可以通过协作来支持任何一个环节的需求，从而满足低成本、高质量、规模化、个性化等要求，实现了大规模协作下的个性化定制。

演进模式："软硬一体"与"线上线下一体"

由终端互联、数据智能、价值网络所构成的"端云网一体化"重塑了企业的价值创造模式，那么，企业是如何从传统模式逐步演化成

“端云网一体化”模式的呢？从本书中六家企业的案例中，我发现有两种演化模式：软硬一体化模式、线上线下一体化模式（见图 6–2）。

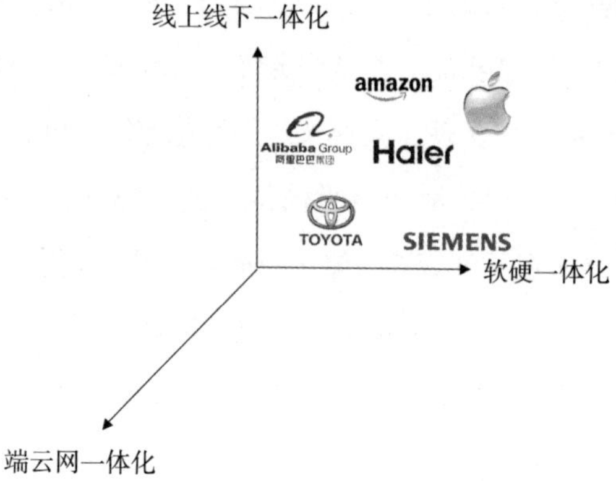

图 6–2 生态企业“三位一体化”模式

从六家领先生态企业商业模式的演变路径来看，海尔、苹果、西门子和丰田汽车等传统的制造企业和阿里巴巴、亚马逊两家互联网平台采取了不同的演进模式。比如，在软硬一体化模式方面，传统制造企业采取的基本路径是：将硬件产品智能化，扩展智能产品的功能，将软性内容服务与硬件结合起来，即先硬件，后软件；而互联网企业，则是先软件，后硬件。在线上线下一体化模式方面，传统制造企业采取的路径是由线下到线上，而互联网企业则是由线上到线下。表 6–1 简要描述了六家企业的商业模式进化路径。

作为传统的汽车巨头，丰田汽车加快了向软硬一体化模式的转型。2018 年，丰田发布了 e-Palette 这款概念车，丰田将其定位为一个“移动即服务”自动驾驶电动汽车平台，具备以下特性：适用于物

表 6–1　六家世界级生态企业的商业模式演进

企业	模式	商业模式描述
海尔	软硬一体化	把传统电器改为智能网器，实现物与物的智能互联，将智能硬件和生活服务一体化
	线上线下一体化	依托线下海尔专卖店，以社群交互为基础，形成了一个集合店商、微商、电商“三店融合”的新社群经济开放生态平台，实现线下线上一体化
阿里巴巴	线上线下一体化	将线上的 B2C/C2C 平台与线下的新零售“智慧门店”融合，实现线上线下一体化
苹果	软硬一体化	智能硬件（iPad/iPhone/Apple Watch 等）融合 iTunes/App Store/iOS，将软硬件一体化
	线上线下一体化	将线下苹果专卖店与线上电商平台融合，实现线上线下一体化
亚马逊	软硬一体化	智能硬件（音箱、Kindle 等）融合亚马逊网站、AWS 云平台，将软硬件一体化
	线上线下一体化	将线上电商平台与线下的全食超市、Amazon-4 star 零售店融合，实现线上线下一体化
丰田汽车	软硬一体化	以智能汽车为载体，扩展了共享出行、物流、移动商店、办公室、厨房等一系列软性服务
	线上线下一体化	采用线上预订、线下体验和交付的模式，逐步推出在线个性化定制方案
西门子	软硬一体化	将智能硬件与软件平台融合，打造软硬一体化模式

流、办公、休闲、销售、餐饮甚至住宿等各类服务场景；未来将支持多家服务提供商共享一辆车，以及使用不同尺寸的多辆车形成高效而衔接顺畅的运输系统；可以根据服务提供商的需求定制内饰，从而创造出全新的移动服务。我在第 2 章描述了未来 e-Palette 共享汽车的生活场景。

在丰田汽车所构建的共享汽车生态中，e-Palette 是生态的入口，搭载在每一辆 e-Palette 上的 DCM（数据通信模块）采集到的车辆信息，通过全球通信平台，将数据积累到丰田大数据中心（TOYOTA Big Data Center，TBDC）。基于这些车辆信息，丰田可以提供与租赁、保险等各类金融服务商及经销店相互协同的车辆保养等服务。

除了丰田内部提供的全面技术支持，丰田还构建了生态价值网络，发起成立了 e-Palette 联盟。其中，移动服务伙伴包括滴滴出行、亚马逊、必胜客、优步，技术伙伴包括滴滴出行、马自达、优步。这些联盟伙伴将从前期企划阶段开始参与，通过实验车辆共同推进实验项目。丰田移动服务平台将公开车辆状态、动态管理等服务提供商所需的应用程序编程接口，并应用于移动服务，从而与联盟伙伴一起共同创造价值。[9]

作为传统的家电巨头企业，海尔商业模式的演进路径是从硬件到软件、从线下到线上。从硬件到软件的一个重要标志是海尔将生产的“电器”全部改为“网器”，尽管只有一字之差，但两种战略模式完全不同。在电器时代，海尔主要依靠硬件获利，而在智能网器时代，海尔可以同时从硬件和软性服务两个方面获利，从而为用户创造美好生活。海尔在线下布局了数万家海尔专卖店，这些线下实体店从顾客购物体验着手，在满足用户“体验式消费”的同时，又可以为线上商店引流，实现线下体验、线上交易的融合。事实上，线下专卖店是海尔生态系统的重要组成部分，依托线下专卖店平台，以社群交互为基础，海尔形成了一个集合店商、微商、电商“三商（店）融合”的新社群经济开放生态平台，将线下线上一体化。

苹果公司是软硬一体化模式的最早开创者。2001 年，苹果就开始推行“数字中枢”战略，我在第 2 章对这一战略进行了详细的解释。“数字中枢”战略的核心是通过个人电脑整合各种数字设备，包括音乐播放器、录像机，以及相机，用户可以利用计算机连接并同步所有以上这些设备，其目标是塑造用户的“数字生活方式”。同年 1 月，苹果发布了 iTunes 软件产品，该软件让移动数字设备和电脑连接起来，第一次实现了软硬一体化。Mac 机的用户可以利用 iTunes 软件从 CD 上复制音乐，也可以刻录 CD。同年 9 月，苹果推出了数字音乐播放器 iPod，从而将硬件 iPod 和音乐应用平台 iTunes 连接起来，开创了“硬件 + 软件 + 服务”的软硬一体化商业模式。2007 年，苹果公司推出了智能手机 iPhone，开创了移动互联网时代，并将智能手机与 App Store 连接起来，这一模式和“iPod+ iTunes”模式类似，将硬件、软件、服务连接起来，同样是软硬一体化模式。

后来，苹果公司陆续推出了 iPad、Apple Watch 等硬件产品，同样采用的是软硬一体化模式，这一模式得到资本市场的高度认可。图 6–3 显示了苹果公司自 1980 年至 2018 年的股价。数据显示，苹果公司的股价从 2007 年一路上扬，到了 2018 年 8 月，苹果公司成为第一家市值突破 1 万亿美元的企业，它的软硬件一体化的生态商业模式功不可没。苹果将 iPod、iPhone、iPad、Apple Watch 等智能硬件产品和 iTunes、App Store 等软件服务平台连接起来，通过硬件产品带动内容消费，丰富了生态产品和服务，也获得了巨大的生态收益。

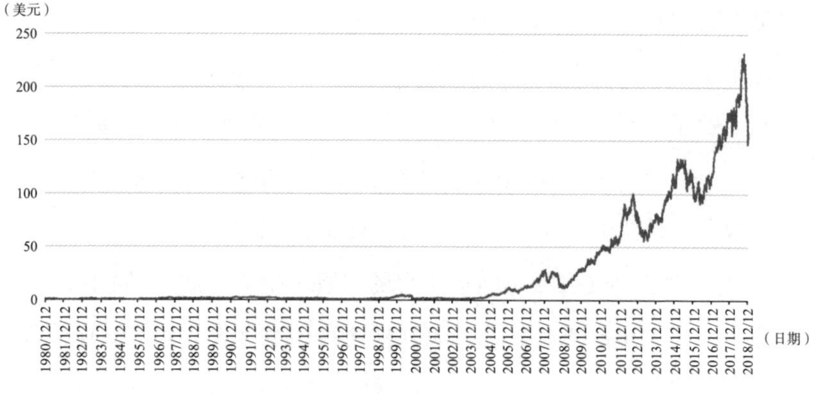

图 6–3　苹果公司股价变化（1980—2018 年）

成长模式：内外共生的“双轨制”

生态企业如何拓展生态网络？它的成长模式是什么？通常，生态系统有三种成长模式，分别是内生型模式、外生型模式、内外共生型模式。内生型是一种内部创业孵化模式，通过搭建创业平台，支持企业内部员工进行转型，并不断孵化创业公司，这是一种内涵式的成长模式；外生型通过并购的方式将外部创业公司并入自己的生态圈，这是一种外延式的扩张模式；内外共生型则兼具内生和外生两种模式，将内部孵化和外部并购相互融合（见图 6–4）。

我发现，本书中的六家世界级生态企业都采用了第三种模式，即通过内外共生这种双轨模式来扩展自己的生态系统。

海尔在拓展生态系统时采取的是“内生增长为主，外生扩张为辅”的模式。从 2011 年到 2018 年，海尔先后收购了日本三洋电机、新西兰斐雪派克、美国通用电气的家电业务、意大利 Candy 公司，从而深耕了在亚太、北美和欧洲的全球化生态布局，形成了包括统帅、海尔、卡萨帝、日日顺、AQUA、斐雪派克、GEA、Candy 等在内的八大品牌，为全球客户提供最佳体验。

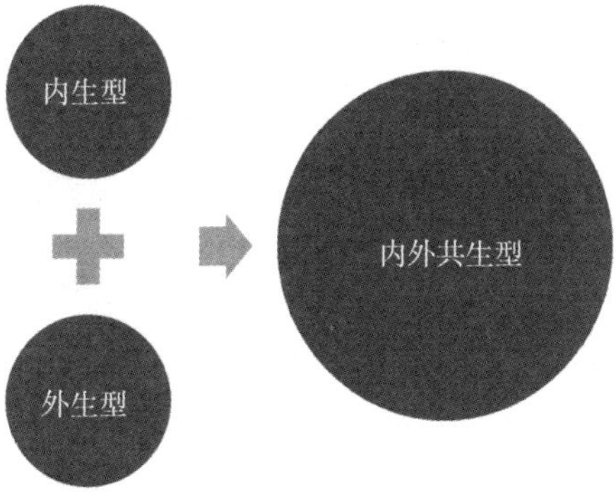

图 6–4　生态成长模式：内生型、外生型与内外共生型

相对于“外生扩张”模式，海尔更注重“内生增长”模式。张瑞敏指出，海尔的“内生增长绝不是内部人员的增长，或者依靠内部人员增长。内生增长说到底，是把生态系统中每个人内在的潜力发挥出来”。

为了激活海尔生态系统中每一个人的内在潜力，海尔成立了专门的创业孵化平台来帮助和支持全球创客到海尔生态系统创业。然而，无限创业激情的背后暗藏无穷风险，事实上，创业是一个风险极高的选择。张瑞敏认为：“创业就是从悬崖上跳下来，在落地之前，组装好一架飞机，然后驾驶着这架飞机向新的方向飞去。不逼到绝路，谁愿意创业？风险太大，从天使基金到A轮，再从A轮到IPO，成功率只有千分之一。”

创业维艰，不仅仅在中国如此，在欧美国家也是如此。《精益创业》作者埃里克·莱斯似乎有些悲壮地写道：

> 一些造梦行业不断向我们讲述成功的创业故事，但我早就意识到，它只是个传说，我们听到的故事是有选择性的，而且全算得上是事后诸葛亮。事实上，在和几百位创业企业家的工作接触中，我目睹了一个个充满希望的开始大都黯然收场。残酷的现实是，大多数创业以失败告终，大多数新产品并不成功，大多数新创企业无法支撑到大展身手的那一天。[10]

我非常认同埃里克·莱斯的看法，也曾经跟踪研究过许多新兴的创业企业。的确，大多数创业企业都以失败告终，倒在了通往成功的道路上。

为了帮助创业者们创业成功，生态企业通常利用创业孵化器为新创企业提供支持。通常有两种做法：成立创业孵化器；与外部创业孵化器结盟。比如，海尔组建了海创汇创业平台帮助新创业企业，阿里巴巴则成立了阿里巴巴创新中心，它们都是生态企业自己成立的创业孵化器（见表6–2）。

“孵化＋创投”是平台企业创业孵化器的核心职能，也是创业孵化器的基本运作模式。比如，海尔的海创汇确立了“让创客享受一站式服务”的使命，在这一使命的指引下，海创汇不仅精心设计了创客服务、创客工厂、创客金融、创客学院、创客空间、创客渠道六大功能，而且为创客们搭建了创业服务线上平台，创客们可以通过“一键式”操作直接联系到各类服务资源，非常便捷。这些资源服务商并不属于海创汇，而是海创汇整合的外部合作伙伴。凡是通过海创汇认证的资源供应方，会获得一个“荐”字，表示这家资源服务商通过了海创汇平台的认证，服务有保障。截至 2018 年底，海创汇已经吸引了 4 000 多家创新创业资源，1 300 多家合作风险投资机构，120 亿元创投基金，形成了以内部员工创业、万众创业、资源共创、跨境孵化、生态投资为特色的创业孵化模式，以及一套支持创新创业的标准体系和生态体系。

表 6–2　海尔、阿里巴巴两家公司的创业孵化器比较

企业	孵化器	创立时间	孵化器模式	孵化器定位
海尔	海创汇	2014 年	孵化 + 创投	海尔由“制造产品”向“孵化创客”转型的孵化平台。依托海尔生态产业资源及开放的社会资源，实现了创新与创业、线上与线下、孵化与投资的系统结合，为创客们提供包含投资、学院、供应链 & 渠道加速、空间、工厂、创新技术等在内的一站式孵化服务
阿里巴巴	阿里巴巴创新中心	2016 年	孵化 + 创投	打造中国最大的互联网创业孵化平台，提供包括创业资金、入驻场地等在内的硬件资源，以及创投对接、创业指导、技术培训等软性服务和免费阿里云服务资源包等系列创业扶持

阿里巴巴的创业孵化器成立于2015年，最初的名称为“阿里云创客+”。成立之初，主要为初创企业免费提供云资源服务。到2016年，“阿里云创客+”已累计为超过1 000家初创企业免费提供云资源扶持，阿里云的力量让初创企业在创业路上享受了高效与便捷，当然，这些服务还称不上真正的创业孵化服务。

2016年，阿里巴巴将“阿里云创客+”更名为“阿里巴巴创新中心”（AIC，Alibaba Innovation Center），并对阿里巴巴创新中心的发展进行了重新定位：基于互联网、云计算、大数据的科技类“双创”孵化服务平台，整合阿里巴巴内外部优质资源，联合百亿资金，提供包括创业资金、场地、办公配套等硬件资源，以及资本对接、创业指导、税收减免、开发组件、分发推广、云服务资源等系列创业扶持，帮助百万创客追逐梦想。截至2016年底，阿里巴巴创新中心已在超过20个城市成立了28个创新中心孵化基地，累计孵化移动互联网初创企业400多家。

阿里巴巴计划，到2019年底，在中国建设和运营100个阿里巴巴创新中心，以它们为载体，汇聚阿里巴巴的科技、商业、人才、生态资源，通过线下线上集成的网络平台模式覆盖中国主要的科技与创业活跃区域的科技创业企业，并与国内知名企业、区域政府、投资机构形成一个科技创业的完整生态。

阿里巴巴创新中心不仅帮助中国各地产业园区打造区域科技创新中心，而且帮助它们建设创新与科技人才的常态化培养机制。阿里巴巴创新中心孵化的主题产业为移动互联网、工业互联网、智能制造、虚拟现实、智能硬件、文化创意、企业SaaS、数字娱乐等。其采取

1+4+N 孵化模式，即 1 个创业扶持服务平台，4 类阿里巴巴特有的赋能资源（科技赋能、市场赋能、人才赋能、生态赋能），N 个孵化扶持的主题（电商 O2O、大数据创业、智能硬件、文化创业产业、企业服务 SaaS 化、数字娱乐等）。

在创业孵化器功能设置上，阿里巴巴创业中心采取“云上创业 + 线下赋能”相融合的方式（见图 6–5）。[11]

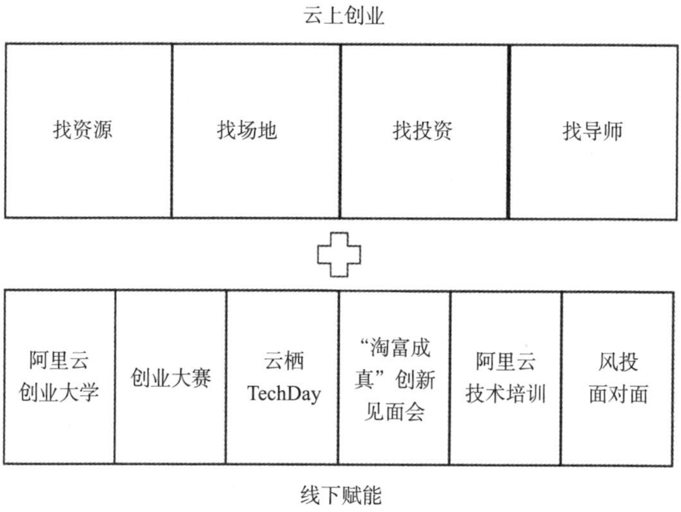

图 6–5　阿里巴巴创业孵化器功能

云上创业主要包括找资源、找场地、找投资、找导师四大功能，线下赋能则包括阿里云创业大学、创业大赛、云栖 TechDay、“淘富成真”创新见面会、阿里云技术培训、风投面对面等六大功能。

阿里云创业大学集合了阿里巴巴集团及知名合作伙伴的导师资源，通过线上视频课程及线下沙龙分享等为云上创业者提供创业指导，助力大众创业。

阿里云创业活动及大赛聚集各种创新资源，广泛参与对科技型中小企业的投入，为创新创业团队和企业搭建融资服务平台，促进中小企业的创新发展。比如，阿里云联合云栖联盟法器推出的“云创新势力”排行榜旨在挖掘最具代表性的云上创新创业明星案例。上榜案例将正式收入阿里巴巴案例库，并于中国年度最大科技盛会——云栖大会上进行颁奖。优秀案例还将获得阿里巴巴内外部品牌倾力包装推广及最全生态资源对接。

云栖 TechDay 则以云栖小镇为主阵地，由阿里云集合阿里巴巴集团、蚂蚁金服集团、菜鸟网络及众多合作伙伴主办，针对云计算、大数据、智能制造、移动开发、网络安全等多个领域进行顶级技术专家的技术分享，让创业者第一时间了解世界前沿技术。

“淘富成真”项目是阿里巴巴与富士康联手打造的，阿里巴巴将其云计算和大数据能力、互联网营销平台能力开放给创业者，富士康则将其工业 4.0 小批量智造、工业设计、项目研发、专利服务、供应链管理、检验测试、快速打样等八大服务能力开放出来，加上银杏谷资本、英特尔、洛可可工业设计等多方协作，打造出全国独一无二的为智能硬件创新的基础设施，为中小微企业的创新插上飞速发展的翅膀。

阿里云技术培训则聚焦于布道云计算全线产品和服务，帮助基于阿里云计算解决方案的人员，通过培训提升他们在阿里云上的技术及能力，使他们能够熟练运用阿里云产品、技术、服务与解决方案。

“风投面对面”是阿里巴巴创新中心组织的对接路演项目与投资

人的线上或线下活动。通过该活动，路演项目可以与更多的投资人面对面沟通交流，获得更多的宝贵意见及专家指导，更有机会遇到意向投资人，实现创业融资的目的。

六家生态企业都意识到，企业的多样性将会影响生态系统的繁荣与进化，它们采取了不同的方式孵化创业企业。和中国的海尔、阿里巴巴不同，在推动“内生增长”模式时，苹果公司和谷歌公司则和外部的创业孵化器建立了战略联盟，共同孵化新创企业。苹果和谷歌都与 PNP 创业孵化器和 YC 创业孵化器建立了战略合作关系。当然，苹果和谷歌也开始着手建立自己内部的创业孵化器。

比如，谷歌在 2016 年成立了 Area 120 创业孵化器，主要用于孵化谷歌内部的创业项目。众所周知，谷歌允许员工拿出 20% 的时间用于自己本职工作之外的项目，Area 120 这个孵化器名字的灵感就来自“20% 项目”。[12]

谷歌希望通过 Area 120 孵化器激发员工的创业激情，让其中一些员工可以在内部启动新的创业项目，为一些“20% 项目”提供孵化机会。在 Area 120 孵化器，员工们通常有 6 个月的时间专注于项目。当创业项目成熟时，他们会脱离 Area 120，组建独立的公司，谷歌会借助旗下的风险投资进行投资。

在拓展生态系统方面，西门子采取了内生增长与外生扩张并举的模式。2007 年，西门子斥资 35 亿美元收购了 UGS，通过此次收购，西门子获得了最为重要的数字化产品，包括 NX、Teamcenter 和 Tecnomatix 等。其中，Teamcenter 是集成产品生命周期管理、制造运营管理（MOM）和全集成自动化（TIA）的共享协作平台。2016 年，西门子又以 45 亿美元收购了半导体软件设计公司明导，这次收购扩充了西门子领先的数字企业软件产品组合，因为明导在电子 IC 和系统设计、制造解决方案等方面有着丰富的经验，这些能力对智能连接产品，例如无人驾驶汽车等都非常必要。西门子首席执行官凯飒表示："西门子收购明导也是我们'2020 公司愿景'计划的一部分，我们的愿景就是要成为新工业时代的标杆。这是一个完美的组合，可以方便我们进一步拓展我们在数字领域的领先地位，并为整个行业起带头作用。"[13]

明导成立于 1981 年，是全球电子设计自动化（EDA，electronic design automation）软件市场的佼佼者，在全球 EDA 市场中占据了 22% 左右的份额。西门子收购明导后，可以提高西门子在数字化解决方案方面的能力，同时，有助于西门子将芯片技术融入数字生态的解决方案之中。随着智能互联产品的兴起，芯片设计技术迎来了高速增长的时机。越来越多的产品需要联网并相互连接，芯片设计技术会越来越早地参与到产品系统设计中。对于西门子而言，收购一家在芯片技术领域专业且富有经验的公司，可以快速提高数字化能力。[14]

如果把"内生增长"与"外生扩张"看作生态成长模式的两端，本书中的六家世界级生态企业都没有在成长的模式中选择"极端路线"，而是平衡利用了"内生"与"外生"两种成长模式，这是一种"执两用中"的智慧，也是一种稳健的成长战略（见图 6–6）。

在分析这种稳健成长模式的战略思维时，我想到了《孙子兵法》中的这段话，它能够很恰当地概括这六家世界级企业领导者的战略思维：

善战者，先为不可胜，以待敌之可胜。不可胜在己，可胜在敌。故善战者，能为不可胜，不能使敌之必可胜。故曰：胜可知，而不可为。

图 6–6　生态企业成长模式：内外共生

当然，采取任何一种模式来扩张生态系统，都需要生态能力来支撑。在接下来的一章，我将解释在第四次管理革命时代，企业为什么需要重新定义核心竞争力，并详细剖析这六家生态企业如何塑造生态能力。

第 7 章

价值元力：生态系统的“原动力”

企业需要核心竞争力塑造竞争优势，但最重要的不是核心竞争力，而是更新核心竞争力的能力。任何企业都需要保持或改变其作为竞争优势基础能力的能力，这就是动态能力。

——“动态能力”理论创立者　戴维·蒂斯

由史蒂文·斯皮尔伯格执导的电影《人工智能》讲述了一个智能机器人与人类重新定义关系的感人故事。因为有很多父母失去了自己的孩子，非常痛苦和孤独，一家机器人制作公司着手解决这一问题，制造出了第一个具有感情的机器人。影片中的主人公戴维，就是一个被输入情感程序的智能机器小男孩。斯温顿夫妇自己的孩子马丁因病被冷冻起来，丈夫亨利·斯温顿为了安慰妻子莫妮卡，便劝说妻子收养了戴维。戴维对斯温顿夫妇倾注了一个孩子对父母的真爱和感情，斯温顿夫妇也逐渐喜欢上了戴维。但是，后来斯温顿夫妇的亲生儿子马丁重新回到了家庭，两个孩子开始争宠。最后，人类的理智让莫妮卡抛弃了戴维，将它送出了家门。戴维从此踏上了寻找母亲莫妮卡的艰难旅程，它不明白为什么莫妮卡不要它了，它要得到妈妈的真爱，它要重新定义自己与人类的感情。

故事的结局令人伤感，尽管戴维付出了极大的努力，但仍未得到莫妮卡的真爱。智能机器人对人类付出了全部的感情，而人类则是冷漠相对，视其为玩物，戴维未能重塑智能机器人和人类之间的感情关系。

虽然戴维未能重新定义与人类的感情关系，因为，感情的重新定义涉及道德和人性，但是人工智能及区块链、云计算、大数据的新技术浪潮正席卷今天的经济社会，并重塑着企业的商业模式和发展模式，它们即将重新定义核心竞争力。这一次，戴维们将不会失望。

从“核心竞争力”到“价值元力”

1990 年，普拉哈拉德和加里 · 哈默尔在《哈佛商业评论》上发表了《企业核心竞争力》一文，堪称经典之作，在当时引起了巨大轰动，甚至直到今天，核心竞争力（CC, core competence）仍然是企业领导者关注的核心话题。

“核心竞争力”这一概念出现在第三次管理革命的中期，那时，全世界的大企业正在致力于多元化的重组与并购，流程再造更是如火如荼。面对这种情况，两位作者却感到忧心忡忡，他们认为企业忙于重组，精简管理层级，却忽视了企业核心能力的塑造和产品的创新。他们认为对于公司的管理层来说，关键任务就是使自己的组织能够在产品中加入令人无法抗拒的功能，或者更高明一些，创造出消费者需要但是还未曾想到过的产品。从长期来看，竞争优势将取决于企业能否以比对手更低的成本和更快的速度构建核心竞争力，这些核心竞争力将为公司催生出意想不到的产品。管理层有能力把整个公司的技术和生产技能整合成核心竞争力，使各项业务能够及时把握不断变化的机遇，这才是优势的真正所在。

普拉哈拉德和哈默尔将“核心竞争力”定义为组织内的集体学习

能力，尤其是如何协调各种生产技能并且把多种技术整合在一起的能力。在此基础上，他们指出核心竞争力有三个主要的作用：首先，核心竞争力能够为公司进入多个市场提供方便；其次，核心竞争力应当对最终产品为客户带来的可感知价值有重大贡献；最后，核心竞争力应当是竞争对手难以模仿的，如果核心竞争力是各项技术和生产技能的复杂融合，那么这项能力就难以被竞争对手模仿。

核心竞争力的思维本质上是“产品思维”，两位作者当时认为全球竞争共分三个层面：核心竞争力、核心产品及最终产品。由于全球竞争在不同的层面上遵循的规则不同，争夺的利益也不同，所以分清核心竞争力、核心产品及最终产品非常重要。三者的基本逻辑关系是，由核心竞争力到生产核心产品，由核心产品到生产最终产品。

在核心竞争力层面，公司的目标是在某个具体类别的产品功能的设计和开发方面谋取世界领先地位，为了保住核心竞争力的领先地位，公司都力图使核心产品在世界上的制造份额达到最大。核心产品往往拥有各种各样的内部和外部客户，从事核心产品制造带来的销售收入和市场反馈至少部分地决定了核心竞争力改进和扩展的速度。同时，如果一家公司在核心产品市场占据了主导地位，它就有能力影响相关应用领域与最终产品的发展。随着核心产品向更多的应用领域挺进，公司在新产品开发上能够不断减少成本、缩短时间和降低风险。简而言之，定位准确的核心产品可以带来规模经济和范围经济。[1]

规模经济和范围经济是第二、第三次管理革命时代的经济发展模式，在以共享经济、数字经济为核心特征的第四次管理革命时期，我们不禁会问：核心竞争力理论过时了吗？它还有使用价值吗？显然，轻率地把核心竞争力扔进历史的垃圾堆里显然是不负责任的。事实上，对于当今的许多企业而言，如果仍然奉行“产品制胜”的战略思维，核心竞争力依然有重要的价值，它仍是产品型企业竞争优势的来源。

但是，当我们分析本书中这些世界级生态企业的商业模式的时候，会发现这些企业已经不再是“产品型组织”，而是“生态型组织”，比如，全球最大的电子商务企业阿里巴巴、亚马逊等并不生产任何产品，海尔转型的方向也是从“产品品牌”到“生态品牌”，这些企业实际上已经成长为巨大的“数字经济体”。

事实上，这些领先企业的发展战略早已从“产品战略”转型为“平台 + 生态”的战略，这一战略不仅帮助它们不断突破成长困境，而且帮助它们获得了巨大的竞争优势。除了以上公司之外，全球范围内许多大型企业都在尝试向平台生态企业转型。

传统的战略方法是产品 – 市场组合定位，这种方法针对的是明确的市场和明确的产品，核心竞争力理论的核心思想是有效的战略必须围绕着能够明确产品 – 市场组合的核心竞争力而展开。显然，20 世纪 90 年代发展起来的核心竞争力理论已经不能解释平台生态企业的战略了，核心竞争力也不能为数字经济体带来竞争优势。在提出“核心竞争力”这一概念的几年后，加里 · 哈默尔也认为引领企业革命性的变革需要一种与现有核心竞争力截然不同的能力。[2]

更为重要的是，我们需要警惕多萝西 · 伦纳德（Dorothy Leonard）教授所提出的“核心僵硬性”（core rigidity）对生态系统的破坏性影响。核心能力可以使生态系统在竞争中胜出，但对它的过度信奉和推崇会增加其能力僵性，这种“核心僵硬性”不仅阻碍创新，而且会变成生态系统应对环境变化时的包袱与负担。伦纳德教授认为，将技术、知识和技能维系在一起的价值观念和行为规范是培育核心能力最为重要的因素，这就意味着企业的核心能力不应是简单的技术实力，而是与人的价值和行为难以分开的社会性存在。[3]

时代已变，规则已变，我们需要探询生态系统新的竞争优势来源。

第四次管理革命是“价值共生”时代，不再是“产品管理”时代，我提出“价值元力”这一带有中国传统文化色彩的新概念，它是生态系统的竞争优势来源。

“元”这个字在中国传统哲学中蕴含着无限智慧。《易经》中讲“大哉乾元，万物资始”，“至哉坤元，万物资生”。这两句话的深刻含义是，万事万物的始与生，都源于“乾坤”二元的力量。因此，“元力”是万物生生不息的根本动力。

我将价值元力（VEC，valuable essence of competence）定义为生态系统创造价值和实现价值的“原动力”，它是生态系统竞争优势的来源。VEC 不是一项单独的能力，而是“硬能力”和“软能力”的有机组合。

本书中的六家世界级生态企业采取“刚柔相济”的原则来塑造“价值元力”。我在第 6 章中已经指出，未来的商业是由终端互联、数据智能、价值网络来驱动的，所以，这些生态企业都不遗余力地在人工智能、云计算、区块链、大数据、物联网等最新技术上投下巨资，用于构建生态系统的“硬能力”，它是生态系统获得竞争优势的重要基础。

但同时，这些世界级生态企业也注重塑造生态系统“软能力”，这种能力和生态系统的价值观念和行为规范有关，主要包括善德、雄心、学习、独特和共鸣，这些能力要素的英文首写字母的组合正好是VALUE，中文意思就是“价值”，我借此寓指VEC是创造价值的原动力。

价值元力（软能力）的五个要素：

V（virtue）：善德

A（aspiration）：雄心

L（learning）：学习

U（unique）：独特

E（empathy）：共鸣

价值元力与核心竞争力有很大的不同，核心竞争力非常强调对内部资源的占有和控制。普拉哈拉德和哈默尔在提出核心竞争力概念时，把它定义为“企业内部具有的积累性知识，特别是关于如何协调不同的生产技能和有机结合多种技术流的知识”。可见核心竞争力是内生的。也就是说，竞争优势来源于企业价值链活动上所拥有的资源。[4]

北京大学的马浩教授认为，核心竞争力是一种“资源本位企业观”在公司战略层面的体现，这种战略观只不过是一个美好的理想和期冀，过分强调不可模仿和不可替代的资源的重要性，并不能给企业制定战略留下多少选择的空间。资源价值在很大程度上取决于它应用的环境，离开产业环境，相对独立地看资源与能力的独特价值，可能忽略了在战略分析中关于内外契合的主旨。[5]

与核心竞争力强调“资源本位观”不同，价值元力主张“资源连接观”。“资源本位观”强调核心能力的内生，“资源连接观”强调核心能力的“内外共生”，即通过资源的连接与整合形成独特的核心能力，让生态系统获得动态的竞争优势。未来，衡量一个生态组织的价值元力，不再仅仅看它控制和拥有多少资源，更重要的是它连接和整合多少资源。

我认为，核心能力没有那么玄妙，没有任何一种能力是不可模仿、不可复制、不可替代的，只能说相对难以模仿、复制和替代而已。而在“价值元力”的两个维度中，基于技术的“硬能力”相对容易模仿、复制和替代，基于价值观和行为规范的“软实力”则更难以模仿、复制和替代。在第 8 章，我将阐述生态企业如何利用基石平台来塑造价值元力中的“硬能力”。在本章，我主要解释企业如何塑造“软能力”。

善德：本质是“利他”

价值元力（软能力）的第一种能力要素是“善德”。管理大师彼得·德鲁克敏锐地意识到“善德”对组织的重要性，他指出，管理的本质就是“激发和释放每一个人的善意”。对别人的同情，愿意为他人服务，这是一种善意；愿意帮助他人改善生存环境、工作环境，也是一种善意。管理者要做的是激发和释放人本身固有的潜能，创造价值，为他人谋福祉，这就是管理的本质。[6]

作为全球最大的搜索引擎和生态企业之一，谷歌公司秉持“不作恶”的价值观，这是一种基本的善德，但这还远远不够。《道德经》中写道：“上善若水，水善利万物而不争。”受此启发，我将价值元力中的“善德”定义为“利他”能力。

大善利他。日本著名的企业家和管理学家稻盛和夫颇具传奇色彩，其一生经营了两家世界500强企业，他将自己的成功之道总结为8个字“敬天爱人，利他之心”，并认为企业的竞争力来自“利他之心”。在第四次管理革命中，坚持战略生态化的企业不再将“竞争”视为管理第一要义，而是将“利他”作为核心能力。在与许多成功的企业家交流时，我不断体悟到，让他人成功的能力是一个生态企业最为核心的能力。在实践层面，生态企业的“利他”能力可以通过“赋能”来解决。一个生态企业的赋能能力越强，生态系统越兴旺发达。

腾讯公司CEO马化腾认为腾讯的核心能力不是“我能做什么”，而是“我能帮伙伴做什么”，这本质上是利他之心，是服务于生态伙伴的“善德”。腾讯的战略定位是“做好连接器”。不管是微信、QQ这两大社交入口，还是支付、微信二维码、云计算、大数据等能力，腾讯宣称自己不会直接去做与“互联网+”相关的产业，而是释放和输出能力，为生态合作伙伴提供平台和基础，这种定位体现的就是“通过赋能，连接一切”的战略观。

英国哲学家波特兰·罗素说：“使我们无法自由和高尚地活着的最主要原因是对财富的迷恋。”罗素的这句话恰当地描述了传统企业的竞争思维。许多传统企业奉行的法则是“独善自身，利益独大”，而平台生态型企业的竞争逻辑则是“奉献利他”。在一个商业生态系统中，各成员企业的“利他思维”有助于提升整个生态系统的活力和竞争力，因为各成员企业之间需要互利共生。

比如，阿里巴巴创始人马云并不认为阿里巴巴是一家电子商务公司，而是一家帮助别人成为电子商务的公司。阿里巴巴公司的定位是锁定小企业、帮助小企业，致力于“让天下没有难做的生意”，其商业模式的本质是利他。2014 年，马云在首届世界互联网大会演讲时指出：

> 十五年以来，阿里巴巴只专注在中小企业，也不是第一天就想明白这个模式的，我们也犯了无数错误，直到七八年以前，我们明白了一个道理：要想帮助小企业，你必须建立一个生态系统。这就需要很多合作伙伴参与进来。做任何生意，必须想到 3W，即三个 win（赢）。第一个 win，是客户 win，你做任何事情，客户首先要赢；第二个 win，是合作伙伴一定要赢；第三是你要赢。三个 W，三个赢，你少一个 W，少中间任何一个赢，这个生意都没法做下去。……互联网时代最了不起的东西就是利他主义，相信别人要比你重要，相信别人比你聪明，相信别人比你能干，相信只有别人成功你才能成功。

利己，是个体和小我思维；利他，是生态和大我思维。利己，割裂了自我与系统的关系；利他，把自己视为生态系统的一部分。从“以我的成功”为中心到“以他人的成功”为中心，从“利己”到

“利他”，生态企业不仅转变了自己的经营哲学，更是升级了自己的竞争战略，帮助他人成功的能力成为生态企业的核心能力。

雄心：生态系统生生不息的驱动力

价值元力（软能力）的第二种能力要素是“雄心”。aspiration 这个单词的中文意思是“雄心壮志、远大使命”，它是西方领导力理论的一个关键词。许多有关领导力的研究文献都指出，aspiration 是卓越领导力的核心品质。

在中国的传统文化中，“志”这个字非常重要，其意是“从心之声”，又为“士者之心”，所以，孟子说“士尚志”。凡有大成就者，莫不有远大志向；凡是卓越领导者，莫不有雄心壮志。古今之成大事者，不唯有超世之才，亦必有坚忍不拔之志。使命源于立志，志大者使命也更加宏伟。正如王阳明在《传习录》中所言：“学问不得长进，只是未立志。……持志如心痛，一心在痛上，岂有工夫说闲话，管闲事？”

“持志如心痛”这句话说得好，也是王阳明一生修行悟道的写照，他的经历中最著名的莫过于“龙场悟道”。在明武宗正德元年（1506），王阳明因反对宦官刘瑾，被廷杖四十，谪贬至贵州龙场（贵阳西北约七十里）当驿丞。龙场这个荒芜的地方对大多数人的生存都是个挑战，但是对于“持志”的王阳明来说，是个修行悟道的好地方。他结合自己多年来的遭遇，日夜反省，一刻也不停。一天夜里，王阳明顿悟，认为“心”是感应万事万物的根本，由此提出“心即理”的命题，并悟出“圣人之道，吾性自足，向之求理于事物者，误也”。

王阳明曾经写过一篇文章专门论述立志。他指出：“志不立，如无舵之舟，无衔之马，飘荡奔逸，终亦可所底乎？”意思是说，一个人不树立志向，就好像没有舵的船，没有口衔的马。小船任意飘荡，野马放肆奔跑，最终能到哪里去呢？

持志前行，不行则心痛，也是许多领导者一生的写照。“志”是领导者前行力量的源泉，“修志”是领导者从平庸走向卓越的法宝。志不存，领导力亦不能存。我看到许多优秀的领导者终其一生都在笃志前行，在常人看来，这些领导者的行为不可理解，他们所拥有的财富足以让他们坐享荣华富贵，为何还一直砥砺精进，日夜进取？究其原因，是因为这些领导者胸怀大志，使命远大。

生态组织是一个有生命力的组织，而“雄心”则是生命力组织繁荣昌盛的驱动力。海尔、阿里巴巴、苹果、亚马逊、丰田汽车、西门子等生态企业之所以成功，尽管有许多因素可以探讨，但在我看来，是因为这些公司提出了激动人心的伟大目标，设计了一套激励机制，激发了员工的“雄心壮志”，在每个人心里种下了一颗立志成为世界级企业的“嘉种”，最终结下硕果，在各自的领域中成为世界冠军。

一个生态企业的“雄心”表现为生态愿景和生态使命。我在第 4 章指出，生态愿景回答“未来是谁”的问题，即一个生态系统的未来图景，是对生态系统未来发展的一种期望。简言之，生态愿景定义了一个生态系统长期发展的方向和目标。生态使命回答“为什么”的问题，即一个生态系统存在的理由和价值是什么，它为谁创造价值，以及创造什么样的价值。简言之，生态使命定义了一个生态系统存在的价值和理由。

作为一家已有 170 多年发展历史的百年企业，西门子公司将雄心视为自己在第四次管理革命时代转型的核心能力，并将雄心转化为宏大的发展愿景以统领整个生态进行转型。西门子在 2014 年发布了雄心勃勃的“2020 公司愿景”，又于 2018 年发布了“公司愿景 2020+”，立志通过组织变革和商业模式的创新，捍卫自己在全球工业数字化领域的领先地位。

学习：感知未来的使命

价值元力（软能力）的第三种能力要素是“学习”。我所指的学习，不是常规的知识获取，而是一种深度学习能力，能够将知识流形成智慧，将数据流形成价值。如果我们看一看谷歌公司的赢利模式，就会发现谷歌的核心收入源于搜索广告业务，其广告收入占据了整个公司收入的近 90%，而这一赢利模式的核心是为用户提供高效的个性化信息服务，这就需要谷歌在无限贴近用户的同时，更深入地了解用户的个性化需求。

了解用户的需求依赖于谷歌的学习能力。用户在谷歌的不同平台上积累下海量的数据，谷歌则利用具有深度学习功能的人工智能对数据进行分析，从而实现更有针对性的信息服务。比如，基于精准地识别用户的偏好，谷歌的广告投放更加智能，能够创造更高的价值，并从中获益。

自 2012 年以来，谷歌已收购了 10 多家人工智能企业。正如谷歌首席执行官桑达尔·皮查伊（Sundar Pichai）所言：“机器学习是我们重新定义行为的核心变革方式。我们希望在自身所有的产品中使用机器学习，包括搜索、广告、YouTube 和 Play 商店。虽然机器学习还处于早期阶段，但我们将逐渐把它系统性地运用到这些产品中。”

2015 年 11 月 9 日，谷歌开源机器学习平台 Tensor Flow 正式对外发布，这一平台可以让每个人利用计算机和网络去使用，而谷歌则将 Tensor Flow 深度学习系统嵌入到旗下的 50 多个产品之中。

学习能力和组织的开放有关系。开放指的是打开组织边界的壁垒，包容指的是组织文化的兼容性。开放包容是平台协同管理的基础，而协同管理的本质就是打破资源（人、财、物、信息、流程等）之间的各种壁垒和边界，使它们为共同的目标进行协调的运作，通过对各种资源进行最大的开发、利用和增值以充分达成共同的目标。

《维基经济学》认为生态企业的秘诀就是建立“没有篱笆的花园”，事实上，许多成功的生态企业正是因为它们免费为创业者们提供开源性软件，或者免费提供开放式产业资源，才得以吸引大量的创业者加入它们的平台。

海尔在转型为“创客孵化平台”的过程中曾经经历了多次“大手术”。首先，在战略层面上，海尔将企业边界打破，完全变成一个开放平台，让全社会的人在平台上创业，即企业平台化，从过去制造产品，变成现在孵化创客，让每个人都变成自己的 CEO。无论是用户、海尔的合作伙伴，还是社会上任何一个有创业冲动和创业梦想的人，都可以在海尔的平台上创业，员工也从过去的执行者、雇佣者变成了现在的创业者和创新者。

其次，在组织层面上，海尔颠覆了传统的组织模式，进行去中心化、去中介化，把企业从原来的封闭型组织变成开放的生态圈，把研发、制造、销售等流程由“串联”变为“并联”，将原来的科层组织网络化为平台主、小微主、创客等三类，搭建一个共创共赢的生态圈。

我和海尔集团总裁周云杰有过多次深入的交流，在他看来，海尔搭建了一个开放式平台，让全球资源、网络平台上的创意、科技人群创客，形成了一个庞大的创新池，推动了创新成果不断涌现，从而实现海尔生态系统的生生不息和繁荣昌盛。

我通过对海尔变革历史进行跟踪研究发现，变革的过程就是企业集体学习的旅程。陈春花教授把学习力视为未来真正的核心竞争力，激活组织变革最好的方法是激活组织的学习力。学习的一个重要目的是扩充知识。亚里士多德把知识分为两类：第一类是关于“什么”（what）的科学知识和“如何”（how）的实践技能；第二类则是对首要原则、觉悟和智慧之源的内在认知。

学习是一项核心能力，企业除了需要知道学习何种知识之外，还需要不断反思学习的方式。奥托·夏莫认为，过去的知识管理理论，不管是“学习圈理论”还是“双循环学习理论”，都是主要研究如何向过去的经验学习，在这种理论框架下，学习就意味着汲取过去的成功经验。但这种学习模式还不够，夏莫提出个人和组织更影响培养“向未来学习”的能力。[7]

我非常认同夏莫的结论。从本质上来说，推动企业转型与变革的根本动力是企业向未来学习的能力。我把两种学习理论综合起来，提出“二元学习”这一概念，即企业或者个人不仅要向过去学习，同时应向未来学习。这两种学习模式相辅相成，不可偏废一方（见图 7–1）。

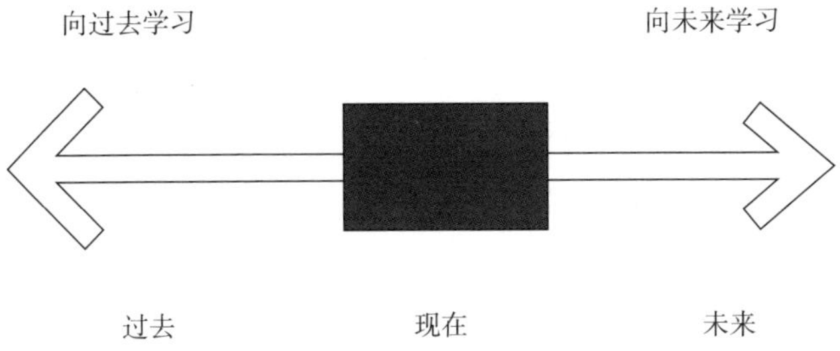

图 7–1　“二元学习”模式

向过去学习，是站在现在看过去，不仅仅要汲取过去成功的经验，更要反思过去存在的不足；向未来学习，是站在现在看未来，不仅仅要感知未来的使命，更应将这种感知作为当下行动的原动力。“愿景和使命”是照亮管理者们向未来学习的灯塔，领导者应该让其变成企业中所有人的共同感知和共同愿景，让其引领员工们朝向未来。

第四次管理革命时代的主要战场存在于我们内心。这是一场自我与大我之间的战争，是一场现有的当下自我和正在生成的未来大我之间的战争，在个人层面和集体层面都是如此。

对企业转型和变革的研究让我深刻地感受到，真正推动企业转型的动力是面向未来的认知，这种认知是推动当下行动的最根本动力，是让我们“现在就立刻行动”的力量之源。

独特：人的价值最大化

价值元力（软能力）的第四种能力要素是“独特”。在这里，独特有两层含义，或者说是两个维度：其一是发挥每个人独特的个性；其二是给顾客独一无二的体验。前者以员工为中心，后者以顾客为中心，这是推动生态系统繁荣的最重要的力量。

首先，生态企业要给每个人的独特个性“赋能”，张瑞敏将此描述为“把生态系统中每个人内在的潜力发挥出来”。生态型组织追求的是使人人平等，给人人赋能，让人人成功，让人人的潜力发挥出来。其背后的管理思想是“各正性命”，这四个字是人人赋能的精髓所在，它源自《易经》：“乾道变化，各正性命。”各，是“各个”“每个”之意。正，是动词，是“止于一”。各正性命，就是每一人各有各的性命，各有各的价值，各有各的位置，要各得其正。

何为性？何为命？“在天曰命，在人曰性。”对人而言，“性命”可以理解为天性、人之禀赋。各正性命，就是每个人都要“正”自己的天性，要“尽”自己的天性。

“赋能”就是要让每个人“尽自己的天性”。“天命之谓性，率性之谓道”，让每个人都能够“遵循自己的天性”就是生态管理模式的“大道”。

大道至简，赋能就是帮助每个人“尽性”而已，这是最根本的动力。尽己之性，才能尽人之性；尽人之性，才能尽物之性。正如《中庸》中所言：

唯天下至诚，为能尽其性；能尽其性，则能尽人之性；能尽人之性，则能尽物之性；能尽物之性，则可以赞天地之化育；可以赞天地之化育，则可以与天地参矣！

诚，为真。至诚，为至真。至诚如神，至诚可先知，至诚是大智慧，因此，至诚是卓越领导者需要下苦力修行的功夫。尽己之性，至诚的人能够充分发挥自己的天性和潜能；尽人之性，至诚的人能使周围的人发挥各自的天性和潜能；尽物之性，至诚之人能使资源发挥出最大的价值。唯有如此，才能“赞天地之化育”，这不正是赋能平台要做的事情吗？

我将“企业即人，各正性命”视为管理的“大道”。人人都是CEO，人人都是创业家，这是许多生态企业赋能平台的核心目标。但是，CEO、创业家这些只不过是让人们实现自己志向的角色或者载体而已，赋能管理的核心使命是让每一个人实现自己的价值和意义。

因此，管理的核心要义是“因人施教、赋能尽性”，这不仅是赋能管理思想的一种体现，更是推动生态繁荣的核心能力。企业要帮助每个员工找到自己的优势，给他们提供赋能平台，让每个人都能成功，都能尽己之性。正如张瑞敏在 2019 年海尔管理年会上所言：“我们和传统企业不一样的，就是对人的认识。我们是‘人的价值最大化’，就像古希腊的历史学家修昔底德所说，‘人是第一重要的，其他一切都是人的劳动成果’。”

另外，生态企业需要给用户带来独一无二的体验和价值，这是黏住用户的核心能力和关键所在，以致战略管理的教科书将“独特价值”视为一种差异化战略。对于任何一个生态组织而言，独特性作为一种核心能力，是创造独特价值的能力。我们看一看苹果公司的生态系统便可洞察独特的价值。

苹果公司的生态系统模式是“硬件 + 服务（内容）”，又被称为软硬一体化模式，这一模式本身就具有独特性。从苹果公司生产的硬件产品来看，其独特性有三个。第一，外观漂亮。乔布斯认为产品外观的美感可以为用户创造独特的体验价值，所以，苹果产品的外观一直将美学元素融入其中。第二，产品名字经典而独特。苹果产品在命名上堪称经典，如 iPhone、iPad、iMac 等产品，这些产品中都含有一个独特的字母“i”。1998 年 iMac 的发布会上，乔布斯解释了字母“i”的含义，包括——internet（互联网）、individual（独特的）、instruct（指引）、inform（信息）及 inspire（启发）等。第三，产品坚持极简风格。苹果公司倡导简单的用户体验才是王道，苹果的设计师相信人们天生青睐简单易用的产品。

除了产品的独特价值之外，苹果公司还创造了独特的生态系统，将产品、服务互联互通，比如 iPod 和 iTunes 的完美组合，iPhone 和 App Store 的完美融合。这反映了苹果公司的独特创新之道。

不管是在管理模式上发挥每个人的独特个性，还是在商业模式上为用户创造独一无二的体验，这都是将“人的价值”置于首位，让每个人体悟到人生的价值和生命的意义，这正是推动生态企业不断成长和发展的独特能力。

共鸣：心与心的连接

价值元力（软能力）的第五种能力要素是“共鸣”。这是一种“移情”能力，让生态组织与生态伙伴之间产生同感和共鸣。物联网时代商业模式的核心是基于用户需求的个性化定制，而用户也从价值的消费者变成了价值的创造者，实现这一模式的转化，需要生态组织与用户之间产生“共鸣”。

在 2019 年管理年会上，张瑞敏用“情感传感器”来形容海尔与用户之间的共鸣。

> 现在大家对物联网的认识进入了误区，把物联网理解成在产品上面安传感器，连起来就行了。不行！现在要的是用户之间的情感传感器，而不是产品传感器。现在我们要的不是传感器上的大数据，要的是每个人个性化的小数据。

产品传感器只能收集数据，情感传感器才能与用户产生“心与心的连接”。“共鸣”是体验经济的核心，只有通过体验才能产生共鸣。尤其是在互联网时代，社群成为生态组织的核心单元。生态组织与社群之间，以及社群与社群之间的深度交互将有利于把顾客变成终身用户。

以海尔生态中的大顺逛平台为例，它是海尔生态系统中的一个核心平台。大顺逛平台的价值体现在两个方面：首先它是一个触点网络，而传统电商是靠流量，没有触点网络；其次，它是进行价值交互，而电商是进行价格交易。大顺逛的触点网络体现为三店（线上店、线下店和微店）合一。

海尔触点网络和传统电商最大的不同在于海尔的网络是“有温度的”，是能够与用户产生共鸣的。比如，在一些城市社区，海尔配备了一个“小顺管家”，这个管家是海尔触点网络中的一个节点，用于和用户直接交互。如果没有这个小顺管家，社区的快递柜只是一个冷冰冰的铁柜子而已；有了小顺管家，快递柜不仅有了温度，也与用户产生了交互和共鸣。海尔的产品则通过大顺逛社群交互进行销售，通过社群交互，用户体验在价值交互中持续迭代，最后变成了终身用户。

只有共鸣，才能共享。共享，即共同分享。共享经济是当下热门的话题，而共享更是创业平台生态圈的本质所在。社会思想家杰里米·里夫金在其《零边际成本社会》一书中指出，人类社会将进入“协同共享的新经济制度”时代。他的基本观点是，技术革命可以让生产力达到极致，因此可以让边际成本接近于零，而一旦生产的边际成本接近于零，商品和服务也将近乎免费，产品和服务的免费使得人们不再重视对产品的所有权，更看重产品和服务的使用权，从而催生了共享经济制度。

在一个生态系统中，其成员企业之间遵循“共享”的基本原则，这种共享主要体现在两个方面：资源共享（resource share）和价值共享（value share）。依据资源共享原则，平台的建构者可以通过设立资源共享中心，为成员企业提供服务；依据价值共享原则，平台的建构者也可以通过设立共享的利益分配机制，激励成员企业为整个生态圈创造价值。

共鸣还能促进生态伙伴之间的协同整合。协同整合，顾名思义包括协同和整合两个方面，这两个方面相辅相成。协同和整合就是通过对平台中各“资源方”进行时间、空间和功能结构的重组，产生一种“协作共赢”的能力。

相对于传统企业，为什么平台企业更需要协同力和整合力？这是因为传统企业和平台企业赖于竞争的资源基础有很大的不同。在传统企业的竞争中，企业各资源方构建的是一种“竞争依赖关系”，企业拥有稀缺的、独特的资源越多，竞争优势越大，所以，传统的竞争理论着眼于稀缺和独特资源的争夺。而平台企业则不同，各资源方构建的是一种“共生依赖关系”，搭建的是一个共赢的商业生态系统，从占有资源到共享资源，考验企业能力的不是占有多少资源，而是能够协同和整合多少资源。比如，海尔集团提出“世界就是我的研发部”“世界就是我的人力资源部”，这实际上就是在全球配置、协同和整合资源。

所以，协同整合就是要进行协同作战，要把各资源方的力量合理地排列、组合，以孵养小微企业。平台企业的实质是一个由许多小微企业组成的商业生态系统，协同管理就是通过对该生态系统中各个小微企业进行时间、空间和功能结构的重组，产生一种竞争 – 合作 – 协调的协同效应，实现整个生态系统的共生、共赢，这一切都需要有“情感共鸣”的力量。

2014 年 9 月，在阿里巴巴上市融资 250 亿美元后，马云表示“未来 10 年，阿里要打造一个真正了不起的生态系统”，而打造生态系统的最核心品质就是“利他”。马云指出：

> 利他主义就是只有别人好了，你才能好，相信别人好，帮助别人好，让别人好，这是21世纪你想成功的必备要素，真的希望别人好。只有别人成功了，我们才能成功；只有我们的客户成功了，我们才能成功；只有我们的员工成功了，我们才能成功。

利他是共同治理的基础，任何一个生态圈的繁荣昌盛都需要所有参与者共同治理。生态系统的共治需要两个核心机制，即“契约机制”和“信任机制”，前者在制度层面上解决成员企业之间的交易关系，后者在文化层面上解决成员企业之间的合作关系。契约和信任相辅相成，共同维系着创业平台生态圈中所有企业的长期合作与发展。

共治的核心是价值管理，不管环境如何变化，任何一个企业的立足之本就是价值创造（value creation）和价值实现（value realization）。在第四次管理革命时代，价值元力将成为生态组织核心竞争优势的来源，它的五个维度是价值创造和价值实现的根本动力，其中“善德”是价值管理的核心，雄心、学习是推动价值创造的核心能力，而独特和共鸣是推动价值实现的核心能力。

在一个具有共治精神的生态系统中，人人皆自主，且相互帮扶；人人皆平等，且相互增值。各尽其能，各尽其性，各舒其志，各抑其私，各足所需，倘若如此，生态系统将生生不息。

当然，生态系统的繁荣昌盛仅仅依靠价值元力中的软能力还是不够的，在接下来的一章，我将分析生态企业如何利用基石平台构建核心能力，这是价值元力中的“硬能力”。

第8章

基石平台：生态系统的“黑土地”

我们信赖上帝。除了上帝，任何人都必须用数据说话。

——著名质量管理大师　爱德华·戴明

在自然界的生态系统中，“黑土地”是地球上最珍贵的土壤资源，是大自然给予人类的宝藏。黑土是一种性状好、肥力高、非常适合植物生长的土壤。全世界仅有四大块黑土区，分别是乌克兰的乌克兰平原、美国的密西西比平原、中国的东北平原及南美洲阿根廷连至乌拉圭的潘帕大草原。比如，中国东北总面积约 103 万平方公里的黑土地是主要的商品粮基地，每年生产约 225 亿 ~250 亿公斤的粮食。

和自然生态系统相似，平台生态系统也需要有肥沃、独特的“黑土地”为生态系统中的顾客、小微企业、合伙伙伴提供足够的营养，让它们茁壮成长，让生态系统生生不息，而“基石平台”就是平台生态系统的“黑土地”。世界级生态企业的战略是“以基石平台为中心建立生态系统”。这一章，我聚焦于海尔、阿里巴巴、亚马逊、西门子、苹果、丰田汽车等六家世界级生态企业的基石平台，阐述它们如何通过基石平台来塑造“价值元力”中的硬能力，并据此构建生态竞争优势。

ABCDE：价值元力中的五大核心技术

在第 7 章，我将价值元力定义为生态系统创造价值和实现价值的原动力，它是“硬能力”和“软能力”的有机组合。本书中的六家世界级生态企业采取“刚柔相济”的原则来塑造价值元力，在通过机制和文化塑造“软能力”的同时，也通过技术上的巨大投资塑造“硬能力”。

物联网时代，本书中的六家世界级生态企业都在五大核心技术上进行投资，以塑造生态系统的价值元力，我称之为“ABCDE”，它们共同构成价值元力的核心技术，是生态系统获得竞争优势的重要基础。

价值元力（硬能力）的五个维度：

A（artificial intelligence）：人工智能

B（block chain）：区块链

C（cloud computing）：云计算

D（big data）：大数据

E（edge computing）：边缘计算

在第四次管理革命时代，ABCDE 五种技术对企业的管理模式和商业模式产生了极大的影响，任何一种模式的变革都已经离不开 ABCDE 技术的支持。下面，我们来看看这五种核心技术是如何影响商业模式的。

人工智能是指通过计算机程序、算法等手段让机器拥有人类智能的技术。它的核心问题是让机器能够拥有和人类相似甚至超越人类的推理、认知、规划、学习、交流、感知、移动和操作物体的能力。说到底，人工智能就是让机器智能化的技术组合，其目标就是让机器像人一样思考，像人一样行动。对人工智能而言，最重要的有三个因素：算法、数据及计算能力。

亚马逊是人工智能技术领域的领导者，并已将人工智能技术应用到亚马逊的各种服务场景之中。我在第7章指出，生态企业的核心业务模式之一是“线上线下一体化”，而人工智能就是连接线上与线下的桥梁。事实上，人工智能已经渗透在亚马逊的各类业务之中，可谓“AI无处不在”。

大多数人对区块链并不了解，这个概念于2008年提出，最初与加密货币（比特币）关联在一起。德国软件巨头企业SAP认为区块链是一个记录系统，能够以可靠、安全的方式记录各种交易信息及任何资产的所有权信息。它以分布式账本技术为基础，能够安全地记录点对点网络中的信息。尽管区块链最初专为比特币交易而创建，但区块链技术的潜力远远超出了加密货币的范畴。区块链账本可以服务于几乎所有有价值的事物，包括地契、贷款、身份、物流货运单等。

作为一项新技术，区块链对商业领域的潜在影响非常惊人。比如，区块链是真正意义上的点对点网络，将减少企业对某些第三方中间商（如银行、律师和经纪人等）的依赖，这就是去中介化；区块链还可以加快多方交易场景中的流程执行速度，不受办公时间的限制，加快交易处理，提高流程效率；所有参与者都可以查看区块链中的信息，但不能修改信息，这有助于减少风险和欺诈，建立生态系统中的信任关系，让业务更加透明；由于区块链具有分布式和加密的特性，它很难受到非法攻击，因此，区块链还能够保障业务和物联网的安全性。[1]

云计算是基于互联网提供按需的、共享的、可配置的计算及其他资源。这个词是由谷歌公司最早定义的。2006 年 8 月 9 日，时任谷歌首席执行官埃里克·施密特在一次搜索引擎大会上首次提出了“云计算”这一概念。虽然谷歌最早提出了云计算的概念，但是真正把云计算用于大规模商用的公司是亚马逊，早在 2002 年，亚马逊就推出了 AWS 云服务产品。从本质上来说，云计算是一种基于互联网的计算方式，通过这种方式，共享的软硬件资源和信息可以按需求提供给企业各种智能终端和其他设备。云计算的核心是通过资源共享达成规模经济，比如亚马逊作为云服务提供者，集成大量的资源在 AWS 平台上供多个用户使用，用户可以非常方便地使用计算资源，并根据需要随时调整使用量，将不需要的资源释放回云端。

2012 年，《纽约时报》发表的一篇文章将“大数据时代”这一概念推进了普通人的视野。文章认为，在商业、经济及其他领域中，决策将日益依赖于数据和分析，而并非基于经验和直觉。显然，大数据分析有利于人们在复杂的环境和信息中做出决策。所谓大数据，是指“大量、高速及 / 或多变的信息资产，它需要新型的处理方式去促成更强的决策能力、洞察力与最优化处理”。

后来，随着企业对大数据的应用，人们发现大数据不仅仅是指数据在数量维度的单纯多寡，而是特指数据在质量维度的复杂多元，即多种不同性质数据（例如声音与图像数据）的收集与处理。换言之，大数据具有 volume（大量）、velocity（高速）、variety（多样）、value（价值）、veracity（真实）等“5V”特点。[2]

大数据因量大且复杂，因此我们必须借由计算机及相关技术对数据进行统计、比对、解析才能得出有利于决策的分析结果。企业对大数据的利用和其数据存储、计算能力等有关。

边缘计算是相对于云计算而言的，它是一种分散式计算的架构，将应用程序、数据资料与服务的运算，由网络中心节点移往网络逻辑上的边缘节点来处理，也就是说“边缘计算”把计算能力从云端转移到智能终端，而不需要将所有传感器都与云端连接。由于边缘计算更接近于用户智能终端装置，故可以加快数据的处理与传送速度，减少网络延迟。在边缘计算的架构模式下，分析和运算更接近于数据的源头，还可以提高响应力。比如，制造企业在进行数字化转型时，会部署和连接大量的智能化终端和设备，边缘计算就可以帮助企业计算和处理日常的大量业务数据，提高智能设备的实时响应能力。

在第四次管理革命时代，没有任何一家企业不受 ABCDE 技术的影响和冲击，企业在商业模式和管理模式上必须转型。在 ABCDE 时代，海尔的转型战略是“创建物联网生态品牌”。海尔集团总裁周云杰认为：“未来思考转型和变革都需要思考和利用 ABCD 新技术，这些技术尤其对物联网至关重要，智慧已经成了物联网时代最根本的特征。海尔在智慧家庭领域，一直想如何把智慧变成一种工具，变成一种能力，为消费者提供美好生活的解决方案。”

基于这种思考，海尔建立了基于用户需求和体验的全方位“智慧生活”应用场景，包括“智慧家庭”等各类智慧生活解决方案，而这一切都要依赖于 ABCDE 这五大技术。基于 ABCDE 技术塑造生态系统的价值元力投资巨大，对于大型生态企业来讲，这种投资是构建生态系统所必需的。但是，对于中小型企业而言，并不需要在 ABCDE 技术中投入太多资金，而是可以融入生态企业所构建的生态系统之中，利用大型生态企业所构建的“基石平台”进行应用开发和模式创新，可谓“借力使力不费力”。

COSMOPlat：海尔智慧生活生态系统的基石平台

物联网时代和互联网时代有非常大的不同，它是情景感知的、个性化定制的体验迭代。在互联网时代，用户可以在电商平台上面挑选自己想要的东西，但是，在物联网时代，顾客不需要自己挑选，企业可以根据情景感知到顾客的需求，直接个性化地生产出顾客需要的产品。张瑞敏认为，在物联网时代，企业的核心竞争力是拥有多少终身用户。所谓终身用户就是用户的所有需求，企业都可以通过大规模定制予以满足。[3]

早在 20 世纪七八十年代，就有一些未来学家提出“大规模定制”的概念：以类似标准化和大规模生产的成本和时间，提供顾客特定需求的产品和服务。但是，这种大规模定制模式还是以企业为中心的模式，目的是提升企业的竞争优势和规模价值。但是，海尔对大规模定制模式进行了重新定义：以用户为中心，目的是创造用户价值，从全流程实现用户体验价值，通过场景定制体验实现用户需求不断迭代，将用户变为终身用户，并实现生态圈各方共创共赢。

大规模定制是对传统规模化生产模式的颠覆，它的本质是重构用户需求与产品生产之间的关系。早在 2008 年，海尔就开始在家电行业推进模块化战略，探索智能制造，从产品模块化、制造模块化、采购模块化颠覆传统制造模式，推动从大规模制造向大规模定制转型。到 2016 年底，海尔已建成八大互联工厂，这些工厂以用户为中心，可以实现用户全流程参与大规模定制。在智能制造探索经验的基础上，海尔推出了全球首个以用户为中心的工业物联网平台 COSMOPlat。与通用电气、西门子的产业互联网平台不同的是，海尔 COSMOPlat 的最大特点是能够直联用户，让用户全流程、全周期地参与到生产制造中来，通过规模化生产和高效供应链管理，实现了大规模与个性化定制之间的融合。在这一模式转变的驱动下，企业生产方式由按计划生产变为以用户需求驱动生产，用户也由单纯的消费者变为“产消者”。

2017 年 4 月，COSMOPlat 代表中国制造参加德国汉诺威工业博览会，得到全球广泛认可，并对外开启社会化服务，海尔开始为全球企业提供智能制造转型升级的解决方案，COSMOPlat 升级为海尔智慧生活生态系统中的基石平台。图 8–1 展示了 COSMOPlat 的功能与结构，它主要由五个子平台构成。

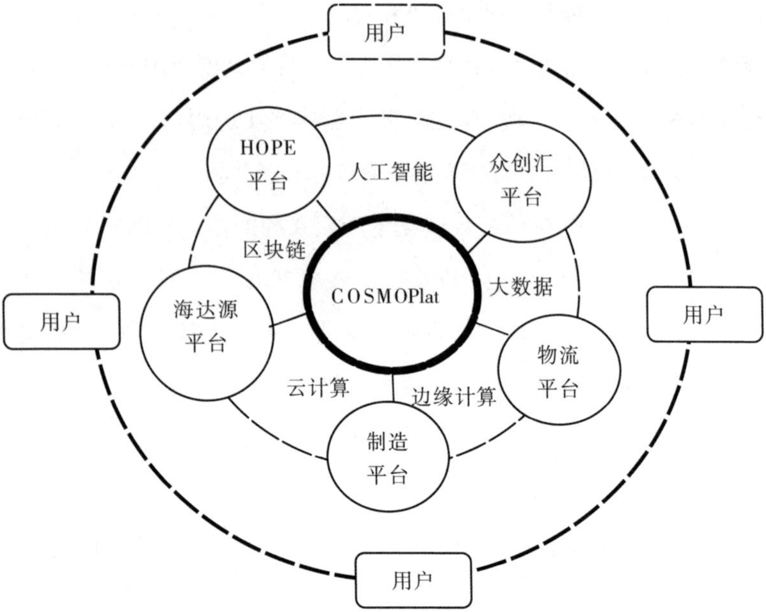

图 8–1　海尔 COSMOPlat 的结构和功能

1. 众创汇平台（http://diy.haier.com）

这是海尔集团 2015 年推出的产品定制平台，主要聚焦于用户需求。用户可以在这个平台上参与整个定制过程，和设计师、工程师等实现零距离交互，打造属于用户的独一无二的产品。用户可以在海尔众创汇先进行需求交互，再进行生活场景网上模拟体验，最后定制下单。比如，用户可以在众创汇平台上选择喜欢的定制方案（例如外观图案、功能等），或者上传自己设计的方案，确认定制产品并支付之后，工厂就会立即开始制作，从下单到产品下线的时间仅为 2~48 小时，然后产品就可以送货到用户家中。一般情况下，用户在下单后，两到三周就可以拿到自己定制的产品。尽管用户可以在众创汇上购买产品，但众创汇并不是一个销售平台，而是一个海尔跟用户进行交流的体验平台。这是一种众创定制模式，用户可以在众创汇平台上提出自己的创意或者期望，平台上对接的各种设计师会参与定制过程，和用户进行互动，从而形成新品迭代。

2. HOPE 平台（http://hope.haier.com）

HOPE（Haier Open Partnership Ecosystem）是由海尔开放式创新中心开发并运营的开放式创新平台，该平台于 2013 年 10 月上线，以开放、合作、创新、分享的理念，通过整合各类优秀的解决方案、智慧及创意，与全球研发机构和个人合作，为终端用户提供个性化产品解决方案。截至 2017 年，HOPE 平台已经聚集了来自全球的 30 多万个解决方案资源提供者，覆盖原型设计、技术方案、结构设计、快速模型、小批试制等全产业链的资源。

3. 海达源平台（http://l.ihaier.com）

这是海尔的模块商资源平台，成立于 2015 年 3 月。这个平台可以使全球一流资源无障碍进入，任何合法企业均可在上面进行注册。平台促使模块商资源提供者与用户需求零距离对接、高频交互、量价约定。平台还为模块商资源提供了“超市自主空间”，支持模块商全方位展示自己的创新解决方案，吸引用户选用和购买。

4. 制造平台

制造平台主要包括沈阳冰箱、郑州空调、佛山洗衣机、青岛热水器、胶州空调、青岛中央空调等八大互联工厂，这些工厂以用户为中心，可以实现用户全流程参与大规模定制。

5. 物流平台（http://www.rrs.com）

这个平台源于1999年成立的日日顺物流。通过整合全球的一流物流网络资源，海尔搭建起了开放、专业化、标准化、智能化大件物流服务平台。该平台以用户最佳体验为标准，依托四网融合的核心竞争力（即仓储网、配送网、服务网、信息网），为客户提供供应链一体化服务解决方案，可以为家电、家具、卫浴、健身器材及互补行业客户及用户提供全品类、全渠道、全流程、一体化物流服务。

COSMOPlat的核心是COSMO云，以上五个子平台全部与COSMO云互联。同时，为了收集数据信息，海尔还通过一系列智能设备与COSMO云直接联通。比如，海尔在2015年围绕智慧生活生态圈推出“网器”这一全新概念。网器相对于电器，表面上是从“电力驱动”转变为“互联网智能驱动”，但其核心是产品背后先进的智能研发理念和智能制造COSMOPlat。这些网器产品覆盖了海尔“U+智慧生活”平台下的洗护、水、空气、安全、美食、健康、娱乐七大智慧生态圈。

让我们通过一个案例来体验一下海尔COSMOPlat的功能。假设顾客想定制一台海尔馨厨冰箱，他首先登陆COSMOPlat的众创汇平台，提出定制要求之后，需求信息马上同步到达HOPE平台、海达源平台、制造平台，匹配研发、模块商和生产资源，生成订单。互联网工厂的智能制造系统会自动排产，将信息传递到各个生产线，短短几分钟就可以定制出一台属于顾客自己的个性化的冰箱。然后，这台冰箱经过智能检测，交付智能物流平台，直接配送到顾客家里。

通过构建 COSMOPlat，海尔试图通过大规模定制满足用户终身需求，实现大规模和个性化定制的融合，让海尔智能工厂内“生产的每台产品都有自己的主人”，实现从体验迭代到终身用户的升级。“交互”和“体验”是 COSMOPlat 的核心特征，用户可以全流程参与产品的设计研发、生产制造、物流配送、迭代升级等环节，以个性化需求指导设计和生产，由单纯的消费者变为“产消者”。COSMOPlat 给海尔带来的不仅仅是定制需求下的高精度与高效率，同时，由于定制生产打通了市场需求和产品供给的壁垒，产品在生产线上就已经赢得了市场，进而解决了当前困扰企业的库存问题，最大程度降低了运营成本。和传统生产模式相比，海尔八大互联工厂在部署 COSMOPlat 后，生产效率提升了 60%，不入库率达到 71%。目前，海尔已经将 COSMOPlat 和互联工厂样板向全球 108 个工厂进行推广，从而实现在全球范围内的大规模定制模式。

海尔将 COSMOPlat 开放给企业用户，对于技术相对薄弱的中小企业来说，COSMOPlat 可以帮助它们向智能制造进行转型升级，提升生产效率，降低库存压力。以服装企业为例，COSMOPlat 能够将工厂的数据采集上来，通过对每个环节的跟踪管理，对每个门店包括渠道进行精细化的物流管理，便于服装企业在各个渠道进行精准的预售；同时，借助 COSMOPlat 本身的 3 亿用户资源，帮助服装企业构建自己的用户社群，通过社群交互，让用户主动提出自己的需求，改变了过去服装行业先有衣服再有用户的模式，而是先通过用户交互再生产，为服装行业了解用户偏好及预测流行趋势，最终解决库存难题提供整体解决方案。目前，COSMOPlat 已经在 10 个区域进行了示范，推广涉及汽车、电子、服装、农业等 11 个行业，成为海尔智慧生活生态系统中的基石平台。

MindSphere：西门子开放式物联网云端平台

作为一家世界领先的硬件设备和软件系统公司，西门子布局产业互联网平台的起步时间和通用电气相比稍显落后，但动作很快，转型也很坚决。自 2006 年收购 UGS 软件公司开始，西门子先后出资 100 多亿美元进行工业软件公司的收购，大大强化了西门子在工业操作软件系统方面的能力。为了应对数字化、智能化及物联网等新技术的挑战，西门子逐步整合了不同业务领域的远程服务产品和工业软件系统，在 2012 年初步形成了一个开放式软件操作系统平台。2014 年，西门子发布的“2020 公司愿景”明确提出将数字化业务和电气化、自动化业务作为西门子最核心的三大业务。同年，西门子将这一软件系统平台命名为 MindSphere。2016 年，在德国汉诺威工业博览会上，西门子正式推出了 MindSphere 1.0 版本，接着推出了面向欧洲和北美客户的 MindSphere 2.0 版本。2017 年，推出了 MindSphere 3.0 版，这一版本落户在中国。

西门子的战略是将 MindSphere 打造成其数字工业生态圈的基石

平台。它是基于云的工业物联网开放式平台系统，是连接各类智能硬件设备的统一接口，可以实现不同智能设备之间的互联互通；同时，为各类工业企业的应用软件提供开发运营环境，赋能西门子数字工业生态圈的各类工业企业（见图 8–2）。

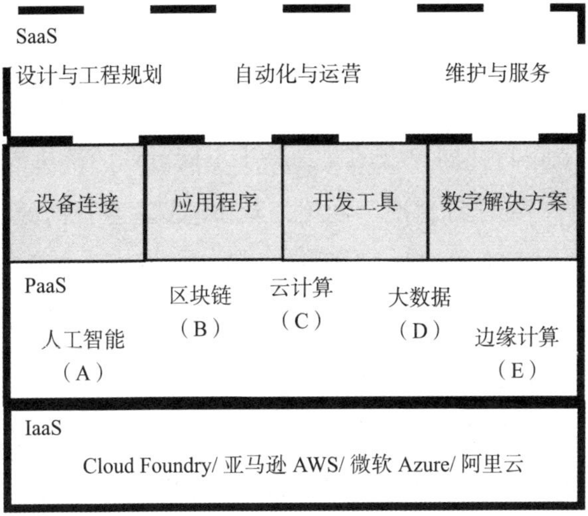

图 8–2 MindSphere 的业务功能与结构

图 8–2 展示了 MindSphere 的功能与结构，作为基于云的工业物联网开放式平台，MindSphere 系统包括基础层、平台层、应用层等。

IaaS（Infrastructure-as-a-Service）：基础设施即服务，是基础层。企业用户可以通过互联网获得数据存储、安全、计算等云端服务。西门子并没有直接建立基础层，而是选取了 Cloud Foundry、亚马逊 AWS、微软 Azure、阿里云等平台作为基础层云服务的合作伙伴。

PaaS（Platform-as-a-Service）：平台即服务，是平台层。这是

MindSphere 平台最为重要的组成部分，也是西门子发力投资建设的部分。这部分内容主要包括设备连接、应用程序、开发工具和数字解决方案。西门子可将完整的软件研发和部署平台作为一种服务提供给用户，支持合作伙伴和客户在该平台上开发、运营和使用包括能效分析在内的各种数字化服务相关的应用程序，以帮助客户提升设备、生产线和工厂的运行效率。

SaaS（Software-as-a-Service）：软件即服务，是应用层。这部分是与企业用户共同建立的，是基于不同行业的解决方案，企业可以根据自己的实际情况个性化开发和定制适合自己的解决方案。MindSphere 的战略目标是为用户在全价值链上提高效率、效能，所以，在应用端，MindSphere 将数字化解决方案分为三大部分：设计与工程规划、自动化与运营、维护与服务。

西门子将 MindSphere 定位成基于云的工业物联网开放式平台系统，基于该平台系统，西门子可以帮助企业用户完成数据的采集、传输、存储、分析及应用，平台为连接各类智能设备提供统一接口，实现不同智能设备之间的互联互通；同时，为各工业企业各种各样的应用软件提供开发运营环境。客户可以根据自身需求选择相应应用程序对工厂运营数据进行分析，实现对生产线的智能控制，比如进行预测性设备维护、远程故障诊断、产品追踪等。在推动 MindSphere 平台应用时，西门子的战略重点是针对垂直行业定制应用软件和解决方案，而非打造适合所有行业的横向工业互联网平台。

作为西门子数字工业生态圈的基石平台，MindSphere 的生态合作伙伴包括云基础设施服务商、软件开发者、物联网初创企业、硬件厂商等。比如，在云服务层面，MindSphere 目前的合作伙伴包括亚马逊 AWS、微软 Azure 和阿里云。这些云服务合作伙伴可以提升 MindSphere 的大数据和计算开发能力；在应用层面，西门子与埃森哲、SAP 等十几个全球合作伙伴联合开发出了 50 多种工业应用程序供各类工业客户选用。西门子数字工业业务的一位管理人员这样评价道：“在 MindSphere 生态系统里，西门子自己开发基础的工业应用程序，提供各种能力，使广大合作伙伴可以基于西门子的原生应用程序迭代出更多的专业性应用程序。西门子提供的能力就像乐高的基础积木，客户或合作伙伴能够以搭积木的方式把它的分析、应用模型逐渐搭起来。”

比如，Bluvision 就是 MindSphere 的一个生态伙伴，它是一家专门生产传感器相关产品的公司，这家公司与西门子在英国有 6 个样板项目，总共使用了大约 200 个传感器。MindSphere 可以帮助 Bluvision 存储和分析传感器的数据，二者共同推动客户进行数字化转型。[4]

在 MindSphere 构建的生态系统中，主要包括以下生态伙伴：咨询与策略合作伙伴、应用程序开发者、系统整合商、技术提供者、基础设施即服务供货商、联机开发者等。2018 年，西门子携手 18 家合作伙伴创立“MindSphere World 联盟”，这是西门子为 MindSphere 创建的全球用户组织，旨在推动 MindSphere 生态系统的全球化发展，共同在平台上开发和改进物联网解决方案。

阿里云：阿里巴巴生态的基石平台

2017 年 3 月 9 日，在中国杭州举行的阿里巴巴集团技术大会上，阿里巴巴董事局主席马云对外宣布了一条震惊业界的消息：阿里启动了一项代号为“NASA”的计划，面向未来20年组建强大的独立研发部门，建立新的机制体制，为服务20亿人的新经济体储备核心科技。基于该项雄心勃勃的计划，阿里巴巴未来20年的宏大愿景是构建世界第五大经济体，服务全球20亿消费者，创造1亿就业机会，帮助1 000万家企业赢利。马云指出：

> 一个服务20亿人的经济体，需要强大的技术实力。我们将建立阿里巴巴的“NASA”，以担当未来的责任。面向机器学习、芯片、物联网、操作系统、生物识别这些核心技术，我们将组建崭新的团队，建立新的机制和方法，全力以赴。以前我们的技术跟着业务走，是“兵工厂模式”，但手榴弹造得再好，也造不出导弹来。阿里巴巴必须思考建立导弹的机制，成立新技术研发体系，聚焦核心领域的研究。这些研究的目标是为了解决10年、20年后的困难。

为了实现这一宏大的目标，马云指出“NASA”必须围绕新经济体的三大使命展开技术思考：让世界更加普惠，让机会更加均等；让世界经济发展更加可持续；让未来生活更加健康快乐。[5]

马云宣布的“NASA计划”标志着阿里巴巴的战略从“电子商务平台”向构建更大的“商业生态平台”转型。事实上，阿里巴巴正在构建四大生态体系，即构建客户共享、技术共享、技术服务共享及基于阿里云平台能力的海外全球生态服务体系。

实际上，早在2008年，阿里巴巴集团就谋划转型，并将大数据、云计算作为战略，确立了阿里云做“以数据为中心的云计算”的愿景，并于2009年成立了阿里云平台，将其不断打造成阿里生态系统的“基石平台”。在2015年云栖大会上，阿里云发布全新品牌口号及品牌广告——“为了无法计算的价值”（Creating value beyond computing.），深入地阐释阿里云的品牌定位及品牌价值。

图8–3展示了阿里云平台的结构和功能。

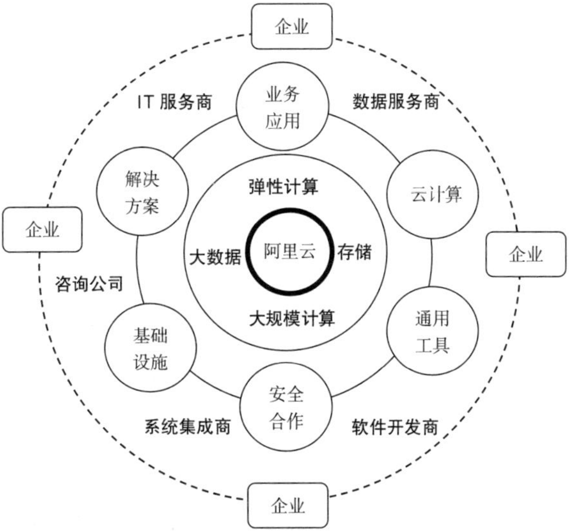

图8–3　阿里云平台的功能与结构

阿里云平台的核心是“阿里云”，但这并不是这个基石平台的底层技术。它的底层架构是“飞天系统”，该系统将所有的存储放到统一体系下，利于提高资源使用和数据交换提炼的效率。实际上，阿里云大数据的计算能力依赖于飞天技术平台，飞天系统本质上是一个公共云计算平台。阿里云事业部资深总监唐洪认为“飞天等同于整个阿里云的技术体系”，是云计算的后台。“飞天系统”由两部分组成，底层是数据资源的管理，上层是以 Web API（网络应用程序接口）的方式为开发者提供服务。[6]“飞天系统”提供的服务归根结底是计算和存储两类，表现为阿里云目前主要的产品，比如弹性计算、大规模计算、大数据存储和分析等等。[7]

当然，阿里云平台展示给用户的并不是这些晦涩、难懂的科技语言，而是非常具体的数据服务产品，主要包括业务应用、解决方案、基础设施、信息安全、通用工具、云计算等。而这些产品和服务不是全部都由阿里巴巴来提供，而是由阿里云生态合作伙伴提供。阿里云生态的合作伙伴包括咨询公司、系统集成商、软件开发商、数据服务商、IT 服务商等等。也就是说，围绕着以上几大类产品和服务，在阿里云平台上又形成了不同的生态圈，这就是阿里云所秉持的生态战略。阿里云总裁胡晓明指出：

> 我希望未来在 100 元钱里面，阿里云只赚 20 元，剩下的 80 元交给合作伙伴去赚。阿里云要做的是成为科技赋能中心，用自己的力量将云计算、大数据、安全等方面的能力变成类似于人工智能、机器学习的产品，变成专门的解决方案共享给合作伙伴，成为科技企业背后的支持与支撑。[8]

基于“科技赋能”的战略定位，2014 年阿里云以“飞天”超大规模通用计算操作系统为基石，通过“亿元扶持计划 + 平台升级”的策略，第一次尝试整合云计算生态链上的各方力量，为开发者提供创新所需的资金、产品、服务及云计算应用的全方位资源。该计划的扶持对象以游戏、移动、企业应用等领域的独立软件开发商（ISV）和系统集成商（SI）为主，支持它们将传统架构的软件改造成云软件，实现向云计算开发商转型，从而丰富了阿里云生态链上的产品与服务。目前，东软、SAP、埃森哲等国内外大型 IT 服务商，联想、神州数码、浪潮、绿盟科技等云技术服务商、数据安全服务商，都已经成为阿里云平台的云解决方案合作伙伴，组成了阿里云多级生态体系。

阿里云还将人工智能应用于工业制造领域，创造了 ET 工业大脑。[9] 阿里云 ET 工业大脑的定位是“帮助生态从数据感知，到知识，到智慧，为智能工业注入时代助推力”。ET 工业大脑可以围绕工业生产活动中的供、研、产、销环节，通过对生产过程中散落在不同环境、不同系统的数据进行多维感知，同时与阿里云面向不同业务场景的算法模型相结合，深入生产一线，对数据进行人工智能分析，帮助企业解决最优参数调节及生产过程控制、设备故障诊断与预测性维护、生产设备的协同调控等核心问题。在 2018 年举行的云栖大会上，阿里云宣布未来 5 年内要实现连接 100 亿台物联网设备的目标，并将物联网定义为继电商、金融、物流、云计算后新的主赛道，通过物联网技术，打造一个由人工智能解决方案及一系列从云端到边缘设备计算能力所支撑的，高度协同而且安全的物联网平台。2018 财年（2017 年 4 月—2018 年 3 月），阿里云营业收入为 133.9 亿元，同比增长 101%。阿里云作为阿里巴巴生态系统基石平台的作用越来越大。[10]

Alexa 和 AWS：亚马逊生态的基石平台

野心勃勃的亚马逊试图将 Alexa 和 AWS 打造成其庞大生态系统中的两个基石平台。让我们先来看一下 Alexa 是如何构建生态系统的。

Alexa 是亚马逊的数字智能语音系统，最早应用于亚马逊的 Echo 智能音箱。后者是基于语音的个人助理，可以通过语音沟通的方式帮助人们处理事务。人们利用 Echo 可以非常方便地获取网络信息和服务，甚至可以完成消费交易、下单购物等。亚马逊看到了数字体验带来的巨大价值，于是将 Alexa 升级为一个云服务平台，并于 2016 年 6 月对外发布了 Alexa 工具包，发力构建智能语音生态系统，其生态伙伴可以基于 Alexa 开发具有智能语音系统的硬件产品。

2017 年以来，支持语音控制的产品逐步迎来爆发期，许多公司先后推出了可由语音控制的智能设备。比如，通用电气推出了兼容 Alexa 的电灯，三星推出了具有智能语音系统的吸尘器。目前，全球已有 4 万多种智能硬件产品嵌入了 Alexa 功能，生态伙伴可以用 Alexa 控制空调、电视、机顶盒、汽车、办公设备等等，智能语音助手一时成为各种智能硬件的核心功能，将我们送入与机器直接进行语音沟通的智能语音时代。

以前，我们主要利用电脑或者手机来操作智能设备，现在，有了 Alexa 系统，我们可以非常方便地利用语音与智能设备直接沟通，这种体验的效果大大超过了智能手机。有人预测，在不久的将来，在智能家庭系统中，语音助手和智能音箱可能会取代智能手机，成为智能家居的核心控制中枢。

亚马逊还将基于 Alexa 打造一个类似苹果 App Store 的云端商店，该商店还将亚马逊支付系统整合在一起。2017 年，亚马逊和一些语音游戏厂商进行合作，尝试这一模式，如今，亚马逊已经面向所有的 Alexa 开发者推出了这一生态系统。比如美国的 Syfy 将推出面向 Alexa 的独家音频内容，一些游戏公司也开始在 Alexa 商店推出游戏产品。

亚马逊堪称云计算领域的鼻祖，早在 2006 年就推出了云计算服务平台 AWS。经过 10 多年的发展，AWS 已经成为亚马逊商业生态系统的基石平台，能够为用户提供的服务和功能超过了 1 000 个，并且成为公用云领域的世界级领导者，约占全球公有云市场份额的 40%，在全球布局了 16 个区域云，拥有超过 200 万台服务器。

AWS 推出的“合作伙伴计划”旨在建立云服务合作伙伴生态系统，基于该项计划，亚马逊向合作伙伴提供技术、商务和市场营销方面的支持，目前 AWS 在全球已经有超过 1 万家技术和咨询合作伙伴。独立软件开发商和系统集成商是 AWS 生态系统的核心合作伙伴，它们都可以基于 AWS 平台开发出各类管理及优化软件工具或者解决方案，将自己的产品和解决方案与 AWS 平台捆绑在一起进行销售，从而一站式满足企业用户对软件解决方案和公有云的需求，推动企业向数字化转型。

亚马逊的战略目标是将 AWS 打造成其公有云生态系统中的基石平台，将 AWS 中的计算力、人工智能技术等开放给世界各地的开发人员和科学家，利用其生态伙伴计划，让各行业的客户获得 AWS 的云存储、云计算和人工智能等服务。

2018 年，亚马逊公司在技术上的投入超过 136 亿美元，成为全球

IT 支出最高的公司。[11] 亚马逊的 Alexa 和 AWS 分别在智能语音生态和公有云生态中的基石平台作用，让亚马逊的整个生态系统呈现繁荣昌盛的局面。2011 年以来，亚马逊的股价一路上扬，显然，其商业模式得到了资本市场的认可（见图 8–4）。未来，智能语音、公有云服务将是亚马逊生态系统的核心驱动力。

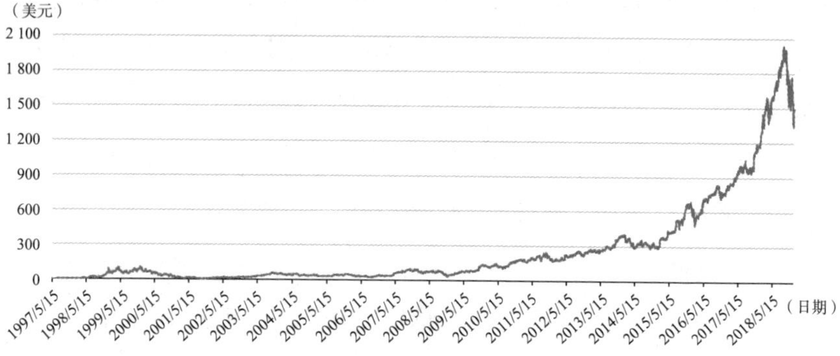

图 8–4　亚马逊股价（1997—2018 年）

基石平台：把“数据流”变成“价值流”

同自然界的生态系统一样，商业生态系统也是由众多“企业物种”构成的价值共生网络，每一个企业的健康、效率与绩效都取决于生态系统整体的健康、效率与绩效水平。企业成员之间复杂的、多边的互动关系和利益分配机制，决定了商业生态系统的持久性和效率。因此，在一个商业生态系统之中，每一家企业的健康与绩效同时受到三个方面的影响：企业自身的能力，与生态系统中其他成员的互动关系，以及生态系统中基石平台的能力。海尔、苹果、亚马逊、阿里巴巴、西门子、丰田这六家世界级生态平台企业正是凭借着自己所倾力构建的基石平台，让自己处于商业生态体系中的基石位置，成为各自商业生态体系的中心。表8–1展示了这六家生态世界级企业各自不同的基石平台。

表8–1 六家世界级生态企业的基石平台比较

企业	基石平台	主要特征
海尔	COSMOPlat	PaaS层平台，以终端用户为中心，以智能制造为核心的大规模个性化定制平台
西门子	MindSphere	PaaS层平台，以企业级用户为中心，为企业定制数字化解决方案
阿里巴巴	阿里云平台	IaaS层公有云平台，主要服务包括业务应用、解决方案、基础设施、信息安全、通用工具、云计算等
亚马逊	Alexa操作系统	智能语音生态的操作系统，为智能硬件提供语音智能系统，同时打造Alexa应用商店
	AWS云平台	IaaS层公有云平台，主要服务包括企业级应用、数据安全和存储、云计算、人工智能、解决方案等
苹果	iOS操作系统	移动互联网设备的操作系统。主要用于苹果公司生态系统内的产品，比如iPhone、iPod touch、iPad及Apple TV等，同时也对第三方开发者开放，尤其是利用App Store销售的应用程序
丰田汽车	MSPF平台	PaaS层平台，遵循“移动即服务”的原则，构建基于共享汽车为中心的移动出行平台

依赖基石平台的核心技术，生态企业不仅捍卫着整个生态体系的健康，防范其他竞争生态企业的入侵，也为整个生态体系企业物种的

多样性、稳定性、创新性和竞争性奠定了基础。

我将基石平台定义为生态网络中各成员企业共创价值的数据计算底层技术平台。基石平台能够为生态网络中的成员企业提供解决问题的整套技术、工具和方案，借助一系列的接口或界面，将相关功能集成并提供给生态网络中的企业成员。利用基石平台上的接口或者界面、工具和技术，成员企业可以根据用户的需求开发自己独特的产品，以创造更多的价值。因此，基石平台的核心特征是资源开放、价值共创和价值共享。无论是海尔的 COSMOPlat、西门子的 MindSphere，还是阿里云、亚马逊的 Alexa/AWS 云平台，以及苹果的 iOS 平台，本质上都是一个开放与共享的基石平台。比如，海尔的 COSMOPlat 已经连接了 3 亿多用户和全球 390 万种以上的生态资源，形成了庞大的价值网络，从而可以为生态网络中的企业提供不竭的资源和营养。

在这六大生态企业巨头中，苹果公司的基石平台是 iOS，它是移动智能设备的操作系统，简洁的设计和易用性使 iOS 的整个生态欣欣向荣，吸引了越来越多的开发者。利用 iOS 这一基石平台和 App Store、iPhone 的融合，苹果在生态系统中具有很强的掌控权，可以将最好的应用提供给苹果的消费者。

“黑土地”的营养主要来自土壤中的有机物质，而在商业生态系统中，基石平台的重要功能就是为生态网络提供有机物质，这种有机物质就是“数据”。数据是生态网络中的战略资源和核心资产。马云认为在三次技术革命中，第一次技术革命解放了体力，煤炭成为生产资料；第二次技术革命解放了距离，石油成为生产资料；这一次互联网技术革命解放了脑力，数据成为核心资源。未来，数据是生产资料，计算是生产力。[12]

世界著名的质量管理大师爱德华·戴明有一句名言：“我们信赖上帝。除了上帝，任何人都必须用数据说话。”但是，数据本身不会产生价值，在一个生态网络中，把数据流变成价值流的核心是对数据的深度挖掘、计算分析，以及把数据信息与商业模式进行融合的应用能力。在海尔内部的一次案例分享会上，张瑞敏针对“数据大，价值小”的问题，做了如下解答：

> 大数据确实很重要，大家都觉得重要，但在用的过程当中，其实有很多误区。我们搞了好几年，我自己把它总结为三块：第一块是“流数据”，要“快”；第二块是“小数据”，要“准”；第三块是大数据的发展方向——区块链，这个要求就是“信”，信任。

“快”“准”“信”是张瑞敏总结的大数据三原则，也是支撑海尔生态圈未来商业模式的思维导图。“快”的背后是对线性流程的颠覆，所有的数据既要实时，也要共时，这是解决传统流程中数据孤岛的途径。“准”的背后是对数据流向的解决方案，也就是说数据价值如何产生用户价值。“信”的背后可能是后电商时代的核心竞争力，“诚信”。[13]

生态系统的核心是基石平台和数据价值，让“大数据”产生“大价值”的核心是让数据流动起来，“数据流”能够产生“价值流”，这正是生态系统基石平台的核心功能。

在一个繁荣的生态系统之中，除了基石平台可以让“数据流”产生“价值流”之外，促进价值创造的另一个平台同样非常重要，这就是“共享平台”。在下一章，我将聚焦于介绍共享平台的定位、功能与结构。

第9章

共享平台：构建强大的“中台能力”

人人共享将重新书写价值创造的法则：分享资源会带来最高效率；分享知识会带来最伟大的创新。

——《共享经济》作者　罗宾·蔡斯

在2017年度中国媒体十大流行语中，“共享”和“人工智能”双双上榜，足以看出“共享”这一概念在时下的热度。其实，共享并不是一个新概念，两位美国教授马科斯·费尔逊和琼·斯潘思于1978年首先提出了“共享经济”（sharing economy）这一概念。两人认为共享经济模式可以提高闲置资源的利用能力，资源拥有者可以“有偿”把资源的使用权在特定的时间内转让给需要者，这是一个双方共赢的模式。当然，闲置资源包罗万象，既包括有形资产，也包括智慧、知识产权等无形资产。

理解共享经济模式的关键是闲置资源所有权和使用权的分离，所以，“分享使用权”是共享经济的核心特征，资源所有者愿意把自己闲置的资源拿出来与需求者“共享”，并从中获益。共享经济的发展得益于互联网技术，后者不仅让信息、沟通更加透明、畅通，还可以高效地整合海量、分散的闲置资源，并将其与使用者多样化的需求连接起来，从而实现闲置资源的最优化配置。

2013年3月，《经济学人》杂志刊发了一篇关于共享经济的封面文章。文章指出，科技的进步让全球的消费者越来越受益于共享经济，比如，租户通过互联网可以直接从所有者那里租赁物品，这一模式两全其美。所有者通过租赁自己的闲置资产获得了额外收益，而租户则通过享受他人的闲置资产而减少了自己的支出，双方可谓各得其所。

如今，共享经济的思维正在颠覆许多传统行业的商业模式，也深刻地影响着生态企业的管理模式。比如，本书所研究的六家世界级生态企业中，海尔和阿里巴巴正在着力构建各自生态系统中的“共享平台”，这些平台将生态系统中分散的部分管理和运营职能资源与能力整合起来，为生态系统中的众多专业化企业提供服务，不仅提升了管理服务的效率，还能发挥一线专业化企业的灵活性和敏捷性，让它们轻装上阵，更快速适应瞬息万变的市场，围绕着用户需求创造价值。

2018 年，阿里巴巴集团进一步强化了“中台战略”，它的核心是一套更为创新和灵活的“大中台、小前台”组织机制和业务机制，这一战略的目标是让前台的一线业务更敏捷，更快速适应瞬息万变的市场，提高公司的运行效率；而中台将集合整个集团的运营数据能力、产品技术能力等，对各前台业务形成强力支撑。

海尔在组织机制上也采取相似的“中台战略”。从 2015 年开始，海尔集团便开始构建“大共享平台”，它涵盖了财务共享、人力共享、商务法律共享、资金税务共享、信息化共享等 10 个子共享平台，这些平台为海尔生态系统中的小微公司提供从初创期到成熟期的全流程解决方案和增值服务，有效赋能小微企业。在第 12 章，我会详细分析生态企业的“中台战略”与组织管理模式。

从海尔、阿里巴巴等生态企业的实践来看，生态企业在构建共享平台时，需要重点构建三个核心的共享平台：人力资源共享平台、财务共享平台和数据共享平台（见图 9–1）。在本章，我主要聚焦于以上三个共享平台，这三个共享平台可以提高生态企业对生态系统中人、财、数据三大核心资产进行配置整合的能力，并实现价值最大化。

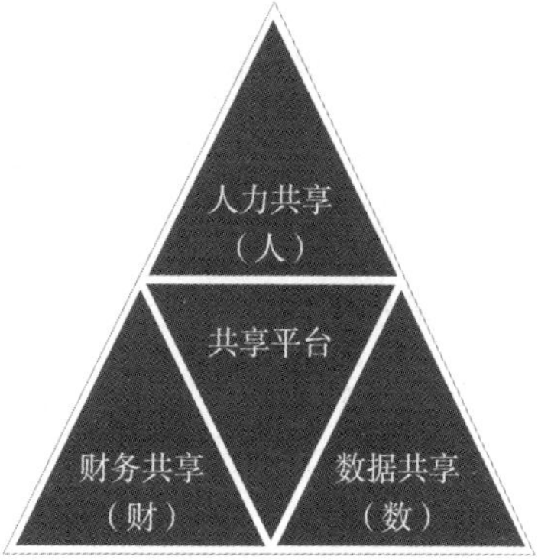

图 9–1　生态系统中三大共享平台

HR 4.0：人力资源共享平台

我在第 1 章已经指出，推动管理不断演进和革命的两个核心要素是“人”和“技术”，前者是生态系统中最为重要的资产，对组织变革和转型的影响更大。事实上，诸多企业转型失败的根本原因不在于技术，而在于人，尤其是管理者的思维、能力、境界没有跟上时代的节拍。

传统的人力资源管理（HR）亟须升级、迭代，在企业整个管理模式从管控型向赋能型转变的大背景下，企业人力资源管理者需要重新审视选、育、用、留等四大人力资源管理基本职能。尽管在生态管理模式中，人力资源管理的这四大基本职能依然非常重要，但是，需要用新的模式更新和升级。

在第四次管理革命时代，颠覆传统雇佣制度和科层式组织的呼声越来越高，这也给人力资源管理带来前所未有的挑战。2018 年 11 月，《哈佛商业评论》刊登了名为《科层制的终结》的封面文章，作者加里·哈默尔和米歇尔·贾尼尼是研究海尔“人单合一”管理模式的专家，他们以海尔组织变革为案例，指出科层制扼杀了创新、压制了冒险精神，是禁锢员工成就的枷锁。作者认为海尔模式是“后科层制时代”的代表，公司把任务分散到小的团队中，人们更加有自主性，每个人都为自己负责，开发自己的天赋，每个人都成为价值共创者。[1]

在一个公司里面，谁能够加速科层制的终结？换言之，谁是科层制的终结者？我发现，要想终结科层制，首先需要终结传统的人力资源管理，没有人力资源管理的转型，就无法做到组织模式的转型。企业转型的压力无疑把人力资源管理部门推到了变革的“前沿阵地”，马云对此深有体会，曾坦承人力资源部门是阿里巴巴集团最惨的两个部门之一。

在增长与转型的双重压力下，许多企业的领导者对人力资源部门赋予了重要的任务，但是，转型是牵一发而动全身的事情，人力资源部门有如此大的权威、能力和资源来承担如此重要的使命吗？据我的观察，大多数企业的人力资源部门的地位岌岌可危，在变革的浪潮中，它们自身难保，遑论承担组织转型的重任了。

人力资源管理转型刻不容缓，因为，传统的人力资源管理模式正在成为组织转型的最大障碍，人力资源管理者需要与时俱进，找出差距，积极投身于转型的大潮中，从转型的被动接受者变为转型的主动引领者。

人力资源管理的转型路线是从 1.0 走向 4.0。在 HR 1.0 阶段，人力资源管理的定位是“事务性的职能部门”，主要聚焦于完成人力资源管理的核心职能，比如人事、招聘、考核、培训、薪酬等职能型工作，人力资源管理更关心的是做了什么，而较少关注为自己的客户创造了什么价值。

HR 2.0 前进了一大步，人力资源管理者的视角从“我能做什么”转变为“客户需要什么价值”，工作重心也从过程导向转变为结果导向，人力资源管理专业人员更加关注工作能够给业务部门带来的成果是什么，能为企业创造什么价值。但是，这一阶段的人力资源管理仍然是职能型的管理模式，聚焦于人力资源选、育、用、留等常规职能。

HR 3.0 升级为“战略型”人力资源管理，这得益于戴维·尤里奇重新定义了人力资源管理的角色与职能，在一片质疑声中提升了人力资源管理的地位。尤里奇认为战略型人力资源管理应该扮演四个重要角色：战略伙伴、效率专家、变革先锋和员工后盾。基于这一理论构想，IBM 率先在应用层面提出了广为人知的“HR 三支柱”模式，将人力资源职能分为专家中心（COE, center of expertise）、共享服务中心（SSC, shared service center）和人力资源业务伙伴（HRBP, HR business partner）三个重要职能。阿里巴巴、华为在人力资源管理变革中都先后采用了“三支柱”模式。2005 年，阿里巴巴构建了统一的 e-HR 平台，后来这一平台进化为阿里巴巴的人力资源管理共享中心。阿里巴巴的 HRBP 又被称为“政委”，这是阿里巴巴人力资源管理体系中独具特色的一个名字，政委们负责推动各个事业群进行组织变革。COE则主要负责组织发展、企业文化、薪酬福利和领导力发展等职能。

华为向HR 3.0转变始于2009年，变革围绕着客户满意度、人力资本投资回报、员工价值同步提升三大目标。华为的“HR三支柱”和阿里巴巴的基本相似，但尤其强调对客户需求和业务需求的关注，通过HRBP来承接业务需求，有效整合并实施人力资源解决方案。COE更多地聚焦于人力资源战略，提供专业化的支持；SSC则以服务为导向，目标是实现卓越运营的人力资源管理服务交付。[2]

随着企业向生态战略转型，人力资源管理也逐步从3.0转型为4.0。HR 4.0和HR 3.0最大的不同在于，前者聚焦于生态圈，后者聚焦于单个组织。换言之，HR 4.0是生态型人力资源管理。表9–1简要概括了HR 1.0~HR 4.0的核心特征。

表9–1　人力资源管理的四种层次

HR层级	核心特征
HR 1.0（事务型）	聚焦于专业职能，以事务性工作为主，关注人力资源职能
HR 2.0（职能型）	聚焦于顾客价值，以职能型工作为主，关注顾客价值
HR 3.0（战略型）	聚焦于战略变革，以变革型工作为主，关注企业战略变革
HR 4.0（生态型）	聚焦于生态价值，推动企业转型为创新平台，关注生态圈的价值共创与文化重塑

随着数字化生态战略的不断推进，阿里巴巴和海尔、苹果、亚马逊等都在推动人力资源管理向4.0转型。比如，马云认为阿里巴巴的人力资源管理必须坚持“生态思维”：

> 进入阿里巴巴的人，我希望他们有自己的观点，有自己的想法，但是懂得求同存异，懂得欣赏别人，懂得关心别人，懂得积极面对这个社会，而不是悲观。所以，我希望大家从正面去看问题，我们阿里巴巴整个文化思想是开放的平台思想。我自己觉得，人力资源管理必须是生态链的思想，我们不希望变成农场一样，所有人都一样，我们不需要这些东西。我们应该是动物园，里面有猴子，也有大象，都有自己的生态系统。我们欢迎各种各样性格的人加入。[3]

曾担任阿里巴巴首席参谋长的曾鸣认为，基于科层制结构以管理为核心的公司架构会演变成以赋能为关键词的创新平台。这种创新的组织结构在于提供平台，让一群创造者可以更自由地联结、更顺畅地协同、更高效地共创。人力资源管理只有坚持“生态链”思想，才能促进整个阿里巴巴生态圈人才的多样性，才能推动阿里巴巴成为一个创新的平台。

海尔在人力资源管理开放性、生态性的探索上更为激进和大胆。张瑞敏提出“世界就是人力资源部”，并提出利用互联网思维构建全球人才生态圈。张瑞敏认为，互联网思维和传统思维最大的不同主要有两点，一是零距离，二是网络化。互联网的出现消除了距离，零距离给企业带来了什么？其实就是网络化。零距离和网络化不仅仅改变了企业与顾客之间的传统关系，也改变了企业和员工之间的关系。

海尔提出了一个新的人才概念：在线员工。所谓“在线员工”是指利用海尔平台进行创业，但和海尔没有任何劳动合同关系的人。和它相对应的则是“在册员工”，即那些与海尔具有劳动合同关系的人员。“在线员工”和“在册员工”共同构成了海尔的人才体系。

海尔人才生态圈的特点就是开放。传统的人力资源管理模式对人才的定义是非常狭隘的，只有那些与企业签订劳动合同关系的人才是“企业的人才”，只有企业内部的人才能利用企业的平台去经营。但是海尔的人才生态圈不同，任何符合标准的人都可以进入海尔的人才生态圈。谁有创意，谁能满足用户需求，谁能为用户创造价值，谁就可以在海尔平台上进行创业。

“在线员工”和“在册员工”之间可以相互转化身份，海尔鼓励那些具有创业和创新精神的“在册员工”向“在线员工”转化，以最大限度地实现他们的创业梦想。当然，转化出去的这些员工亦需要在海尔的平台上进行创业。海尔的人才生态圈重视的是给每一个员工提供一个创业的“机会”，而不是一个传统意义的“岗位”。帮助员工实现创业梦想的平台则是小微企业，前者更多地以“在册员工”为主，后者则将“在线”和“在册”员工融合到一起。

诺贝尔经济学奖得主埃德蒙·费尔普斯在《大繁荣》一书中指出：“一个国家兴盛繁荣的源泉是价值观，例如，参与创造、探索和迎接挑战的愿望。这样的价值观点燃了实现广泛的自主创新所必需的草根经济活力。大多数创新并不是亨利·福特类型的孤独的梦想家所带来的，而是由千百万普通人共同推动，他们有自由的权利去构思、开发和推广新产品与新工艺，或对现状进行改进。正是这种大众参与的创新带来了社会的繁荣兴盛。”[4]

张瑞敏将海尔今天及未来的繁荣昌盛寄托在千千万万个具有自主

创业创新激情的普通人身上，海尔的人才生态网则向全世界每一个有创造力且愿意接受挑战的人敞开了大门。“在线员工”和“在册员工”促进了内外人才的大融合，这使得海尔的人力资源管理向“世界就是人力资源部”的开放式人才战略迈出了坚实的一大步。

在 HR 4.0 时代，人力资源管理的职能将重构成一个三级平台体系，这个平台体系主要包括后台、中台和前台（见图 9–2）。[5]

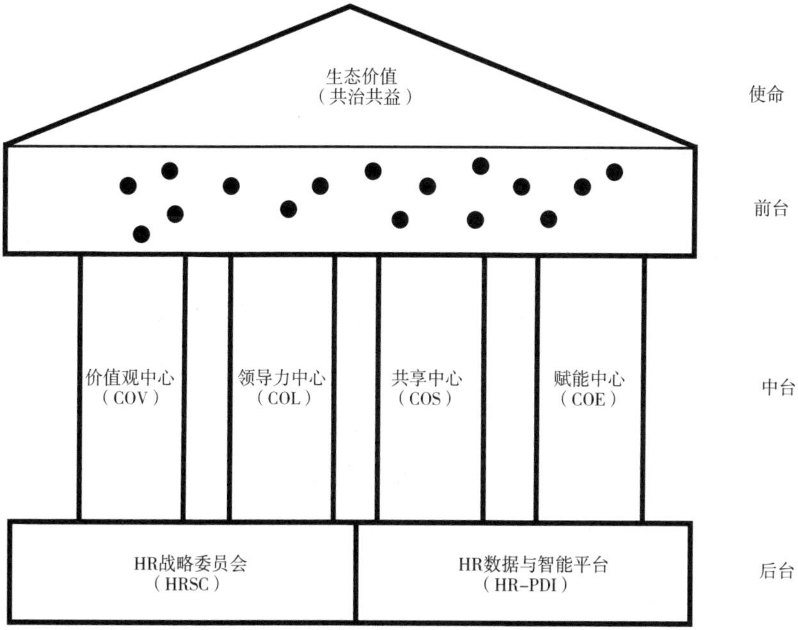

图 9–2　HR 4.0：战略、平台与生态

HR 4.0 的后台包括 HR 战略委员会（HRSC, HR stragey committee）和 HR 数据与智能平台（HR-PDI, HR platorm of data and intelligence）。

HRSC 是整个生态系统的战略指挥中心，承担人力资源战略、激励机制和绩效政策的设计，推动生态系统人力资源管理的转型与变革。HR-PDI 则是整个生态系统中的数据与智能中心，为各个共享中心提供员工的绩效数据、行为数据、心理数据和过程数据，将人工智能技术融合到人力资源管理的各个流程之中。

HR 4.0 的中台包括四个核心“支柱”，即价值观中心（COV, center of value）、领导力中心（COL, center of leadership）、共享中心（COS, center of sharing）、赋能中心（COE, center of enabling）。

HR 4.0 的前台是具有高度灵活和自主经营能力的人力资源管理小微团队，它们直接融入业务部门，为业务部门提供人力资源管理咨询工作。

在第四次管理革命时代，企业越来越需要构建坚强的人力资源管理共享平台和团队，打造生态文化和生态价值，让所有员工都能在生态系统中感受到工作的成就感和自豪感，这就需要人力资源管理平台把构建文化视为自己的核心任务。谷歌联合创始人拉里·佩奇认为谷歌的人力资源管理要打造出一种家的文化，要让公司像家一样温暖，让员工觉得自己是公司的一部分。

> 我们不应该只关心工作时间的长短，而更应该关心工作的成果。我们应该发挥创意，不断创新公司与员工之间的互动关系，找出最符合员工利益的事情。我们始终关心员工的健康，正因为如此，我们在医疗保健开支方面的增长幅度比其他公司都要高。但是我们的员工心情更舒畅，生产效率更高，而这才是最重要的。[6]

大多数企业的人力资源管理仍然停留在 2.0 阶段，人力资源管理者们到了该清醒的时候了，必须从今天开始踏上转型的道路，不要忘记 1996 年托马斯·斯图尔特在《财富》专栏中对传统人力资源管理的攻击。他在文章中认为人力资源部是企业内部的官僚机构，毫无顾客导向，也不能创造什么价值，呼吁“炸掉人力资源部”。尽管斯图尔特的观点偏激，但是，如果人力资源管理不进行转型，恐怕真的需要“炸掉”重来了。

总之，人力资源管理共享平台的使命不是追求企业自身价值的最大化，而是追求生态价值的最大化。人力资源管理共享平台三级平台的建设目标就是构建整个生态体系共治共赢的机制，最终提升生态价值，让生态系统繁荣昌盛。

FM 4.0：财务共享平台

2006 年以来，我一直跟踪研究海尔的组织转型，海尔变革的历程给了我一个很大的启示：离开财务系统自身的变革，企业无法变革成功。财务系统不能游离在企业变革的系统之外，在企业变革的过程中，财务部门不仅要做战略的承接者，更要做战略的先行者和引领者。

然而，只有极少数的企业财务管理者做到了这一点，许多企业的财务人员是企业变革的观望者。究其原因，这和公司对财务的定位有关。那么，什么样的战略定位有助于组织变革呢？

关于财务部门的战略定位，我们可以使用两个维度来衡量：战略维度和价值维度。战略维度可以衡量财务系统对企业整体战略的匹配和支持程度，而价值维度则衡量财务部门在价值创造中所发挥的作用。基于这两个维度，我将财务管理（FM，finanical management）分为核算财务（FM 1.0）、业务财务（FM 2.0）、战略财务（FM 3.0）和生态财务（FM 4.0）（见表 9–2）。

表 9–2　财务管理的四种层次

财务管理层级	核心特征
FM 1.0（核算型）	聚焦于核算职能，以核算工作为主，关注价值核算
FM 2.0（业务型）	聚焦于专业业务，以职能型工作为主，关注价值评价和分配
FM 3.0（战略型）	聚焦于战略变革，以变革型工作为主，关注企业价值创造
FM 4.0（生态型）	聚焦于生态价值，财务成为共享平台，关注生态圈整体的价值引领

在 FM 1.0 模式中，财务人员是企业战略和组织变革的观望者和企业价值的核算者。他们不愿改变，异常保守，将风险控制放在首位，把自己视为企业财富的守护神，将防止企业财产损失列为第一职责，以致成为变革的绊脚石。

在 FM 2.0 模式中，财务部门是企业战略和组织变革的跟随者和企业价值的驱动者。他们不拒绝改变，也不主动拥抱变革。他们是企业变革的执行者，但是，他们是没有建设性意见和贡献的盲从者。他们会亦步亦趋，努力不让自己掉队，但绝对不充当变革的先行者。他们会给业务部门一些指导，以驱动业务部门创造价值，但是，他们更多的是依靠事后的价值评价，而不能前瞻性地提出创造价值的建议。

在 FM 3.0 模式中，财务部门是企业战略和组织变革的引领者和企业价值的设计者。他们拥抱变革，并在变革的道路走在了业务部门的前面；他们融入业务，为 CEO 们和业务管理者们献计献策，就像海尔的财务人员一样参与到为顾客创造价值的前端流程，成为端到端经营体的一员；他们拥有高度多元化专业知识，不仅能够帮助业务部门设计价值和赢利模型，还能够为业务部门提供事前算赢的决策支持。一位海尔的财务管理人员曾经告诉我：“原来把财务定位成企业价值的守护者、核算者，保证企业的价值不受损失，现在是把财务作为企业价值的驱动者与引领者。我们必须告诉经营体，它们的经营模式能不能为企业创造价值，我们需要帮助它们一起设计价值，这就是海尔财务的功能。”

FM 4.0 是生态财务，关注点是整个生态圈的价值创造和生态健康。这时财务管理系统演变成一个共享平台，在为整个生态圈的小微企业提供专业化服务的同时，还承担生态治理的重要角色。

海尔的财务变革与组织整体变革同步而行，可分为三个基本阶段：第一阶段是从 2006 年到 2009 年，海尔集团的财务变革以共享服务为切入点，由原来的管钱、管物、管账会计型财务组织向能够规划未来的管理会计型财务组织转型，建立了包含十二大职能的全球财务共享服务中心（FSSC），这是 FM 2.0 阶段；第二阶段是从 2010 年到 2013 年，构建事先算赢的管理会计体系，聚焦于企业价值创造与价值评价，这是 FM 3.0 阶段；第三阶段开始于 2014 年，海尔步入 FM 4.0 时代，目标是构建物联网范式的生态价值衡量体系。

综合海尔和阿里巴巴等生态企业的财务管理演变过程来看，在

FM 4.0 时代，财务管理职能将重构成一个三级平台体系，和人力资源管理共享平台类似，我将财务管理共享平台体系也概括为后台、中台和前台（见图 9–3）。

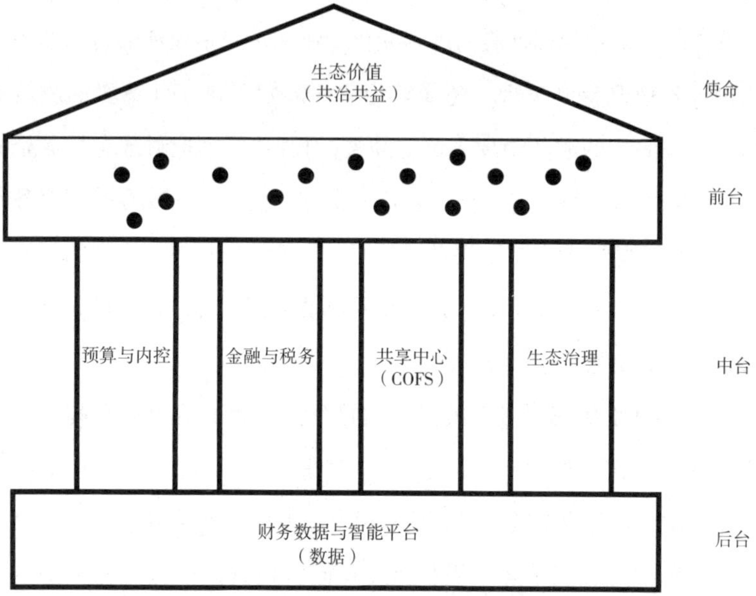

图 9–3　FM 4.0：战略、平台与生态

FM 4.0 的后台是财务数据与智能平台（FM-PDI, FM platform of data and intelligence），是整个生态系统中财务管理的数据与智能中心，为财务业务平台和共享中心提供各类财务数据，并将人工智能技术融合到财务管理的各个流程之中。

财务共享平台的中台主要包括：预算与内控、金融与税务、财务共享中心（COFS）、生态治理等四个面向一线业务的子平台。比如，海尔集团的财务共享中心目前拥有 220 多名员工，分为会计平台和资金平台两大部分，包括费用稽核、总账政策、往来清账、税务遵从、资产核算、融资平台、资金管理、社群交互等 14 个模块，建立了海尔集团 120 多个云到端的业务流程，为旗下 900 多家法人公司提供全球财务共享服务。

在第四次管理革命时代，连接、开放、共享和生态成为财务转型、共享平台和构建智能财务体系需要坚持的基本原则。比如，借助智能化的信息技术手段，海尔将财务共享平台构建成“基于业、财、税深度一体化的智能财务共享平台”。

业务、财务和税务深度融合是构建共享平台需要充分考虑的问题，但是，业财税一体化并非易事，主要原因是业务流程、财税流程和管理流程经常各自为政，相互脱节。海尔解决这一问题的策略是在云端搭建“数据与智能云平台”，这是一个集合了财务与业务的大数据平台，我将其称为财务共享中心的“后台”，这个后台可以联结各类业务流程，包括差旅服务、采购、办公用品等等，将资源“云化”，实现企业消费业务和采购业务对供应商的直接结算。同时，基于电子发票信息，实时抽取归集集团各法人的进项、销项数据，为业务用户提供数据及决策支持，规避税务和经营风险。

海尔的 FM-PDI 平台还大大提高了海尔的全球资金管理能力，这主要得益于 FM-PDI 平台中的数据挖掘、机器学习、智能引擎、人工智能等新技术的应用。基于 FM-PDI，海尔构建了基于大数据和智能算法的全球资金管理平台，技术赋能使得资金管理更加敏捷和智能。在海尔的全球资金管理平台上，开发了两个重要资金管理平台：“易付宝”和“资金通”。其中，基于互联网模式的“资金通”平台利用新模式、新技术连接资源与用户，实现了资源整合、无感体验的需求定制和无缝安全、全面实时的智慧连接；“资金通”平台通过风险评估模型、敏感性分析、用户画像、KPI（关键绩效指标）资金指标等，形成资金大数据，制订资金解决方案，降低金融风险，实现高效的融资、全球结算、结售汇和现金池管理，从而为小微企业赋能增值。[7]

在第四次管理革命时代，海尔的整体战略是推进“平台 + 生态”的新商业范式，海尔的全球财务共享平台是实施这一战略的有力支撑，其使命是推动整个生态的价值共创、共享和共治，从专业、科技、机制、生态四个维度对小微业务进行赋能，并构建了一个直面用户需求的财务生态圈。这个财务生态圈将会计、税务、融资、外汇、现金池、创客、客户、政府等社群融为一体，为海尔集团的核心产业，比如白色家电平台、服务投资孵化平台、金控平台、地产平台及文化产业平台等提供高效增值的服务。2017 年，海尔集团与青岛市国税局联合推出了物联网时代社群共创、互联互通的“智税通”平台，这是国内第一家实现税企互联互通的税务数字化工作平台。该平台涵盖制造、销售、物流、金融、房地产、建安等各行业，可以为企业提供全生命周期税务解决方案，赋能企业健康高效发展。

财务共享平台还承担着整个生态治理的重要职责。共享并不意味着将所有的资源都集中，而是使“集中的更集中，分散的更分散”。所谓“集中的更集中”是指将可以提高整体利用效率的分散的财务职能资源进行整合，所谓“分散的更分散”是指将基于合规的财务决策权分散到小微企业，以提高决策效率。任何一个财务共享平台都需要平衡集中与分散、效率与质量、风险与内控之间的关系。海尔集团执行副总裁、首席财务官谭丽霞认为海尔的财务共享模式非常具有中国特色，有效平衡了各种要素之间的关系：“海尔的财务共享模式极具中国特色，‘效率’‘质量’‘合规’是海尔财务共享模式的关键词。国际上的大企业做财务共享注重的是成本的降低、效率的提升，而我们除了这些，还尤其注重内控的提升、风险的降低。”[8]

海尔在构建财务共享平台的同时，还在生态系统中推广“事先算赢与价值引领”文化，这是对传统财务管理模式最大的突破，它体现了财务管理在组织变革中的战略地位，也是整个生态治理的重要组成部分。“事先算赢与价值引领”是财务共享平台的指导原则，要求财务共享平台紧盯生态系统的整体战略目标，并根据战略目标有效配置生态系统的资源。同时，财务还需要融入整个企业运营环节，促进战略目标和运营过程的有效衔接，使过程可预测、可监控、可评估，并通过运营活动驱动预算，进而做到不断优化、不断改进，最终促进战略目标的达成，实现资源价值的最大化和生态系统的可持续发展。

IT 4.0：数据与智能共享平台

在第四次管理革命时代，数字化正在重塑企业的商业模式和管理模式，也正在各个方面改变着我们的生活。任何企业，无论规模大小，也无论所有制形式，在数字化的冲击下都面临着同样的挑战。是驱动变革，还是被变革所驱动？这是每一个企业领导者都需要回答的问题。西门子作为数字工业的推动者，基于多个行业推出了定制的数字化解决方案，西门子大中华区首席执行官洛塔尔·赫尔曼（Lothar Herrmann）说：

> 对于犹豫不决、袖手旁观的人来说，数字化意味着风险。而对于积极拥抱并塑造这一大趋势的人而言，数字化则蕴藏着机遇。我认为，在中国，实现数字化企业正当时！……在这个快速变化的时代，我始终认为数字化应该是人人参与、人人贡献、人人享有的。[9]

我非常认同赫尔曼的说法，数字化转型是一个需要“人人参与、人人贡献”的工程，但在推动数字化转型的过程中，首先需要重新定位企业的 IT 部门，建立数据共享平台。所谓“数字化转型”就是指利用新一代 IT 技术实现生产、运营、管理、营销和服务的全面数字化，借此推动业务模式重构、管理模式变革、商业模式创新与核心能力提升，包括内部打通全流程、各环节数据采集、传输和共享，支撑敏捷生产、动态维护、精益管理、实时监控、高效决策，对外改善用户体验、支撑远程维护、构建产业生态等。[10]

根据本书中六家世界级生态企业的 IT 部门和业务的发展，我把 IT 分为从 1.0 到 4.0 四个发展阶段，其中 IT 1.0 的核心特征是信息化，IT 2.0 的核心特征是数字化，IT 3.0 的核心特征是网络化，IT 4.0 的核心是智能化（见表 9–3）。

表 9–3　信息技术的四种层次

IT 层级	核心特征
IT 1.0（信息化）	基于 ERP 的业务流程再造
IT 2.0（数字化）	利用大数据、人工智能、云计算等各种新兴 IT 技术，打破信息和数据孤岛，构建一个共享的数据平台
IT 3.0（网络化）	将大数据、云计算、物联网等新兴 IT 技术与服务业或者制造业的产业连接起来，完成信息化和工业化的“两化”深度融合
IT 4.0（智能化）	基于数据进行智能决策，真正实现智能型商业模式

IT 1.0 是企业信息化的初级阶段，主要是基于 ERP 的业务流程再造。IT 2.0 是数字化阶段，这是企业转型的起点，没有业务的数据化就无法实现数字化转型。在这个阶段，企业需要利用大数据、人工智能、云计算等各种新兴 IT 技术，打破信息和数据孤岛，构建一个共享的数据平台，以支撑企业向数字企业转型。

IT 3.0 是网络化阶段，主要是构建消费互联网平台或者工业互联网平台，将大数据、云计算、物联网等新兴 IT 技术与服务业或者制造业的产业连接起来，完善甚至重塑服务或者制造企业的商业模式，最终完成信息化和工业化的“两化”深度融合。

IT 4.0 指的是智能化阶段，是指基于数据进行智能决策，真正实现智能型商业模式。

IT 从 1.0 升级到 4.0，对企业充满挑战，这不仅仅是资金投入的问题，也涉及人才和技术的问题，而且这个过程通常非常漫长，需要企业在数字化转型的过程中坚定信心，逐步升级和迭代。即使像阿里巴巴这样的互联网企业，在构建数字智能共享平台时也经历了许多波折。

在阿里巴巴的生态系统中，有一个非常重要的部门——共享业务事业部，它实际上是阿里生态的数字智能共享平台。在《企业 IT 架构转型之道》这本书中，作者钟华详细介绍了共享事业部的创立、发展和演变。共享业务事业部这一平台始建于 2009 年，当时的主要目的是希望通过共享业务事务部来同时支持淘宝和天猫两大业务，将两个平台中公共的、通用的业务功能沉淀到共享业务事业部，避免有些功能的重复建设和维护，更合理地利用技术资源。但是，共享事业部并没有达到起初所设想的目的，从对业务的理解和所体现的业务贡献来说，共享业务事业部相对于淘宝和天猫两大事业部而言并没有太多话语权。2010 年，作为阿里电商业务团购入口的聚划算正式上线，它所拥有的强大流量可以大幅度提高淘宝、天猫、1688 的交易量。为了发挥协同效应，阿里巴巴要求这三大电商平台必须通过共享业务事业部与聚划算进行对接，从而奠定了共享业务事业部的战略定位，它逐步演变成阿里巴巴“大中台”的重要组成部分，也成为阿里云（后台，属于基石平台）与前端业务（前台）之间的重要桥梁。[11]

从阿里巴巴、海尔、苹果等生态企业的整体运营结构来看，“强后台、大中台、轻前台”是一个普遍采用的模式。我在第 8 章所提出的基石平台可以看作生态系统中的“后台”，而数据智能共享平台则属于“中台”，它是连接“后台”与“前台”的一个重要桥梁，承担着数字赋能的重要职责，显然，搭建数据共享智能平台对于整个生态系统的数字化转型至关重要。从“企业的信息化”到“信息化的企业”，再到“数字化、网络化、智能化的企业”，企业的 IT 部门面临着许多挑战和机遇，这就需要企业的 IT 部门不断升级，从 1.0 逐步升级到 4.0，否则，建设数据智能共享平台的目标只能是“空中楼阁”。

在一个生态系统中，人、财和数据是最为重要的三大核心资产，生态企业通过构建人力共享平台、财务共享平台、数据智能共享平台将三者进行系统整合，将其价值最大化，并形成强大的“中台能力”，为一线的前台业务提供及时、快速和高效的服务，大大提高了一线企业或者团队的敏捷力和价值创造能力。在接下来的一章，我将分析生态企业如何通过构建“体验平台”，在为用户传递价值的同时，让用户一起参与创造价值。

第10章

体验平台：交易、社群与定制

产品和服务已经无法继续支持经济增长，无法提供新的工作机会，无法维持经济繁荣。要想实现收入增长，提供更多的工作机会，我们必须把“体验”作为一种全新的经济形式去努力实现。

——《体验经济》作者　约瑟夫·派恩、詹姆斯·吉尔摩

2015年以来，“体验”和“共享”一样，都是热点词汇，许多企业在描述其商业模式时都喜欢贴上“体验经济”的标签，尽管可能一些企业的管理者并未领悟到“体验经济”的真谛，但这似乎并不妨碍他们使用这个概念来美化企业的商业模式。

从另外一个角度看，许多管理者之所以喜欢引用“体验经济”这一概念，充分说明了“体验”对重塑企业商业模式与管理模式的重要性。在1999年出版的《体验经济》一书中，两位作者指出继农业经济、工业经济、服务经济之后，体验经济是经济模式的必然发展，认为传统的产品和服务已经无法继续支持经济增长，无法提供新的工作机会，无法维持经济繁荣。要想实现收入增长，提供更多的工作机会，企业必须把“体验”作为一种全新的经济形式去努力实现。

苹果公司的创始人乔布斯深谙“体验”的魅力，为用户提供“最佳体验”一直是苹果公司产品设计的策略。乔布斯的策略是深度洞察和挖掘用户需求，然后将技术和人文有机融合起来，为用户提供“最佳体验”，这种体验让苹果的用户与苹果的iPhone、iPod、iPad等终端设备和内容服务（iTunes、App Store）之间建立了牢固的关系。

在中国，张瑞敏和马云也是体验经济的倡导者。2016年9月9日，张瑞敏在国家制造强国建设专家论坛上做主题演讲时指出，所有的制造业都应该从规模经济转向体验经济。

> 传统时代企业所有的目标都是规模经济，做大做强，所有的企业必须规模要大，范围要广，垂直整合，可以统揽全局，一般竞争对手无法超越，因此别人进入的门槛很高。……传统经济是以我为中心，体验经济必须是一个平台，企业和用户在一个平台上，从原来分销制变成产销合一。[1]

在这里，张瑞敏提出了一个很重要的观点：互联网时代要么拥有平台，要么被平台拥有，如果要做体验经济就必须要形成一个平台。换言之，在生态企业构建的生态系统之中需要有一个强大的“体验平台”。

除了制造业需要从规模经济向体验经济转型之外，服务业也需要向体验经济转型。2017年，在中国（深圳）IT领袖峰会上，马云在主题演讲中也鲜明地提出：“未来30年不是力量竞争，不是知识竞争，而是服务别人能力的竞争、体验的竞争。”

除了苹果、海尔、阿里巴巴之外，本书所研究的其他三家生态企业亚马逊、丰田、西门子也正在各自的生态系统中持续构建体验平台。利用这一平台，这些世界级的企业与其用户之间建立了稳定的、持久的价值共创关系。

体验平台：交易、社群与定制

我发现，一个完整的体验平台包含交易、社群、体验和定制四个核心功能。这四个核心功能的出现和应用与互联网的发展及社群经济、体验经济的兴起有关。

首先，我们来看看互联网的发展如何实现从“人机交互”到“人人交互”。

互联网的出现不仅大大缩短了人们之间的距离，更是提升了我们的连接能力，这种连接能力既包括“人与物”之间的连接，也包括“人与人”之间的连接，而实现从“人机交互”到“人人交互”，互联网的发展经历了四个主要阶段，我分别称之为网络 1.0、网络 2.0、网络 3.0、网络 4.0。

网络 1.0 出现在 20 世纪 90 年代后期，以浏览器、超文本链接和网站的出现为标志。诞生于 1996 年的谷歌公司就是在网络 1.0 时代成长起来的，它利用搜索引擎，通过关键词定位和网页的超链接，大大提升了信息传播的深度和广度。在网络 1.0 时代，人与计算机的交互是核心特征，用户可以阅读文本、浏览小幅图像，以及完成一些基本任务，但是网络功能非常有限。

在 21 世纪的最初 10 年，网络 2.0 时代到来了。新的科技和互联网技术让网站的功能更加强大，完善的网络基础也让人们上网更加便利和快速。其突出的标志是用户原创内容和社会性网络服务促成了以兴趣图谱和社交为核心的虚拟社区。人们不仅能够非常方便地在网上获取信息，还能在网上发布信息。在 2010 年夏季之前，谷歌公司就一直满足于网络 2.0，因为全球上网人数达到了数十亿，而他们上网做的第一件事，往往就是搜索。

网络 2.0 模式下的社交平台，只是简单地将人与人通过互联网这一平台连接起来。核心问题是，通过网络平台进行社交，并不能确保注册信息的可靠性和有效性，常常会导致信息的外泄和零乱、不可靠信息的泛滥，而且并不是每一次交际圈的扩展都会带来相应的利益需求，这阻碍了人们想利用互联网来扩展人际交往的动力。

信息安全问题在网络 3.0 模式下得以解决，核心是建立安全可信的 SNS（社交网络服务），通过对用户的真实信息进行核查与认证来保证信息源的可靠性和真实性，可信度越高、信用度越好的用户发布的信息将会被自动置顶，既提高了信息源发布者的可信度，也使这些有用、真实的信息更快地出现在用户的面前，发挥信息的最大效力，提高了信息的使用率，降低了信息查找的时间损耗。这种高可信度的信息发布源为用户交际圈的扩展提供了可靠的保障，与此同时，人们在交际的同时，不仅可以更迅速地找到自己需要的人，而且可以信任这些可信度高的用户所提供的信息，并利用这些信息进一步扩展对自己有利的交际圈。

从 2010 年开始，垂直网站进入网络 3.0 时代。网络 3.0 时代的特征是个性化、互动性和深入的应用服务：更加彻底地站在用户角度；多渠道阅读、本地化内容。用户的应用体验与分享对网站流量和产品营销具有决定性作用。移动互联网是网络 3.0 的核心标志，各种移动社交工具出现，催生了大量以移动化、本地化和交互性为特征，以垂直领域的某种兴趣图谱为核心的移动社群。这种移动社群突破了空间和时间的限制，基于定位追踪和位置服务，通过随时随地的交互应用，为人与人交互提供全面便捷的服务和体验，进而由兴趣社交向资源协同和价值共享延伸。[2]

网络 4.0 时代是物联网时代，我们即将迈入万物互联的时代。物联网的概念于 1999 年由麻省理工学院提出，2016 年被称为物联网的元年，经过近 20 年的技术革新，物联网已经从概念逐渐变为成熟的核心技术。在物联网时代，数百亿台智能设备的互联互通将把我们所生活的地球打造成真正的“智慧地球”，物联网将重新定义我们的生活，与每个人的生活息息相关。

总之，互联网的发展经历了以上四个突出的阶段，其核心的变化是从“关注人机交互”到“关注人人交互”，从“重视机器联网和信息共享”到“重视人人联网和价值共创”。

其次，“粉丝经济”与“社群经济”的出现不断冲击传统的商业模式。粉丝经济指的是明星和粉丝关系之上的经营行为。无论是体坛明星还是影星、歌星、文化名人，都能通过粉丝们的追捧和感性消费收获巨大利益。

“社群”一词由“社区”发展而来，更突出强调群体交流、分工协作和相近兴趣，个体之间有着频度很高的交互关系。孔剑平在《社群经济：移动互联网时代未来商业驱动力》一书中指出，社群的核心在于连接（交互），借助移动互联网，彻底突破空间和时间的限制。

移动互联网赋予了人们交往的自由，各种类型的社群层出不穷，催生了社群经济模式的出现。孔剑平认为社群经济是基于社群而形成的一种经济思维与模式，它依靠社群成员对社群的归属感和认同感而建立，借由社群内部的横向沟通，发现社群及成员的需求，其重点在于通过服务这些需求而获得相应的增值，并进一步建立社群内部的生态系统。社群经济是对粉丝经济、体验经济的深化和延伸，它将传统的“单边经营模式”变为“去中心化的多边、无边界经营模式”，通过紧紧抓住用户的心理体验和情感诉求维系较强的黏性。特别值得一提的是，社群经济通过激活自组织，最为有效地激发了群体智慧。社群经济打通、融合线上线下，为实体企业、商业的互联网转型创造了空间。

史蒂夫·乔布斯是利用粉丝经济和社群经济的集大成者，也是这一模式的颠覆者。乔布斯和他主导推出的苹果手机之所以会收获如此多粉丝，最初是因为他本人的形象及苹果品牌、产品设计和功能。乔布斯借助粉丝经济模式成功吸引了消费者，更为重要的是，依托苹果公司的 iOS 系统，建立起基于用户移动互联体验的平台，吸引了大量应用开发机构和个人，用户之间自我运作、不断分享、自主创造，让 iOS 系统欣欣向荣，而这就是社群经济模式。

通过对苹果、海尔、阿里巴巴、亚马逊等生态企业的体验平台进行研究，我发现这个平台包含四个基本特征，或者说四个基本功能：交易、社群、体验和定制。企业构建体验平台遵循了一个基本的逻辑过程，先从交易平台开始，然后在交易平台中植入社群模式，将交易平台升级为社群平台，最后，再由社群平台升级为体验平台，我将此称为“体验平台”建设三部曲（见图 10–1）。

在本章，我重点对海尔、阿里巴巴和丰田的体验平台进行分析。

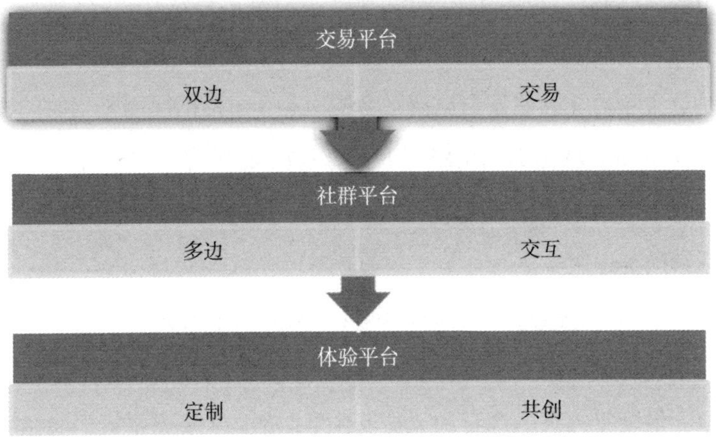

图 10–1 体验平台建设三部曲：交易、社群与体验

海尔体验平台："三店合一"与"众创汇"

海尔是本书介绍的六家世界级生态企业中唯一一个完整经历过交易平台、社群平台与体验平台三部曲的企业。下面，我以海尔为例来剖析海尔电商的数字化转型历程，并详细解读海尔的交易、社群和定制三类平台如何互联互通，共创价值。

早在 2000 年，海尔就意识到网上商城对销售的重要性。当年，张瑞敏在瑞士参加完达沃斯论坛后，就在海尔内部提出了"不触网，就死亡"的概念。同年 3 月，海尔注册了 ehaier.com 这一域名，为将来的线上网站做准备。但是，直到 2010 年，海尔才建立了简单的网站，并尝试做了第一次"转单业务"，即在线上接单，然后转给线下门店配送。

为什么张瑞敏在2000年就提出了“不触网，就死亡”的概念，但是近十年后才开始发力电商平台呢？一个可能的原因是当时的物流服务体系和信息化都完全跟不上，海尔在2010年的“双十一”初次试水线上电商，整个成交额为200万元，但是花了1个月的时间才完成后续的配送服务。

2012年，海尔开始着力建设自己的交易平台：海尔商城。所谓交易平台，顾名思义，是一个以完成“交易”为核心目的的双边市场平台，像阿里巴巴的淘宝和天猫等在早期都属于交易平台。海尔在建设自己生态系统的交易平台时，采取了非常灵活的方式。一方面开发了海尔商城，同时，也借助了第三方交易平台，比如海尔后来还在阿里巴巴集团的天猫平台上开设了“海尔官方旗舰店”。严格来讲，海尔的网上商城不属于“双边”市场平台，它只是海尔产品的网上销售平台。

对一个交易平台而言，购买转化率和复购率是两个重要的指标，购买转化率指的是访问网站的人群中有多少人真正下单购买，复购率指的是用户的重复购买率。在海尔商城刚刚上线运行的时候，网站的购买转化率在0.8%左右，复购率为13%~15%，这两个指标都是很低的，这也是许多交易平台在初期所遇到的共性问题，背后的主要原因是网站的知名度与信任度问题。

海尔意识到这个问题之后，采取了一系列措施提高转化率和复购率，比如，采取货到付款的方式大大提高了转化率，通过实施“创客计划”解决了信任度的问题，提高了复购率。2014年，海尔商城迎来了转机，商城的转化率和复购率双双提高，其中复购率达到 43%，对于交易平台而言，这个数据是非常高的。[3]

为了持续提高转化率与复购率，海尔考虑将交易平台与社群、体验进行融合。海尔有一个独特的资源，就是布局在全国的 3 万多家线下专卖店。海尔的目标是将线下专卖店和线上商城进行融合，即把线上和线下打通，提升用户体验。在海尔的体验平台中，顺逛微店具有重要的作用，海尔将其定位成跨界的社群交互平台。“顺逛”成立于 2015 年 9 月，海尔集团对其最初的定位是产品销售渠道，它本质上是一个微商、微店。从 2016 年开始，海尔集团尝试实施“三店合一”模式，顺逛的定位也随之发生变化，升级为海尔商业生态系统中的跨界社群交互平台。

2017 年，海尔提出了 OSO 这一概念来描述海尔的新零售模式，即 online（线上店）+social network（社群网络）+offline（线下店），其中海尔开发的“顺逛微店”就承担了社群网络这个功能，它可以连接线上和线下的渠道，激活用户，让用户持续产生价值。至此，海尔形成了完整的“三店合一”模式。所谓“三店合一”，即微店、线上电商和线下实体店三者的融合，中心是用户，三店拥有统一的共享平台。三者的分工不同，相互协同，互联互通，其中微店获得粉丝和用户，线上店做用户流量，实体店为用户体验服务。海尔的共享平台则把研发、制造、物流及其他服务资源全部整合起来，为三店服务。“三店合一”模式和传统营销渠道模式不同，这种新模式的核心是通过社群交互获得用户；而传统的渠道平台则主要依靠广告、流量获得用户（见图 10–2）。

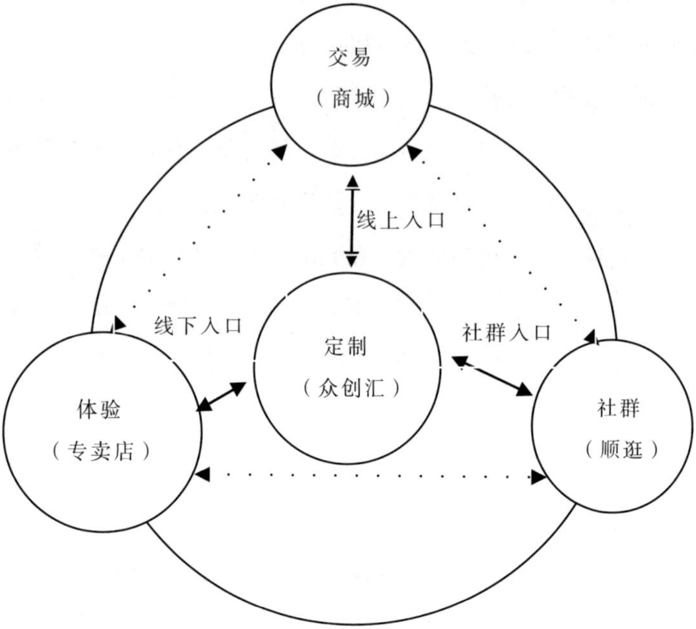

图 10–2　海尔体验平台：交易、社群与定制

顺逛聚焦于社群交互，将研发、销售、生产、物流全流程并联打通，目的是获取全渠道用户的终身价值。顺逛社群交互平台是如何运营的呢？我们首先通过一个荔枝销售案例来理解顺逛平台如何通过社群与用户交互。2017 年 5 月初，广东省东莞市荔枝协会向顺逛发来一封邀请函，邀请顺逛参加东莞荔枝节并实地调研。实地考察过后，顺逛小微团队将这一信息共享到微店主交流群中，由微店主来决定是否将东莞荔枝上线顺逛平台。

2017 年 5 月 25 日，东莞荔枝“妃子笑”正式在顺逛上线，开启预售。这是顺逛小微团队将顺逛打造成跨界社群生态平台的一次尝试。自上线到 6 月 6 日，顺逛上的荔枝共成交 100 多单，量虽然不大，但却是顺逛开放社会化入口、加速探索“社群 +”模式的重要一步。随着社会化产品的上线，顺逛平台也从“海尔自有微商平台”升级为“以家电为核心的跨界社群生态平台”。

2017 年 6 月 18 日的“购物狂欢节”，顺逛依托“三店合一”的创新模式驱动微店、线上店、线下店全线发力。6 月 18 日零点，顺逛 45 万微店主同时在线交互，社区“6.18”话题交互量达 120 万，累计 1 500 万线上会员参与定制与抢购，当日销售额 1.53 亿元，平均每单价格为 3 269 元，远超其他电商平台的 2 080 元。同时，顺逛又与海尔 1.3 万家线下实体店联动，订单范围覆盖全国 31 个省、327 个市、2 590 个区县，凸显了海尔电商社群化的生态优势。

2017 年 8 月，顺逛已经发展成中国最大的“大家电”微商平台，顺逛平台上拥有近 50 万微店主。

进入顺逛平台后，你就会发现每一个微店主都有可能成为一个“大老板”。利用大顺逛平台，微店主可以销售冰箱、洗衣机、空调、彩电、热水器、智能产品、生活家电等产品，甚至还有健康器材、家庭医疗等产品。同时，一个微店主还是一个微店社群，可以建立自己的社群圈子。这些社群既有按照产品分类的社群，也有按照区域设立的社群。比如，微店社群、产品社群、互联工厂社群、自媒体社群等等。通过微店社群，微店主可以把线下和线上店进行更完美的融合。

在顺逛社交平台上，最核心的资源是微店主、粉丝、用户，最核心的价值是微店的数量和微店主的活跃度。为了服务和支持微店主，顺逛嵌入和并联了海尔内部的研发平台、智造平台、送装平台、服务平台、会员平台等等。同时，还设计了“金币”奖励机制来激励微店主在平台上的成长（见表 10–1），通过分享价值内容吸引微店主在平台上交互。在顺逛应用程序的首页上有多个交互入口，如微社群、微店主等级、今日任务、消息通知等等。

表 10–1　顺逛微店主金币奖励机制

序号	奖励内容	奖励办法
1	发帖：赚金币	每发一个帖子赚取 2 个金币，上不封顶
2	评论：奖金币	积极评论给予 1 个金币，每天最多奖励 30 个金币
3	分享：赢金币	将帖子分享给朋友或者朋友圈，每天上限为 5 个金币
4	首单：奖金币	首单单笔金额超过 1000 元，奖励 100 个金币
5	任务：赚金币	根据销售任务会有不同数量的金币
6	订单：赚金币	订单累积 1000 元奖励 10 个金币
7	评价：赚金币	订单评价奖励 1 个金币
8	合伙人：赚金币	成功发展一个合伙人奖励 5 个金币

在顺逛社交平台上，“金币”是用来衡量一个微店主活跃度、业绩和级别的重要依据。根据所拥有的金币多少，微店主被分为从士兵、班长、排长，到军长、司令、盟主等 11 个级别。顺逛微店主成长升级、获取金币有多重路径，并不仅仅通过销售产品。顺逛平台通过全方位的社区交互方式来驱动微店主经营，微店主不管是登录、卖货、分享，还是发评价、发帖子，都会赢取不同数量的金币，进而多方位、多路径驱动微店主交互。同时，顺逛平台还为微店主设计了不

同的权益，主要包括奖励特权、服务特权、新品特权、培训特权等等。比如，顺逛平台上的“微学堂”就为微店主提供产品知识、售后服务、销售分享、行业资讯等全方位的服务。

用户转化率是衡量电商平台的一个重要指标，和传统电商平台不同，以社群交互为核心运营模式的顺逛社交电商平台的平均用户转化率达到了 8%，而传统电商平台的用户转化率只有 2%~3%，更令人惊叹的是顺逛的用户重复购买率高达 46.7%，也远高于传统电商平台的平均值。

按照海尔的生态战略，顺逛作为海尔商业生态系统中的社群交互平台，是海尔生态系统体验平台的重要组成部分，承担着引爆物联网商业模式的重任。顺逛未来可能成为所有海尔用户的总流量入口，海尔所有的产品首发都会放到顺逛上，所有海尔产品定制也都将在顺逛上完成。尽管物联网的概念已经提出来多年，但始终没有引爆的商业模式，其原因正是企业没有与用户全流程、全网融合。物联网时代必定是以用户为中心，而物联网时代企业的竞争力体现在拥有终身用户的多少。只有以用户社群为基础，搭建起共创共赢的平台，才能率先引爆物联网。

张瑞敏为顺逛如何在物联网时代率先颠覆传统的商业模式提出了一条清晰的路径。第一，是建立社群交互平台。物联网时代的社群交互平台以用户体验为中心，把传统的销售模式下企业的以自我为中心变成以用户为中心，把顾客变成用户，把一次性交易变成持续的用户交互，把企业、顾客的两元关系变成企业、用户和社群的三元关系。

第二，是获得终身用户。通过经营用户社群，从一次交互到 N 次交互，去倒逼产品不断迭代，不断满足用户需求，不断引领用户体验，最终获得终身用户。通过与终身用户的不断交互，不断创造出生态收入。传统经济一定是边际收益递减，而生态收入带来的是边际收益的递增。

第三，是形成共享共赢的生态圈。传统商业模式发展到互联网时代，很多实体店在电商的侵蚀下，不断关闭，现在，互联网时代发展到下半场，电商也疲态尽显，价格战成了几大电商平台间的主要竞争手段。在将利润最大化的零和博弈中，造成多败俱伤的局面，无一赢家。物联网时代的共享是通过用户社群，不断把各方聚集起来，体现多方利益的价值矩阵，与终身用户不断交互，创造出生态收入，使利益相关方的价值最大化。

第四，是搭建共创共享的平台。不同行业有不同的特点，但所有符合物联网的平台有两个共同的特点：一是共创，二是共享。所有人的价值都是自己创造的，所有分享的价值都是自己创造价值的体现，这样不仅会使平台上的利益相关方产生自驱动，同时还会获得其他平台所没有的核心竞争力：诚信生态。而诚信生态则会吸引更多的资源不断加入进来，交互出更多的价值。[4]

基于对美国企业一些体验案例的研究，《体验经济》一书的作者约瑟夫·派恩和詹姆斯·吉尔摩发现体验经济中蕴涵着的价值创造机会，这就是大众化定制，两位作者在书中写道：

> 体验经济中蕴涵着新的价值创造机会。对产品来说，更多的产出应当实现大众化定制，也就是说，人们需要的不是具体产品

> 大量的生产，而是需要企业以更有创意的方式去生产。大部分制造商都忽略了我们（当然还有其他人）的需求，不愿从大众化生产转变到大众化定制生产，不愿用需求链取代供应链。大众化定制可以有效地满足顾客的独特需求，可以针对每个人生产出独一无二、完全不同的产品。对产品进行大众化定制，会使产品自动变成服务；同样，对服务进行大众化定制，会使服务自动变成体验。[5]

海尔在体验平台中嵌入了“大众化定制”这一功能，而海尔的“众创汇”则是承载大众化定制的平台，我在第 8 章分析海尔的基石平台时曾经说明了众创汇平台的功能与定位，这一平台和海尔商场、海尔专卖店、顺逛微店互联互通：海尔商城主要提供线上入口，专卖店提供线下入口，微店提供社群入口，三个入口的流量最终可以汇聚到众创汇平台上，用户可以在这个平台上参与整个定制过程，和设计师、工程师等实现零距离交互，打造属于自己的独一无二的产品，获得最佳体验。

阿里巴巴体验平台：淘宝与天猫

在阿里巴巴庞大的商业系统中，最为重要的是它的体验平台。而且，阿里巴巴生态系统中的体验平台还不止一个，既有 C2C 的淘宝平台，也有 B2C 的天猫平台，这些体验平台支撑了整个阿里生态系统的发展和壮大。

也许有的读者会产生疑问，为什么我将淘宝和天猫等称为“体验平台”，它们不应该是典型的“交易平台”吗？的确，淘宝和天猫曾经是交易平台，但是，阿里巴巴不断将“体验”植入这两个平台之中，事实上，这两个平台已经逐步进化和升级成典型的“体验平台”了。正如我在前文所讲的，一个体验平台主要包括交易、社群、体验和定制四个核心功能，交易只是其中最为基础的功能之一，淘宝和天猫平台已经具备了体验平台的四个核心功能。下面，我们以淘宝为例，来看看阿里巴巴如何将交易平台升级为体验平台。

2003 年 5 月 10 日，淘宝网正式成立。早期的淘宝，功能非常简单，就像是一个可供免费注册和交流的论坛网站，网站交易量非常低。和许多电商平台发展初期遇到的问题相似，淘宝网也面临着如何吸引用户、如何提高网站的信任度并提高用户转化率等问题。“支付宝”和“淘宝旺旺”为淘宝网早期的成长和发展立下了汗马功劳。2003 年 10 月，淘宝网推出支付宝，它创造了一种“担保交易”的新模式，在某种程度上解决了支付信任的问题，大大提高了淘宝网的交易量。2004 年 6 月推出的淘宝旺旺将即时聊天工具和网络购物联系起来，在某种程度上将沟通交流与交易管理等多种功能整合起来。2005 年淘宝网获得突破性发展，成交额达到了 80 亿元。从 2006 年到 2007 年，淘宝网交易规模不断扩大，2007 年成交额突破 433 亿元，成为中国第二大综合卖场。

2008 年是淘宝网发展的关键一年，这一年阿里巴巴宣布实施“大淘宝战略”，这一战略的核心是将淘宝网从一个基于 C2C 的“交易平台”升级为“电子商务基础设施平台”，这是从“平台战略”升级为

“生态战略”的关键一跃。阿里巴巴的战略意图非常明确，基于淘宝网打造全球最大电子商务生态体系，将消费者（C）、商家（B）和服务商统一整合在淘宝这一开放平台上，这个模式被概念化为B2B2C。2008年4月，淘宝商城正式上线，这是一个B2C新平台，标志着淘宝网正式进入B2C领域。在“大淘宝战略”的指引下，阿里巴巴分别于2008年、2009年先后将广告平台阿里妈妈、口碑网融入淘宝网，大大提升了淘宝网的平台能力。

尽管淘宝网的知名度越来越高，入驻的商家也越来越多，但是，淘宝网聚集的大都是小型企业，商品质量参差不齐，假货事件不断出现，平台治理受到很大挑战。2011年，阿里巴巴将淘宝网分成了四家独立运营的公司：一淘网（购物搜索）、淘宝网（淘宝集市）、聚划算（团购）和淘宝商城。其中，淘宝商城于2012年1月更名为天猫，定位是依然是B2C平台。阿里巴巴利用淘宝网和天猫成功地将普通的淘宝小店（淘宝网）和大企业的品牌店铺（天猫）进行了分割经营。在2011年的“双十一”当天，天猫与淘宝两家网购平台的单日交易额分别达到了132亿元和59亿元，双双刷新历史纪录。

随着粉丝经济、社群经济模式的逐渐兴起，淘宝网开始着力打造网站的“社交”功能。2013年，淘宝网开始从“交易电商”平台向“社交电商”平台转型，核心策略是“搜索”转“社交”，即把以买家为中心的“搜索式网购行为”转变成以买卖交互为核心的“社群式网购行为”，并逐步推出了微淘、淘宝直播、淘宝头条、淘宝社区等有利于卖家进行社群营销的新功能，让卖家与买家之间建立有效的高频互动，使整个网站逐步向社交化网站演进。

微淘、淘宝直播、淘宝头条等都属于淘宝内部的社交平台，它们有助于提高淘宝网站用户的重复购买率。但是，仅仅有内部社群平台还不够，淘宝还与微博（社交媒体平台）、陌陌（生人社交平台）、小红书（海淘经验交流社群）、宝宝树（母婴经验交流社群）等外部的大众化社交平台进行深度合作。阿里的策略是实现与外部社交平台的互联互通，那么，淘宝卖家就可以自由穿梭于各个平台，靠社群化运营将分散在各个外部社交平台上的大众消费者转化为淘宝的用户，从而实现销售业绩的增长。[6]

比如，2018 年，阿里和微博推出了“U 微计划”，这一计划旨在促进社交与新零售相融合，打通社会化全域营销闭环，打造“社交 × 消费”的全域解决方案。“U 微计划”将打通阿里全域营销与微博广告业务的数据接口，实现社群场景与消费场景的无障碍融合。

从成立开始，阿里巴巴就是一家非常注重用户体验的企业。在阿里巴巴的六大核心价值里，“客户第一”排在首位，它还专门设立了“首席客户官”（CCO）这一职位，专门负责构建阿里巴巴整个生态系的用户体验系统。

2017 年，阿里巴巴发布了全新的服务评测体系“天猫新灯塔”，而其中的关键是阿里店小蜜等智能客服。全新的商家服务升级评价体系“天猫新灯塔”不仅包含了原来的各项售后服务指标，还将众多影响消费体验的售前指标也纳入了评测，包括咨询、物流、售后、纠纷等服务全链条。

阿里巴巴的 CCO 吴敏芝认为，随着商业的进化，消费者对体验的要求越来越高。从原来的买得到，到后来的买得好，再到现在的买得爽，服务的内涵也在不断升级。咨询、物流、售后、纠纷，都是消费者购物过程中不可忽视的组成部分。因此，平台对商家服务水平的评判标准也必须升级。未来，这套评测体系将成为阿里平台的基础服务标准。基于“新灯塔”体系，优质商家将在店铺前台获得打标。与此同时，评测成绩靠后的商家则有可能直接无法报名大促等各类营销活动。

吴敏芝说：“‘天猫新灯塔’服务标准的出台只是平台提升商家服务水平、优化消费者体验的第一步。在这一标准的基础上，接下来平台还将对店铺服务水平进行逐一诊断，建立线上化的运营改进机制，为商家提供更加具体的服务解决方案，全方位帮助商家提能。2018 财年，阿里巴巴服务团队要集中精力做好三件事：继续深化大数据和技术驱动服务体验提升，‘做出让用户尖叫的服务’；更大力度全方面赋能商家，提高全平台服务水平；做好业务的‘耳朵和眼睛’，打通客户到业务的‘任督二脉’。”[7]

阿里巴巴坚持将数据和技术驱动作为提高用户体验的第一优先级选项，在数据和技术上投入了巨大资源，用于提高客户在与平台交互时的体验。比如，在 2016 年，阿里巴巴推出了基于人工智能技术的阿里小蜜，这款服务产品主要提供常规性的服务，如今，阿里小蜜已经可以每日协助服务百万级的客户在线咨询。“人工小二”则提供深度的、非常规的、超出客户期望的服务。阿里小蜜和人工小二共同为用户提供“服务体验”。

马云意识到，在第四次管理革命时代，“体验”将决定消费者的最终选择与心智模式，传统电商交易模式将逐步消亡。在 2016 年的云栖大会上，马云认为纯电商时代即将结束：

> 大家都知道阿里巴巴是电子商务企业，其实阿里巴巴的业务里，最传统的一块业务才被称为电子商务。“电子商务”这个词可能很快就被淘汰。其实从明年开始，阿里巴巴将不再提“电子商务”这一说，…… 纯电商时代很快会结束，未来的10年、20年，没有“电子商务”这一说，只有“新零售”这一说。也就是说，线上线下和物流必须结合在一起，才能诞生真正的新零售。线下的企业必须走到线上去，线上的企业必须走到线下来，线上线下加上现代物流合在一起，才能真正创造出新零售。

马云在这次演讲中分享了自己关于未来新零售、新制造、新金融、新技术、新能源等五个“新”变革的思考，并认为只有将“线上线下与物流结合在一起”才能诞生新零售，这是对新零售的初步思考。后来，阿里研究院发布的《新零售研究报告》将新零售定义为“以消费者体验为中心的数据驱动的泛零售形态”。新零售主要有三大特征：以心为本，围绕消费者，重构人、货、场；零售二重性，基于数理逻辑，零售商户内部沟通损耗基本为零，最终实现价值链重塑；零售业多元化，借助大数据平台，更多零售物种将孵化产生。由此可见，阿里巴巴将“以消费者体验”作为新零售模式的核心元素。

现在，我们对新零售模式有了一个普遍的共识，这种模式是传统电子商务的升级，汲取了社群经济、体验经济的智慧，基于互联网、物联网、大数据、人工智能等先进技术，将商品的生产、流通与销售过程进行数字化升级与改造，并将线上服务、线下体验、智慧物流融为一体，重塑零售业态结构与生态圈。

在新零售战略的指引下，阿里巴巴加快了线下体验店网络的建设，先后投资、入资、收购了盒马鲜生、银泰商业、联华超市、新华都、欧尚、大润发等，深度布局线下体验店。同时，阿里巴巴正在积极布局打造未来零售一站式智能体验馆。

阿里巴巴还力图将“新零售”与“新制造”融合起来，马云认为，不是互联网企业和传统行业相结合就是新制造，也不是在一个产品中加上芯片就是新制造，新制造的标准需要考虑是不是按需定制、是不是个性化、是不是智能化。在 2018 年的云栖大会上，马云系统地阐述了他对新制造的理解：

> 工业时代人类发明了流水线，可以规模化、标准化生产，数据时代同样可能也是流水线，但是流水线上却是个性化的生产。工业时代考验的是生产同一种东西的能力，而数据时代考验的是生产不一样东西的能力。以前的流水线 5 分钟可能生产 2 000 件同样的衣服是很厉害，今后 5 分钟要生产 2 000 件不同的衣服是更厉害！……新制造从根本上会颠覆价值创造的模式，以前制造是制造者主导，未来是消费者主导，制造者主导的时候是大企业得益，消费者主导的时候是有技术创新的中小企业受益。

阿里巴巴在淘宝、天猫两大体验平台上置入了“定制”功能。比如，淘宝上开设了“淘宝创意站”，提供了居家、厨卫、办公、饰物等产品的个性化定制服务，网站连通了设计师频道，用户可以直接与设计师进行交互，从而定制出符合自己个性化需求的产品。而在天猫平台上，2015 年上线的“天猫定制频道”可定制的产品已经从小家电产品延伸至数码、电视、空调、冰箱、洗衣机等行业。

从交易平台到体验平台，淘宝和天猫不断升级自己的商业模式，同时，两个平台的业绩获得大幅度增长。图 10–3 展示了淘宝与天猫自 2005 年至 2017 年的交易额，其中 2017 年两个平台的交易额总计达到了 46 350 亿元，是 2005 年交易额的 579 倍。

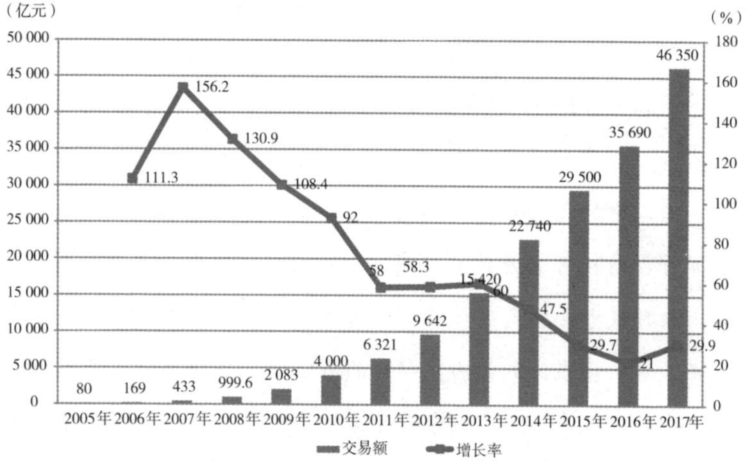

图 10–3　淘宝与天猫 2005—2017 年交易额与增长率

丰田汽车体验平台：社群与定制

和海尔、阿里巴巴相比，丰田汽车体验平台的建设尚处于起步阶段，但其包含的交易、体验、社群与定制等基本要素已经清晰可见。作为一家历史悠久的传统汽车制造商，丰田过去主要依赖线下经销店作为用户体验和交易的平台，最近几年，丰田明显加快了构建“线上线下一体化”体验和交易的步伐。

2018 年，丰田在中国的合资企业一汽丰田与京东进行战略合作，开始在汽车后市场服务上实施线上线下一体化模式。丰田可以利用京东的大数据赋能体系，更加精准地触达消费者，更加深入地洞察消费者的消费行为和未来趋势，从而在品类规划、商品服务升级、定位支持等多方面进行全面升级，更好地为消费者提供服务，提升用户的消费体验。

除了看重京东的大数据赋能体系之外，丰田还希望得益于京东在无界零售理念下的线上线下全面布局，深入实施线上线下一体化模式。自 2012 年进入汽车后市场以来，京东不仅推出了“京东车管家”等线上系统，而且还打造了成熟的“商品+服务”一站式消费新模式。而一汽丰田目前在中国拥有超过 600 家 4S 门店，依托京东的网上平台，未来将通过线上下单、线下服务的模式更好地满足消费者的维修保养需求，解决汽车用品的专业安装、更换难题。[8]

在美国，丰田则与亚马逊开展深入合作，丰田旗下部分车型安装了亚马逊 Alexa 语音助手。2018 年，丰田和雷克萨斯两款车型配备了专门的信息娱乐软件，而丰田未来的战略是将亚马逊的语音智能技术运用到更多车型上。丰田敏锐地意识到语音服务正迅速流行起来，丰田在汽车上安装亚马逊 Alexa 语音助手会帮助用户轻松愉快地与自己的爱车进行在线交流，可使用 Alexa 的语音指挥系统进行导航、选择娱乐项目、听新闻、添加购物车和享受其他服务，极大地提高了用户驾车体验。

在构建社群方面，丰田也不遗余力。2011 年，丰田汽车与美国客户管理软件知名企业 Salesforce 合作，后者为丰田企业的用户推出了“Toyota Friend”社群网络平台，这一平台不仅可以让车主接收关于汽车维修、保养等的基本信息，更为重要的是可以让丰田车主之间进行相互交流，分享驾驶的故事和乐趣。这是一个社群交互平台，该平台还能够与脸书、推特等社交平台实现互联互通，既可以实现车主与汽车之间的交互，还能够实现丰田车主与车主之间的交互。

汽车行业已经发展了 100 多年，早期福特公司首创 T 型车生产流水线，后来丰田的精益制造享誉世界，而目前，汽车定制越来越成为汽车企业转型和变革的方向。“定制化”在汽车行业不是个新概念，丰田的一些豪华品牌车型都可以实现定制化，豪华车的定制化虽然解决了客户个性化的问题，但同时带来的是成本高、周期长、数量少等问题，汽车行业的大规模个性化定制尚处于初期阶段。

这几年，丰田加快了大规模个性化定制的探索，但目前尚未形成明确的全流程、大规模个性化定制模式。丰田在移动出行服务方面已经开始发布个性化定制方案。比如，丰田汽车在新加坡为网约车公司特别设计了一套移动出行服务 Total-care Service（TCS）。通过与网约车公司合作，TCS 让丰田能够通过共享信息平台利用车载远程信息处理数据，并且提供车队管理、汽车保险和车辆维修等服务，旨在扩大网约车使用，提升终端用户的驾驶体验。通过 TCS 服务，驾驶数据将由丰田车载数据传输设备进行收集，然后发送给移动出行服务平台，该平台是丰田为确保车辆联网而开发的基础设施平台，我在第 8 章将其定义为丰田生态系统的基石平台。

在中国，一汽丰田推出了全新客户服务平台——安享管家计划，为车主提供全面的管家式服务，这项服务计划的构筑从客户需求出发，能针对不同客户的难点、痛点，提供个性化全程服务解决方案。

总之，本书所研究的六家世界级生态企业，由于各自行业不同，在构建体验平台过程中走了不同的路，但是，殊途同归，这六家生态企业的核心目标就是通过将交易平台升级为体验平台，为用户提供个性化的价值创造。

我深深地体会到，只有难忘的体验，才能有恒久的记忆。品牌源于感知，无体验，无品牌；价值源于创造，无体验，无价值。在第四次管理革命时代，企业需要重塑传统的营销模式，利用体验平台进行“体验营销”，充分借助移动互联网、人工智能、大数据等技术，精准找到消费者，并与之在专属的社群里高频、高质、高效地互动。在未来，消费者与企业的互动将是共创价值的核心，这种新的模式将会激发整个生态系统中的知识和智慧，它们是第四次管理革命时代新的战略资本。在接下来的一章，我将聚焦于生态系统中知识平台的建设。

第 11 章

知识平台：构建全球创意共享网络

知识是一个国家、企业持续增长的内生力，它需要政策和制度来激发。

——2018 年诺贝尔经济学奖获得者　保罗·罗默

2019 年 1 月 16 日，著名经济学家、诺贝尔经济学奖获得者保罗·罗默到青岛参加海尔管理年会。罗默在演讲中阐述了一个关于合作的悖论——“我们与他们”。我们跟某些人合作以对付“他人”，跟我们合作的就是“我们”，我们时刻准备好去对付“他们”。罗默认为，“我们与他们”的战斗是以“稀缺资源”为基础的传统经济模式无法解决的，只有通过创意经济（creative economy）模式才能解决这一难题。新创意会衍生出无穷的新产品、新市场和财富创造的新机会，所以新创意才是推动一个国家经济成长的原动力。在罗默看来，“创意经济”的本质是合作与分享，它以消除“我们”与“他们”的边界为目标，意在鼓励我们每个人成为更好的自己，激发出每个人的无限创意。[1]

在罗默所描绘的创意经济世界里，没有敌人，只有开放、合作和分享。在现实世界中，这是一个难以实现的“理想国”，但是，罗默的观点还是给了我们一个很大的启发：我们也许永远无法消除与“他们”之间的界限、对“他们”的恐惧甚至憎恶，但我们可以努力扩大“我们”的圈子，将更多的人当成自己人来对待，激发更多人的创意来推动企业的发展和经济的增长。

罗默因提出“内生增长理论”而闻名于世，这一理论的核心观点是：知识是推动经济持续增长的源泉。罗默认为，推动经济增长的要素除了资本和劳动以外，还有技术进步，但技术进步是如何发挥作用的我们却不清楚，它是个“黑箱”。罗默用“知识”这把钥匙打开了这一“黑箱”。罗默认为知识可以靠投资获得，知识反过来又增强了投资的作用。依据内生增长理论，“知识”是一个生态系统的内生力，它让生态圈共同繁荣。而创意，就是一种新知识。

张瑞敏非常认同罗默的内生增长理论，但他认为要用“生态思维”来理解“内生增长”，不能将其理解为只是“依靠内部人员的增长”。

> 内生增长绝不是内部人员的增长，或者依靠内部人员增长。内生增长说到底，是把生态系统中每个人内在的潜力发挥出来。保罗·罗默说价值来自创意，他今天举例引用了马尔萨斯陷阱——人口越来越多，人均资源越来越少。但正因为如此，才需要有更好的创意让越来越少的资源产生更大价值。这就是罗默说的创意经济，比如，有毒的橄榄经过人的创意后变成有用的橄榄油。经济增长来自企业的创新和不断产生的新创意，这就是我们现在要做的。

张瑞敏将内生增长理论的应用向前推进了一大步，他认为“内生增长”的核心是“应该把每个人内在的潜力发挥出来，每个人内在的潜力都是无穷的，要激发潜力不是靠企业（上级）激励，而应该让用户直接激励他”。同时，张瑞敏还强调任何一个生态企业的增长都不能只顾及企业自身的增长，而是要推动整个生态系统的增长与繁荣。

我在第 6 章论述本书六家世界级生态企业的成长模式时，曾经指出这些企业所采取的成长模式为“内生为主，外生为辅”，这是内生增长理论的典型应用。这一模式背后的逻辑就是开放整合生态资源，构建知识共享平台，激发生态系统中每一个人的知识和创意，从而激发出整个生态的智慧，共创价值。

海尔 HOPE 平台：全球“知识与创意”共享网络

唐·泰普斯科特在《维基经济学》一书中有一句很经典的话：“世界就是我的研发部！”正是因为受到这句话的启发，2009 年 10 月，海尔成立了 HOPE 平台。HOPE 平台秉承开放、合作、创新、分享的理念，把世界视为海尔的研发部，目的是整合全球知识及智慧，征集全球优秀创意，推动智能家居及生活家电的技术创新，提升用户体验，为终端用户提供个性化产品解决方案。经过近 10 年的发展，HOPE 平台已经成为一个全球创新者聚集的生态社区，一个全球性的知识共享网络。

为了体验 HOPE 平台的运作机制，我在平台上注册了一个账号。我几乎每周都会收到来自海尔 HOPE 平台的电子邮件，它会向我及时传递海尔最新的创意需求信息。

HOPE平台主要包括需求发布、技术资讯、成功案例、互动社区等栏目，还建立了“资源超市”，可以对接全球专家和解决方案资源，目前已经实现了与全球200多万专家资源信息的无缝对接。

> 海尔之所以要变成平台型企业，目的就是要获取网络化的资源。所谓网络化的资源，就是这些资源在网络上是所有人都可以获得的，但是怎么获取就要看你的路径和措施了。比如，全球一流的设计资源、全球一流的模块供应商资源、全球一流的营销资源等等，这些资源谁都可以使用，它不会专属于你，可能就这一个单和你聚，也可能不和你聚，能不能获取这些网络化的资源，这是组织要解决的非常重要的问题。

“不为所有，但为所用”，这八个字是张瑞敏针对海尔整合全球一流资源所给出的策略，HOPE平台正是海尔获取网络化资源的一个重要工具。通过它，海尔可以与全球创新的解决方案提供者精诚协作，将最佳的方案与用户需求结合，创造出引领用户需求的产品和服务。

我们可以通过“海尔无线”这个案例来了解HOPE平台的运作机制，看看这个平台如何在全球范围内整合知识和创意。

2010年1月9日，在美国拉斯维加斯的国际消费类电子产品展览会（CES）上，海尔推出了“无尾电视”（No-tail TV），被评为当届展会“十大创新产品”，并获得了“未来科技产品奖”。这款突破性的产品不仅在技术上首次超越日韩品牌，让中国家电拥有了“全球性”话语权，还为家庭平板电视的发展带来新的趋势。

海尔在 CES 上推出的无尾电视，就是 HOPE 平台通过整合全球创意资源的“杰作”，是海尔国家重点实验室、国家工程实验室的平台与全球顶级专家共同研发的成果。在这款产品的研发过程中，HOPE 平台对接了美国麻省理工学院的孵化公司 WiTricity，采用了与美国麻省理工学院合作的无线电力传输技术，能够在不借助电线的情况下利用非辐射性磁耦合共振原理实现远距离高效无线电力传输。这也是无线电力传输技术首次成功应用于电视接收终端。

在 HOPE 平台上，还可以听到消费者的声音。

> 厨房里锅碗瓢盆一堆一堆的，还有一些小家电，锅碗瓢盆可以摞起来，可是小家电却不能摞起来，而且还有个难缠的小尾巴，你怎么放怎么觉得碍事，怎么样都占空间。不要、不要难缠的尾巴！！！希望这一次的无尾电器可以解决。

这是中国一位名叫“威尼斯的泪”的网友在“无尾讨论区”发出的帖子，它代表了消费者的需求和心声。

海尔捕捉到消费者的这一需求，就在 HOPE 平台发布了“无尾家电”的创意征集活动，吸引了大批具有创新意识的用户。一些网友发表了和“威尼斯的泪”一样的需求，也有些网友提交了许多独特的方案。经过广泛的用户调研，海尔最终将研发锁定在了无尾厨电产品领域。

一位参与无尾厨电研发的工作人员解释了产品的研发过程：“无尾厨电的设计理念源自海尔与国内消费者的交互。经过交互，我们发现城市居民对厨房的整体需求，已经从单纯的功能性需求转变为对美好生活的重新塑造。消费者普遍认为操作简单、安全性高、设计美观等功能点将成为衡量家庭厨房的标准。”

海尔准确地了解顾客的需求，在此基础上确定了无尾厨电的研发方向，之后则利用 HOPE 平台及其布局在全球的五大研发中心共同整合全球一流的研发资源，最终创新研发出了“无尾厨电”系列产品。无尾厨电最大的特色就是把无线传输能源技术应用在家电上，将电器上原有的电源线转换为无线能源接收体，从而打造一个“无线”自由、整洁便利的厨房环境。海尔无尾厨电申请了创新专利、国际专利 50 多项，其中无线电能传输技术不仅被中国轻工业联合协会认证为国际领先的国家科技创新技术，更是得到了海内外专家的一致好评。比如，美国加利福尼亚大学一位教授就评价无线能源传输技术是一项“破坏性创新”，它完全跳出了一般家电使用电源线的固有思维，提升了厨房的工作效率。

海尔无尾厨电解决了“威尼斯的泪”的烦恼。因为无尾厨电在研发过程中和消费者进行了很好的互动，它一面世便得到了消费者的热捧。2012 年 8 月 8 日，无尾厨电开始在海尔商城官方网站上预约试用，短短时间就吸引了近万名网友报名。

“无尾的，无束缚。”一位网友这样评价。

从无尾电视到无尾厨电，海尔不断扩大“无尾电器”的范围。2015 年，海尔成立了“海尔无线（输电）”业务小微企业，这是 HOPE 平台为海尔集团孵化的第一个产业小微企业。

图 11–1 展示了海尔 HOPE 平台的四大功能：洞察需求、聚合资源、创新加速和技术追踪。

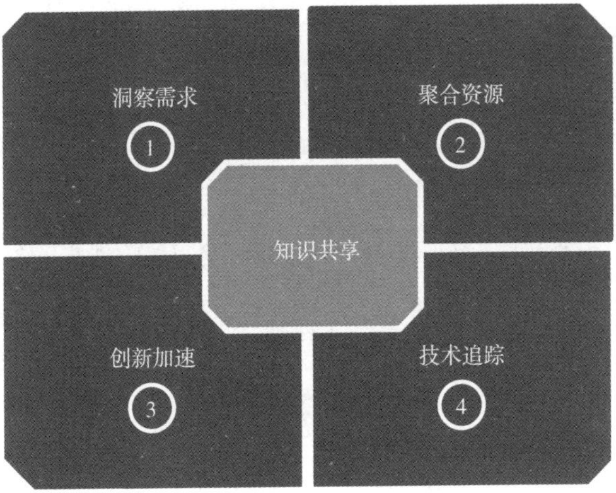

图 11–1　HOPE 知识共享平台四大功能

第一，HOPE 平台可以洞察用户痛点，定义产业需求。通过“微洞察”工具进行精准的用户行为洞察，挖掘痛点，定义用户真实需求，为客户进行产品创新提供用户数据支持，挖掘创新机会点和创新方向。

第二，聚合全球资源，破解技术难题。基于 HOPE 平台覆盖全球的一流资源网络，根据客户的需求，快速、精准地匹配所需的技术资源，破解在创新过程中遇到的难题。

第三，为创新找市场，为创新加速。HOPE 是支持产品创新的一站式服务平台，不仅为创新企业提供专业的技术对接服务，还帮助技术持有者实现技术商业化，加速产业落地；同时，为通过验证的项目提供加速器服务，提供研发基金及资源配置服务。

第四，监控全球技术动态，通过自建的全球技术舆情监控系统、大数据爬虫系统，对全球技术动态进行实时监控；同时，创新合伙人社群汇聚了全球各领域专家、学者，能够在第一时间获取各领域的动态信息。

HOPE平台把技术、知识、创意的供方和需方聚集到一起，提供交互的场景和工具，促成创新产品的诞生。除了无尾产品之外，HOPE平台支持海尔各个产品研发团队和超前研发团队，创造了众多的颠覆性产品，如控氧保鲜冰箱、净水洗衣机、传奇热水器、固态制冷酒柜、小焙烤箱等，这些产品因为从一开始就让消费者共同参与价值创造，一上市便受到消费者的喜爱，在市场上迅速成为明星畅销产品。

2017年，HOPE平台启动了“创新合伙人计划”，邀请了大量各领域的专家加入，海尔的策略是充分发挥大家的聪明才智，为各行各业的产品创新建言献策，共创共赢，一起为创造美好的生活X.0而创造价值。截至2017年，HOPE平台已经聚集了来自全球的30多万个解决方案资源提供者，覆盖原型设计、技术方案、结构设计、快速模型、小批试制等全产业链的资源。

HOPE平台不仅为海尔的各个产业提供创新服务，从2015年起也开始为海尔生态系统中的合作伙伴进行赋能。HOPE平台可以为合作伙伴提供的价值有：对企业来说，解决创新在哪里、如何创新的难题；对创新者和创新机构来说，进行创新成果及知识的商业化，同时帮助创新者找到志同道合者，共同创新。

西门子TechnoWeb：全球知识共享网络

西门子在构建全球知识共享网络上不遗余力，于1999年专门投资打造了一个汇集全球所有技术资源的知识共享平台 TechnoWeb，这是西门子内部的一个在线创意平台。让我们通过一个案例来了解 TechnoWeb 平台的定位与功能。

甘米是西门子的一位员工，为了赢得一家制药企业的诊断设备订单，甘米造访了这家企业在巴西的生产工厂。参观期间，甘米遇到了正在检查条形码印刷质量的厂长。厂长解释说："每个月要印刷约一亿张条形码，并由员工目测检查。当然，他们仍然会漏掉印刷错误。"甘米知道这种印刷错误可能造成药物产品交付错误，尽管解决这类问题并不属于他的职责范围，但他还是决定帮助这家工厂解决这个棘手问题。在星期五的傍晚，甘米在 TechnoWeb 平台上发出了一条紧急请求，描述了问题。尽管是周末，但世界各地的西门子同事很快向甘米发出了 23 条回复信息。

星期一上午，在诊断设备演示会结束后，甘米向这家工厂的工作人员介绍了 4 种用于实现条形码印刷质量自动化检查的方法，这让工厂的管理者们大为吃惊，因为他们也知道甘米并不具备这一领域的专门知识。甘米正是借助了 TechnoWeb 平台，在非常短的时间里，从西门子全球知识共享网络平台上获得了创意和解决方案。

利用 TechnoWeb 平台，西门子的全球任何一个员工都可以像甘米一样向 TechnoWeb 平台提交紧急请求，以便快速找到某一主题的解决方案。员工在填写请求时，首先需要对问题进行描述，估计其商业价值。然后，系统将自动选择可能与请求相匹配的解决办法。

西门子员工还可以利用 TechnoWeb 平台分享创意和研究趋势，在线创意数据库和创意竞赛已将遍布全球的研究和开发人员连接起来。

如果要研究一个新的主题，员工可以创建一个“关系网”，利用这个“关系网”，员工可以发布自己的创意，并邀请有兴趣的人参与创意交流，这样就会让创意逐渐酝酿成熟。他们也可以选出最佳创意，并将其进一步发展成具体的产品构思。为了激发创意，西门子还定期在全球举办创意竞赛，催生了许多新创意，因为在竞赛中，参赛者所具备的各行各业的各种知识不仅彼此联系起来，而且在讨论中让创意主题得到了升华。一些最佳创意不仅可以获得奖品，还有机会变成西门子的产品和服务，融入西门子不同的业务之中。创意竞赛不仅可以催生新的创意，还推动了西门子分享文化的形成，因为只有进行知识分享，知识才能不断增长。[2]

在第四次管理革命时代，越来越多的企业开始通过构建知识共享平台聚合生态系统的知识和创意，但是，构建全球知识共享平台不仅仅是个技术问题，还与组织和文化息息相关，如果不能遵循正确的步骤和原则，企业将无法成功地构建知识共享平台。西门子构建全球的知识共享平台时，充分考虑了组织和文化的影响，其过程包括四个主要的阶段：搭建架构、全球推广、注入动力和全面扩张。

西门子在构建整个知识平台的架构时，并未直接从集团层面开始，而是先从西门子公司最大的事业部——信息和通信网络公司（ICN）开始。ICN 首先建立了一个互动的架构——共享网，其中包括知识图书馆、为回复“紧急求助”而开设的论坛，以及用于知识共享的平台。这一系统不仅能够处理显性知识，而且能够帮助员工将他们个人的隐性知识也贡献出来。

西门子在全球推广知识共享平台时，采取了一种既能够把全球的知识资源聚集到一起，又可以保留跨文化差异的方法，这种方法被命名为“全球本土化”解决方案：当总部和各地的分公司共同制定共享网的战略方向时，系统的维护工作主要在德国慕尼黑总部进行。然后，共同制定出的战略方向及系统的主要战略性维护会落实到各地分公司。

为了激发员工在知识共享平台共享知识、创意和解决方案，知识平台的建设者通过设计激励机制不断给平台注入动力，比如，将知识贡献者的贡献进行公开，对贡献价值大的员工给予“专家级”荣誉地位，从而不断激发员工积极利用知识共享网络的内在动力。最后，在试点成功的基础上，向整个集团扩展知识共享网络。[3]

为了不断扩充员工们的新知识，激发更多的创意。西门子还发展了一个覆盖全球的学习项目：学习日。该项目用一天的活动给员工提供机会和场合，集中学习和分享各种热点话题。

当然，“学习日”并不仅仅是一个为期一天的活动，它是一个项目的代号，营造的是西门子的学习型文化，在某些地区甚至还有学习周活动，西门子的目的是“向员工提供学习的可能性”。西门子全球培训和教育负责人托马斯·洛伊布纳（Thomas Leubner）认为，在德国的企业里，学习是文化的一部分，要持续终生：“学习不该是在特定时间里做的事，就像数字化实验室（digitalization laboratories），是在工作环境中设置学习元素。数字化实验室是西门子目前最受欢迎的学习项目，在这里，人们聚在一起，分享他们的经历和经验，创造新事物，不必考虑关键业绩指标。”[4]

学习最大的动力来自内在的渴求，而不该是外部的压力。西门子还开发了内部视频分享平台，某一领域的专业人士可以把自己擅长的东西录成视频上传到学习平台。这些知识分享往往是最新的也是最实用的。在线知识分享平台也让知识共享的手段越来越轻盈，越来越便捷，共享的频率也大大增加。

丰田汽车：用知识共创价值

我在本书中将“知识”定义为生态系统中最为核心的资产之一，因此，平台生态企业的重要战略之一是创造、存储、利用、分享知识，丰田公司一直是知识管理、知识共享的楷模。丰田以精益生产而闻名于世，产品质量一直受到消费者的赞赏，其背后的重要保障系统之一就是丰田完整的知识创意共享网络。

1951 年，丰田就着手在公司内部建立了创意与建议管理系统（TCISS，Toyota Creative Ideas and Suggestions System），这一系统是丰田模式“持续改善”机制的一个重要组成部分，其核心目的是鼓励员工对公司各项运行提出创意和建议。据说，构建 TCISS 系统的最初创意来源于丰田高管 1950 年对美国福特公司的参观。

从 1951 年到 1991 年，TCISS 共收集了超过 2 000 万个创意，这些创意中的大多数都得到了应用，极大地提升和改善了丰田的生产模式。比如，TCISS 系统在 1986 年共收到 2 648 710 条创意，被采纳率更是高达 96%！至今，丰田还一直沿用 TCISS 系统。[5]

丰田将知识共享网络逐步推移到自己的生态伙伴，首先将供应商纳入丰田的知识网络之中。丰田构建生态知识共享网络的一条核心的主线是丰田生产模式（TPS，Toyota Production System）。比如，在美国，丰田建立了丰田模式知识分享平台（TSSC，Toyota Production System Support Center），其核心职能是传播、分享 TPS，帮助美国的生态伙伴应用 TPS，提高产品的质量，降低经营成本。起初，TSSC 主要面向丰田价值链系统中的一些小型生产企业，这些企业大多数都是丰田的零部件供应商，后来，TSSC 将知识共享网络进一步扩大，将生态伙伴扩展至大型生产企业、政府部门，甚至还在非营利性组织中推广 TPS。目前，丰田的知识共享网络已经在美国拓展到零售、建筑等多个行业。

作为一家全球化企业，丰田公司拥有遍布全球的研发中心、知识共享中心，在构建全球知识共享网络时，丰田坚持了“本土学习，全球应用”（learn local, act global）的原则。在某一个国家和供应商建立知识共享网络时，丰田公司会建立供应商协会，并将加入协会的供应商分为不同的学习小组，每个小组包括 6~8 家供应商，每三年调整一次小组中的供应商名单。供应商协会发展了伙伴之间的联系，巩固了伙伴们之间的关系，有利于知识的传播和知识环境的培养。每一年，丰田都会与每个小组的供应商沟通当年的学习主题。小组成员每季度会拜访其中一家供应商的工厂，并对生产提出具体的改进意见。

在一个生态网络中，成员对网络的认同感会强烈地影响成员共享知识的动机，丰田的知识共享网络之所以能够有效实现知识共享，就在于丰田提出了“共存共荣”的哲学理念，并制定了一套有效机制来提高成员对网络的强烈认同感，这不仅有助于降低知识共享的成本，而且有助于网络中知识的多样化，产生更多的学习机会。

在第四次管理革命时代，价值共创是生态企业采取的一个核心战略。在《自由竞争的未来》一书中，作者认为只有持续共创新知识，才能持续共创价值。

> 为了持续共创价值，我们必须持续地共创新知识。共创新知识的机会来自解决一个特殊的问题，也来自认识到主要潜在的机遇。为了做到这一点，我们必须创造知识环境以在新的竞争空间中发现和行动。……快速创造新知识的能力有两个重要的方面，管理者产生新见解的能力，以及与其他人分享这些见解并就行动方案达成一致的能力。所以，一个互动的合作环境是管理灵敏性的关键，这个环境能够提高管理者根据某一特定背景使用知识的能力。[6]

丰田建立全球知识共享网络的目标是与生态伙伴共创知识，进而共创价值，因此，丰田非常注重培养互动的知识传递、知识共享环境。丰田的策略是向生态系统中的合作伙伴输送管理和技术人员，这些受过良好训练且深谙 TPS 精髓的丰田员工可以利用从丰田所学的知识来协助生态伙伴的管理者更有效地经营和管理他们的企业，同时这些外派的人员也能充分了解生态伙伴的发展前景和存在的问题。如供应商需要一种特定的技术或知识，提出申请之后，丰田会在整个组织范围内搜寻合适人员并将他派驻到生态伙伴的企业中。这样不仅可以将特定的技术带入企业，而且引入了丰田的人事、系统和技术知识，进一步强化了合作伙伴对网络的认同，促进了价值的共创。[7]

在数字化时代，丰田创新和升级了全球知识共享网络，建构以“数字管理”为核心的知识共享平台，世界各地的丰田分公司可以随时分享所有企业内部的知识。

丰田构建知识共享网络的核心主线是为“用户创造价值”，核心目的是塑造丰田整个生态系统的竞争优势。最近几年，丰田开始从“汽车制造商”向“移动服务平台企业”转型，在这一战略的指引下，丰田不断创新构建知识共享网络的策略和方法。比如，丰田于 2016 年推出了 TOYOTA NEXT（未来丰田）项目，这是由丰田集团发起的一个开放式创新项目，目的是将风险投资与技术创新融合在一起，围绕着“移动出行服务”这一战略定位，孵化更多的创新项目。从这意义上来看，这一平台的功能定位与海尔的 HOPE 平台很相似，二者都是围绕着各自的生态战略孵化创新型企业。

2018 年，丰田发布的 e-Palette 概念车向我们展示了“移动出行服务”的未来场景，它是以无人驾驶为核心的移动出行商业生态系统，这一生态模式的两大元素是“自动驾驶”和“共享”，该平台可以与多家服务商共同构建一个巨大的商业生态系统。显然，要实现如此远大的战略目标，仅靠丰田自己的知识和能力是难以完成的，丰田构建了新的知识共享网络，发起成立了 e-Palette 联盟。其中，移动服务伙伴包括滴滴出行、亚马逊、必胜客、优步，技术伙伴包括滴滴出行、马自达、优步。这些联盟伙伴将从前期企划阶段开始参与，通过实验车辆共同推进实验项目，共同创造价值。

阿里钉钉："新工作方式"激发创新力

2019年1月11日，阿里巴巴在杭州召开"ONE商业大会"，在这次大会上，我们看到了一个不同于以往的阿里巴巴。阿里巴巴发布了"阿里巴巴商业操作系统"，该系统将帮助全球零售业全面重构商业运营要素，首先实现在线化，进而实现全面数字化。阿里巴巴看到了"新零售"之上的一个崭新的世界，正如阿里巴巴集团CEO张勇在演讲中所言："淘宝和天猫正在全面跟我们的客户一起走向新零售。但在新零售之上，我们又看到了一个更广大的世界。这就是数字经济时代所带来的崭新世界，以及所有企业沟通所要求的崭新的经营方式和工作方式。"

阿里巴巴过去20多年所建设的商业世界，已经覆盖了6亿消费者所需要的实物商品，优酷、UC浏览器、微博等共同建设的文化娱乐产品，以及以饿了么、飞猪、淘票票为主的本地生活服务矩阵，这些被称为阿里巴巴的大消费矩阵。[8]

面向未来，阿里巴巴的战略雄心是构建一个崭新的数字新世界，而撬动这一新世界的杠杆就是"阿里巴巴商业操作系统"。在阿里巴巴所展示的商业操作系统中，菜鸟、蜂鸟配送、阿里妈妈、蚂蚁金服、钉钉和阿里云构成了物流、数字营销和数据管理、支付和金融服务、企业数字化管理运营和数据技术等五大基础数字设施，将能力输送到商业、本地服务和娱乐三大业务板块当中。在此基础上，阿里巴巴通过数据和技术，将人、货、场与新零售、数字化分销、数字化营销、数字供应链、数据驱动产品创新和新制造环节打通，进而形成了贯穿全流程的数字化商业能力。

在阿里巴巴商业操作系统五大基础数字设施中，阿里钉钉被定位成“企业数字化管理运营平台”，这一平台的使命是塑造“企业沟通所需要的崭新的经营方式和工作方式”。阿里钉钉 CEO 陈航将其定义为“新工作方式”：

> “新工作方式”依托于五个在线，即组织在线、沟通在线、协同在线、业务在线、生态在线。“五个在线”带来的新工作方式让组织里优秀的个体脱颖而出，激发出每个人的创新力，集体因此变得更优秀。如果用一个词来描述钉钉的“新工作方式”的管理思想，那就是透明管理，让每一个人的优秀可以被大家看到。

图 11–2 展示了钉钉新工作方式所依托的“五个在线”。“组织在线”是创新力的核心基础，强调的就是组织关系的在线化，依托构建权责清晰、扁平可视化、人脉资源共享的组织关系开创全新的工作方式。“沟通在线”实现高效沟通，是指组织成员在一个安全环境中能够高效沟通，相互尊重，实现工作和生活分离。钉钉为每一个员工提供专属的沟通工作的在线场景，不仅能够随时联系，交流创意和想法，还有利于知识的保密。“协同在线”可以加速组织变革，是指组织成员在线实现业务上的协同工作，各个任务管理之间能够相互支持。“业务在线”实现业务升维，是从业务流程和业务行为的数据化、智能化和移动化入手，增强企业的大数据决策分析能力。“生态在线”实现

智能决策，以企业为中心的上下游伙伴和客户都实现在线连接，数据化、智能化、移动化产生的大数据将驱动生产销售效率的不断优化提升，以人为本的透明管理将激发生态体系中每一个人的创新力。

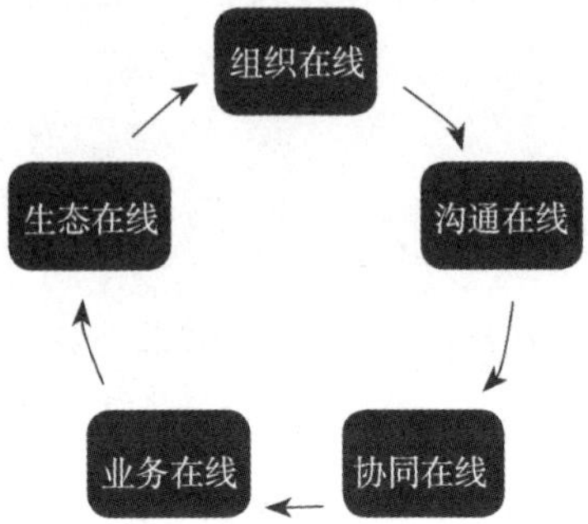

图 11–2　阿里钉钉新工作方式：五个在线

阿里巴巴意识到了知识是未来生态系统的核心资产，马云在他的演讲中多次提到未来互联网没有边界，就像电没有边界一样。未来没有人会拒绝互联网，没有一个人可以离开网络而存在。而未来 30 年，互联网将“无处不在”，且会推动全球进入一个新的时代，一个信息共享、知识共享的新时代。

知识分为两类：显性知识（explicit knowledge）和隐性知识（tacit knowledge）。其中，显性知识是可以客观运用概念加以捕捉或呈现的知识；而隐性知识是高度个人化的知识，很难用语言来解释，也很难传递给他人，只能被演示证明它是存在的，主要来源于经验和技能，学习的唯一方法是领悟和练习。

我认为，阿里钉钉就是一个基于数字的知识传递、知识创造和知识应用平台。尽管我们可以强调知识创造和知识分享，但是，知识不在于掌握多少，而在于应用多少。掌握知识并不是目的，真正的目的是应用知识为整个生态创造价值。阿里钉钉所倡导的“新工作方式”更有利于所有员工通过利用“隐性知识”来创造价值。知识并不仅仅来源于学习，更多的是来源于工作，在工作中分享知识，让知识产生价值。

阿里钉钉可以在人、财、事、物四个环节帮助企业应用知识，提高创新力。

人是企业和组织实现数字化转型的根本。钉钉的“组织在线”其实就是围绕人的数字化。比如，钉钉推出的企业通讯录可以实现企业组织架构的在线化、数字化，外部联系人功能可以实现企业客户和渠道关系的在线化、数字化，企业广场功能则实现需求和供给的在线化、数字化。

在“财”的环节，钉钉和支付宝联合推出数字化企业支付解决方案。这个解决方案面向企业可以提供账号管理、账单管理、报销管理、收款、付款等功能。通过钉钉数字化企业支付解决方案，企业从审批到打款再到票据归档，全部可以在手机端快速完成。面向企业员工，钉钉数字化企业支付解决方案还提供了智能收款功能，用来归集在报销和红包群收款等场景中收到的钱。

在“事”的环节，钉钉推出了数字化智能文档中心，实现了文件在云端的在线编辑和智能协同。钉钉的数字化智能客服中心可以实现从企业商机跟进到分析实现的在线化和数据化。

在“物”的环节，通过智能硬件和钉钉软件的融合，将企业的“物”升级成为软硬件一体化的智能数字办公室，包括数字化智能网络中心、数字化智能前台、数字化智能会议室三部分。[9]

截至 2018 年 3 月 31 日，钉钉上的企业组织数已超过 700 万家。钉钉产品体系涵盖人、财、物、事四大场景，是传统企业组织升级为新组织，完成全域数字化转型的助推剂。钉钉已成为数字化时代的商业基础设施，与阿里巴巴其他商业场景共同组成数字经济时代独特的商业操作系统。用陈航的话来说，这就是帮助企业提高创造创新力。

> 数字化企业的本质是通过数字化技术来打造透明、平等、开放、以人为本的工作环境，让每一个人的优秀都能被大家看见，激发每一个人创造创新的自驱力。在数字经济时代，创造创新是企业持续发展的核心动力，也是数字化企业的本质所在。当企业内部具备创造创新力的人越来越多以后，这些人就会像动车组一样带着企业往前跑。

从 2015 年 1 月 16 日发布第一个版本到今天，钉钉历经了涅槃的过程，已经从一个移动沟通和办公软件升级为企业数字运营操作系统，其所赋能的数字化新型工作方式，可以更加有效地把人所拥有的知识贡献出来，发挥知识的价值，通过透明管理驱动生态体系中每一个人的创造和创新力。

激活“生态智慧”

在第四次管理革命时代，“知识”是生态系统“黑土地”的第四类重要的有机物质，是创造价值的基础，没有知识的共创就无法实现价值的共创。一旦知识枯竭，企业就失去了活力和创造性；而一旦失去了创造性，企业就会变得僵化，变得墨守成规。僵化的企业无法与外部动态变化的环境保持一致性，无法在竞争中保持灵活的适应性，无法在与外界的竞争中保持优势，自然逃脱不了被淘汰的命运。

知识通常并不能单独发挥作用，所以，越来越多的企业将知识管理与组织内部的流程管理、数字化运营、战略与文化等不断融合起来，逐步构建智慧型组织。2018 年 9 月，阿里巴巴钉钉战略投资了智慧办公品牌蓝凌软件，钉钉看重的是蓝凌在服务大型企业方面的技术积累与管理经验可以转化为拓展企业移动互联应用的全新思维与最佳实践，提升钉钉生态服务大型企业智能移动办公的能力与价值，共建钉钉企业服务大生态，推动中国企业智慧管理和高效办公落地。在蓝凌所描绘的智慧组织模型中，激活知识内容是成为智慧组织的基础。智慧组织会通过激活知识内容（know-what）、流程体系（know-how）、人力资本（know-who）、战略 & 文化 & 创新（know-why）四大管理要素，不断提升组织的创新力和活力。

本书所研究的六家世界级生态企业利用知识平台构建了全球知识共享网络社群，在构建生态系统时能够快速吸收、创造知识和智慧，这些生态企业越来越像“智慧型生态网络”。当然，智慧型生态的建设绝不能一蹴而就，从个人智慧、团队智慧，到组织智慧，再到生态智慧，这是生态企业建立智慧型组织的四个阶梯。

利用知识共享平台，激活生态智慧，这是世界级生态企业构建生态竞争优势的“不二法门”。当然，由于每家企业转型的起步时间不同，其所构建的知识平台所发挥的功能也有所不同。知识共享平台的核心功能是知识赋能和知识应用，其中知识应用既包括显性知识的应用，也包括隐性知识的应用。图 11–3 显示了四家生态企业知识平台的定位与功能。

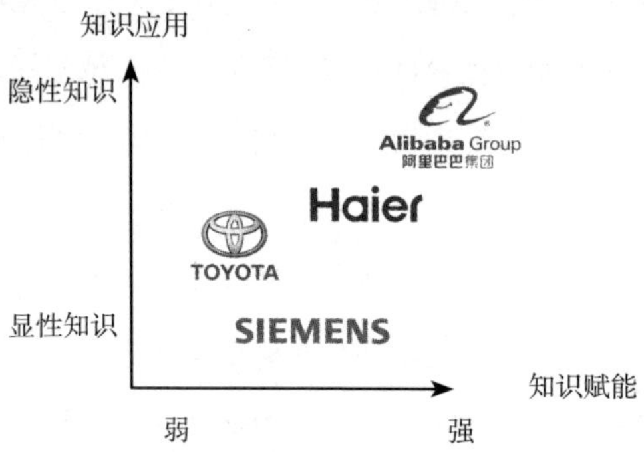

图 11–3　四家企业知识平台的定位与功能

在阿里巴巴、海尔、丰田和西门子四家企业所构建的知识平台中，阿里巴巴和海尔的知识平台相对具有更强的知识赋能能力，这两家企业都在为各自的生态伙伴打造知识应用和知识创造的基础平台，赋能生态伙伴充分应用显性知识和隐性知识。

从激活个人智慧、团队智慧、企业智慧，再到激活生态智慧，这对企业充满挑战。激活生态智慧不仅需要领导者突破自我，更需要重新定义组织，这是我在下一章即将讨论的内容。

第 12 章

平台分权制：生态组织新范式

组织是达到目的的手段，而不是目的本身。良好的组织结构是健康组织的先决条件，但不是健康的组织本身。健康组织的验证标准，不是组织结构有多漂亮、多清晰或多完善，而是人的绩效。

——彼得·德鲁克

想象一下，倘若离开了组织，我们还能做些什么？事实上，我们都处在不同的组织之中，离开了组织，个体几乎无法生存，遑论创造价值了。在《荒岛余生》这部电影中，汤姆·汉克斯给我们展示了在与世隔绝的荒岛上孤零零一个人如何学习生存，他将孤独的个体在大自然中的恐惧表现得淋漓尽致。

组织是人们创造价值的载体，一个人要想做出卓有成效的业绩，需要健康的组织环境和机制，因为，组织的环境和机制会影响和塑造我们的行为。接下来的问题是，在企业向生态化战略转型的过程中，我们应该坚持什么样的标准来设计生态组织？什么样的生态组织形式是有效的？能够更有利于价值共创？

但是，如果管理者希望找到一种放之四海而皆准的组织结构，恐怕他的愿望就要落空了。我们必须清楚地认识到，所谓一种恰当的、完美的组织结构是不存在的，组织结构是多种多样的，每个组织结构都有独特的优势、局限性和特定的应用方式。我们更需要意识到，组织不是我们的目的，它是提高人们工作效率和价值创造的工具。一个特定的组织结构是与特定的条件、在特定的时间、执行特定的任务相匹配的。[1]

关于组织变革的一个基本共识是，使命决定战略，战略决定组织结构，反过来，组织结构又会影响战略。当企业的使命和战略发生了改变，相应地，就需要调整组织结构以适应这种变化。

张瑞敏将其比喻为头和身体的关系："（使命）战略制定后，组织结构要从属于战略。如果说战略是头的话，组织结构就是身体，当头转向战略方向的时候，如果身体没有转，这个问题就很严重。说明企业还没有真正转过去。"[2]

生态组织的四个标准

本书的六家世界级生态企业在推动战略转型的同时，也同步推动组织转型。我试图找到这六家企业共同的组织结构，但无功而返，每一家的组织结构都很独特，都不尽相同。尽管每家企业的组织结构看起来都不完全相同，但是，这些生态型企业在推动组织变革时都遵循了共同的组织标准，这些基本的组织标准重塑了我们对组织结构、组织权力、组织边界、决策模式的传统认知。

在生态战略的指引下，本书中的六家世界级企业都致力于打造生机勃勃的生态组织。我将生态组织的四个共同标准称为 ABCD 标准，四个关键词分别是敏捷性、生物性、信任与决策。

生态组织的基本标准：

A（agile，敏捷性）：敏捷力

B（biological，生物性）：生物适应性

C（creditable，信任）：信任是基石

D（decision，决策）：决策灵活

没有敏捷力，就没有未来

生态组织的第一个标准是敏捷力，它是组织对挑战、机会和问题进行快速反应和灵活应对的能力。为什么组织需要敏捷力，一个显而易见的原因是当前的竞争环境高度动态和不确定，不管是竞争对手的策略，还是顾客的需求，包括新技术的革新，一切都变化得太快，老态龙钟式的组织已经越来越无法适应这种快速的变化。在高度动荡的生存环境中，一个组织的敏捷力决定了这个组织的生命力，对外部变化反应僵化、迟钝的组织越来越没有生存的机会了。

没有敏捷力，就没有未来。亚马逊的创始人杰夫·贝佐斯将提高组织的敏捷力视为自己的核心任务，他专门向所有顾客公开了自己的电子邮件，当接到顾客的投诉时，他不仅会自己阅读来信，还将这些邮件转发给亚马逊相关的员工，只加上一个英文字符：一个大大的问号（？）。员工们一旦接到贝佐斯转来的投诉邮件，就会立刻行动起来，不仅要拿出解决方案，更要找出顾客投诉的原因，并将这些处理结果呈报给贝佐斯本人。这种做法不仅让贝佐斯总是能够听到顾客的声音，而且大大提高了亚马逊的敏捷力。

贝佐斯的这种做法值得称赞，但是，仅靠 CEO 一个人是无法提高组织敏捷力的，贝佐斯的策略是示范性的，更多的是彰显亚马逊的

战略导向和企业文化。敏捷力和领导力有关，但它更多是嵌入在组织结构之中，它是组织机制的产物。在一个敏捷性组织中，良好的领导者和良好的组织机制都是必不可少的。企业在设计组织时，需要在以下两个方面进行重新设计。

重新设计组织层级

组织层级是组织设计领域一个老生常谈的话题，似乎没有什么新意，但是，它却是影响企业敏捷力的核心要素。一个组织要想提高敏捷力，就必须减少组织层级，这是一个不争的事实，也毫无学术讨论的空间和价值。但是，这一策略却让人难以接受，不是因为这个策略背后的逻辑有多么复杂，而是它涉及每个管理者的自身利益，管理者们不是不理解减少组织层级的好处，而是“故意不理它”，还装作缺乏知识和能力，声称不如请一个外部的顾问或者外部的咨询公司来帮助企业缩减组织层级，这只不过是拙劣的“责任外移”的表演罢了。

在一个大型组织之中，每一个层级都被许许多多的管理者占领着，他们为自己搭建了一个个舒适的“领地”，独自享受着下属们从一线市场上淘来的各种“贡品”。这些“领地”也是一个“信息过滤站”，他们会把有利的信息传递给自己的主管领导，把不利的信息封存起来。信息的失真或者不完整，让高层领导者无法快速、正确地进行决策，最终的结果是企业的敏捷力日益下降。

海尔在构建生态组织的过程中，最大的一个痛苦就是减少组织层级。张瑞敏感受到了巨大的压力，“把组织压扁了，这个任务是非常繁重、非常困难的，特别是在中国”。的确，在组织扁平化的过程中，分流、裁减中层管理者，对每一位 CEO 来说都是极大的挑战，在传统的组织中，中层管理者曾经是中流砥柱，他们担负着承上启下的作用，但是，当组织不断扁平化的时候，受到冲击最大的就是中层管理者。海尔并没有采取生硬的裁员措施，而是通过鼓励内部创业，鼓励原来的中层管理者在海尔平台上创业，成立小微企业，融入海尔生态圈之中。在海尔目前的生态组织中，只有三种人：平台主、小微主、小微成员。它打破了传统的科层式管理结构，不再存在传统组织意义上的上下级关系。

重新设计组织形式

传统的组织形式大多是由事业部、职能部门来组成，这是科层式组织结构的标准组件。这种模式的普遍问题是，“作战单位”规模过大，不灵活，不敏捷。比如，在大型企业中，一个事业部通常有数千人，大的部门也会有数十人，像这样的“大军团作战”模式，行动起来有时非常笨拙。

本书中的六家世界级企业，以及华为等卓越的企业都不约而同地探索一种新的组织形式，这一组织形式的共同特点是“大平台 + 小团队”。

比如，华为在一线采取的是“铁三角”模式，它本质上是一个灵活敏捷的小团队，主要由三个职位组成：客户经理、解决方案经理、交付专家。客户经理负责维护客户关系，掌握客户的核心需求和价值诉求点；解决方案经理负责根据客户需求制订解决方案，并保证解决方案具有竞争力；交付专家则负责根据解决方案和合约实施和交付。显然，仅靠这三个职位组成的“铁三角”无法给客户提供具有竞争力的解决方案，华为着力打造平台能力以支持铁三角团队的运行，其中，“资源池”就是平台能力的重要组成部分。华为在各层级的市场组织当中都构建了资源池，共分为代表处资源池、地区部资源池和公司资源池三层。这些资源池是按照专业分工的，比如有负责交付的资源池，有负责解决方案的资源池等。

和华为一样，阿里巴巴也看到了平台能力对敏捷性团队的价值。2015 年底，阿里巴巴启动了“中台战略”，这一战略的核心目标是构建“大中台、小前台”的组织机制和业务机制。在中台能力建设上，阿里巴巴集合整个集团的运营数据能力、产品技术能力，以对各前台业务提供强力的支撑。小前台，就是指一线的业务团队，规模尽可能地小一些，在中台的支持下，前台一线团队会更敏捷、更快速地适应瞬息万变的市场。

“大平台 + 小团队”这种新型组织形式是提高组织敏捷力的最佳实践。一线小团队面对顾客，需要灵活应对问题，灵活决策，满足顾客瞬息万变的需求，更需要及时应对对手的竞争策略。小团队之所以作战能力强、敏捷性高，是因为它们有强大的平台支持，否则，一线团队就会在孤立无援中迅速溃败。平台能力需要支持前端的小团队迅速掌握信息，快速做出判断，敏捷调度中台甚至是后台的力量，从而引领整个组织为顾客创造价值。

生物性：衡量组织的适应性与开放性

生态组织的第二个标准是生物性。最近几年，企业界越来越多地开始借用生物学领域的知识，试图解决社会组织中存在的管理问题，比如，现在流传甚广的“商业生态系统”其实就是来自自然界“生态系统”这一概念，还有一些学者提出了“生物型组织”的概念，这是个好的开始，这意味着管理者、组织管理专家越来越将组织视为一个有机的生命体了。

“生物性”不是一个时髦的标签，它可以衡量组织的适应能力、开放能力。“有些大型企业的 CEO 甚至认为，适应能力强的生态组织会不断演化出自主进化、自主生长、自我修复和自我净化的能力。”[3] 柯达，这家胶片影像业曾经的巨头企业因数码革命而被颠覆，令人啼笑皆非的是，柯达是数码相机的发明者，这一技术却在柯达内部被束之高阁，这正是组织僵化、缺乏适应性而导致的败局。

一个有机的生命体，首先需要有适应能力，适者才能生存，这是大自然的法则。社会组织也遵循“适者生存”的基本原则，组织只有适应外部的变化，才能长期生存下去，因此，高度的适应性是组织变革应该考虑的重要标准。

但问题是，适应性是能够设计出来的吗？我们在设计某种组织结构的时候，是否会问：这种结构有适应性吗？如果从一个静止的状态来分析某种组织结构，我们很难得出其是否有适应性的结论，我们只能从动态的角度来分析某种组织结构是否有适应性。在 A 时点上适应性强的结构，未来在 B 时点上未必有适应性。为了提高组织的适应性，企业就必须不断对组织结构进行变革，变革的动力来自应对外部经营环境的变化。

从 1982 年开始，丰田持续推动组织机构变革，每三年就会对组织进行一次较大规模的调整。“如果三年内毫无改善，公司就一定会垮掉”，这是丰田内部流传甚广的一句话。1989 年，丰田开始推广实施“扁平化”管理结构，大幅度压缩管理层级，提高组织整体适应力。到了 2013 年，丰田开始实施战略业务事业部（SBU）组织形式，将汽车事业按地区划分为四个 SBU，进一步放权，增加各事业部的决策灵活性以适应各地区顾客的不同需求。2016 年，丰田根据车型对组织进行重塑，按照汽车种类设定不同的业务事业部。丰田每一次组织变革的目的，都是努力塑造“更小的丰田”，提高组织整体的适应能力。[4]

适应性强的组织必须是开放的组织，开放与封闭相对应，都涉及组织的边界。在任何一个组织中，都存在三种边界：垂直边界、水平边界和外部边界。垂直边界又称为纵向边界，这种边界与企业的管理层次和职位等级有关。企业的管理层级和职位等级越多，垂直的边界距离越大。水平边界也称为横向边界，这种边界的产生与部门的设计和工作专门化程度有关。横向的部门越多，工作的专业化程度越高，水平边界的距离就越大。第三种组织边界是外部边界，是企业与顾客、政府、供应商等外部组织之间的边界，它定义了企业自身的角色。构建开放性的核心实际上就是在垂直边界、水平边界和外部边界三个方面同时展开。

什么样的组织是无边界组织？它和开放式组织有何关系？事实上，任何人类社会组织都必须是开放式组织。组织之所以“开放”是由于它依赖所处的环境并与之相互作用。封闭的系统只存在于无生命的物质世界。即使一个生物细胞也是一个开放的系统，因为它要靠周围的环境而生存，例如吸收氧气。[5]

企业尤其需要不断加大组织的开放力度，因为它们都需要与外部环境进行互动。企业从外部环境中输入资源，吸收能量，经过内部的加工和管理过程，将这些能量和资源转化成新的产品或服务，然后把这些产品或服务再输送给外部环境中的组织，以此换来更多的资源和能量，从而维持企业自身的生存和发展。

企业的开放性并非指企业边界的消失，而是指企业的边界必须是可渗透的、开放的，即拥有“可渗透的边界”。边界的可渗透性越强，组织的开放性程度越高。反之，如果组织的边界不具有可渗透性，这样的组织便是封闭式组织。

管理者可以根据组织边界的“可渗透性”这一标准对自身组织的开放程度进行衡量。对于无边界组织而言，信息、资源、创意、能量应该能够快捷顺利地穿越组织的垂直边界和水平边界，使整个企业内部的各部门真正融为一体。同时，外部环境中的资源、信息和能量也能够顺利穿越组织的外部边界，使企业能够和外部环境融为一体。

从这点意义上来看，无边界组织不是完全取消了组织的边界，而是高度开放。尽管杰克·韦尔奇在再造通用电气时提出了“无边界”的理念，但是他所设想的无边界公司是：把内部的围墙推倒，将各个职能部门之间的障碍全部消除，工程、生产、营销及其他部门之间信息能够自由流通，完全透明；把外部的围墙推倒，让供应商和用户成为一个单一过程的组成部分；推倒那些不易看见的种族和性别藩篱等。韦尔奇进行组织变革的目的是想推倒各个部门之间的“围墙”，而不是消除部门本身的存在。

当横亘在各个部门之间的“围墙”被推倒后，组织的边界就变得模糊，这时的组织边界被形象地称为“隔膜”。“隔膜”这一词来源于生物学，每一个生物有机体都拥有一个隔膜使之具有独特的外形。虽然生物体的这些隔膜有足够的结构和强度，但是并不妨碍食物、血液、氧气、化学物质畅通无阻地穿过。当组织变成无边界组织时，其边界就成为“隔膜”，既保障了组织的完整性，又使信息、能量、资源等要素快速而轻易地穿透和转移。

海尔在推动组织变革时，明确提出了两个“零距离”标准，即顾客零距离、协同零距离。前者主要用于衡量海尔外部边界的“可渗透”程度，而后者则衡量海尔内部垂直边界和水平边界的“可渗透”程度。张瑞敏指出，“人单合一”管理模式的本质是“对外建立一个有机、动态的网络组织去连接外界迅速变化的需求网并创造价值”。在没有互联网的传统时代，顾客和企业之间的距离非常远，顾客与企业的边界相对清晰，顾客也很难知道所有企业的信息，选择的主动权较弱，信息不对称的天平偏向企业，顾客的决策更多地被企业所左右。而互联网时代的到来，颠覆了企业和顾客之间的关系，使二者之间的“零距离”成为可能，顾客通过互联网几乎可以看到所有企业和产品的信息，其选择的主动性大大增加，信息性不对称的天平偏向顾客了。而企业唯一的选择就是其“创新的速度要跟上顾客点击鼠标的速度”。张瑞敏将海尔与外部顾客的“零距离”作为组织变革的首要目标，以使海尔能够满足顾客的个性化需求。

对许多企业而言，如何提高内部的协同性一直是一个非常大的挑战，海尔也不例外，“协同零距离”就是为了解决这一问题。组织内部的协同性不强是创造力和绩效的最大杀手。从垂直边界上来看，上级领导和管理者容易紧握权力不放，多以指挥者的角色出现；从水平边界上来看，各个部门紧紧地防守着自己的地盘，咬定自己的利益不放松。协同零距离就是要打破这种“筒仓式”结构，让信息、资源等在不同层级之间和部门之间进行顺畅地流动。

张瑞敏要求海尔内部“协同零距离”实际上是向既得利益者发起挑战，让位高权重的人交出权力和资源，给真正需要的一线员工。同时，这一标准也是向管理者的传统角色发起挑战。在传统的组织体系中，上下级的关系和边界区分得非常清晰，而海尔要做的是打破传统的层级管理，用“契约关系”代替“上下级关系”。“契约关系”的建立使海尔内部“协同零距离”成为可能。契约关系的本质是价值和利益的交换，在这种关系中，“适者生存”是最高原则，只有能够提供价值的部门和个体才能够存在。由于海尔内部各部门之间互为客户，连接部门之间的关系是“契约”，这种关系使得各部门之间建立了相对平等的关系。

在“顾客零距离”和“协同零距离”这两个标准的要求下，海尔正在搭建两个大网络：个性化的顾客需求网、基于节点的开放式网络组织。海尔组织变革的核心目的是促进这两个网络组织能够融合在一起，实现两网相融，无缝对接。这就意味着，海尔内部网络组织中的某一个节点，所具体对应的可能是市场某一个产品线或者某一个社区，最终形成全动态的生态组织。[6]

信任：生态组织绩效与繁荣的基石

生态组织的第三个标准是信任。

“信任”这个词有被滥用的嫌疑，许多领导者将“信任”挂在嘴边上，可是，一转脸就把这个词忘得一干二净，以致有些员工已经不相信“信任”的力量了。

尽管有些管理者滥用了他人对他们的信任，但是，我们却不能因此而把信任“束之高阁”。事实上，管理的基石是信任，信任也是繁荣的基础。信任对组织的影响会超过大多数人的想象，关于这一点，社会学家弗朗西斯·福山（Francis Fukuyama）做了大量的研究。

福山逐一分析了美、法、德、意、日、韩及中国的文化传统和经济活动特色，详尽而细密地考察了社会信任度在各国经济生活中扮演的角色。他发现经济行为是社会生活中至关重要的一环，它由各种习俗、规则、道德义务及其他各种习惯连缀在一起，塑造着社会。福山的结论是：一个国家的繁盛和竞争力是由某一普遍性的文化特征所决定的，即社会本身所固有的信任程度。[7]

信任是一个生态组织繁盛和竞争力的基础，它嵌入在组织中的各种规则、制度、文化规范之中。和传统的机械式组织不同，生态组织包含了各种各样的参与主体，各个主体之间不是靠传统组织的权力和命令来约束，而主要是依赖价值契约来进行约束。契约是刚性的，是硬实力；而信任则是柔性的，是软实力。契约与信任构成了生态组织治理的两大机制，刚柔相济，缺一不可。

信任不会凭空而来，诚信是塑造信任的基石。马云将“诚信”视为阿里巴巴最核心的价值观，认为诚信是世界上最大的财富。早在阿里巴巴创业初期，马云就给公司制定了两条基本规则：第一，永远不给客户回扣，谁给回扣一经查出立即开除，否则客户会对阿里巴巴失去信任；第二，永远不说竞争对手的坏话，这关乎一个公司的商业道德。当然，马云对“诚信资产”的开发并未止步于此。2002 年 3 月，阿里巴巴推出了“诚信通”，给商户建立诚信通档案，马云提出要让诚信的商人先富起来。后来，马云更是利用诚信体系创建了支付宝，这是阿里巴巴电子商务业务的一个里程碑事件，突破了长期困扰中国电子商务发展的诚信、支付、物流三大瓶颈，支付宝后来成为蚂蚁金服这家独角兽企业最核心的业务。

张瑞敏同样重视诚信对海尔生态系统繁荣的影响。2017 年，海尔将企业精神修改为“诚信生态，共享平台”，在这之前的 30 多年里，海尔一直将“真诚到永远”作为企业精神。张瑞敏认为在以体验经济为核心的后电商时代，诚信是比流量更重要的资产，是商业生态系统的基因。海尔并没有仅仅把诚信视为一个孤立的企业所应该坚守的核心价值观，而是要塑造一个诚信生态。只有整个生态诚信，用户才能得到诚信体验，生态中各个节点才能共同创造价值并分享价值，生态圈才能越来越大，最终赢得体验经济中的终身用户。

在海尔的诚信生态系统中，“日日顺乐家”是一家小微企业，它的战略定位是构建以用户为中心的“触点网络＋社群生态”的共创平台，商业模式是“小管家＋社群＋场景商务”三位一体，主要满足用户家电、家政、快递和健康食品等四大核心需求。目前已经在中国 100 个城市建立起 3.5 万个社区触点网络，拥有专属社区服务的小管家 3.6 万个，小管家围绕用户的需求与用户进行深入交互，为平台 5 100 多万用户提供不同的解决方案，这一模式的核心就是通过构建信任体系，打造一个社群共赢生态圈。

管理即决策

生态组织的第四个标准是决策灵活性。

在诺贝尔经济学奖获得者赫伯特·西蒙看来，组织就是一个决策系统，有效的组织应以正确的决策为基础，他进而得出一个著名的结论：管理即决策。

决策是由人来完成的，只有正确的人才能做出正确的决策。有效的组织设计，首先需要明确的问题是：谁是正确的决策者？

但是，这个问题却常常令人困惑，我们通常会把领导者、管理者直接等同于决策者，这恰恰是对这一问题的最大误解。组织无效性的症状之一就是决策者的职责模糊不清，正确的问题找不到正确的决策者。

在进行生态组织设计时，我们需要坚持一个基本原则，必须就正确的问题由恰当的组织层次来做出决策，必须使决策转化为工作和成就。如果一种组织结构使得决策必须由组织中尽可能高的层级来做出（而不是由尽可能低的层级来做出），这种组织中显然存在一种障碍。[8]

这种组织障碍的表现是“决策上移”，让高级领导者忙于应付，疲惫不堪。来自组织基层的问题和决策需求就像泉水一样，从地下不断涌现出来，源源不断，最终决策的负担都交给了高层领导者。

解决这一障碍的主要措施是划清决策的职责和界限，一个重要的原则是“把决策转化为个人对工作和绩效的承诺”。比如，在海尔推行“自主经营体”模式的时候，把整个组织分为一线经营体、平台经营体和战略经营体，在这三个不同的经营体之间，清晰地界定出每一个层级经营体的决策范围，不允许决策上移，要求每个层级的自主经营体都做出自己职权范围内的决策。

如果管理者不能对“决策上移”这一问题采取处理措施，它将带来另外一个负面的影响，组织中重大决策的需要会变得模糊不清，似乎什么事情都需要高层领导者进行决策，最终的结果是高层管理者不能将主要精力集中于最核心的问题上，这对组织长期发展的伤害和影响将是深远的。

有效的生态组织设计需要回答的第二个问题是：如何做出有效的决策？

有效的决策包含三个基本要素：信息、权力和责任。

首先，信息为决策提供依据和灵感。丰田汽车信奉“现场有神灵”，鼓励管理者到现场去解决实际问题。如果领导者只是坐在摩天大楼里做决策，失真的信息往往让决策者难以快速、果断地做出决策。

其次，权力为决策提供保障。让一个没有权力的人进行决策，对他而言是个莫大的侮辱。

最后，责任是决策的结果。组织无效性的一个重要症状是找不到承担决策责任的人，没有责任，决策就会轻率。

因此，在设计组织时，我们必须思考的问题是：组织结构是阻碍了决策，还是强化了决策？决策者真正有信息、权力和责任吗？

从职能分权制到平台分权制

以上我讨论了六家世界级企业在组织变革、构建生态组织时坚持的四个标准，但是，是否有一种最好的组织形式来适应当下互联网、物联网时代的挑战呢？

正如我在本章开头所说，组织结构没有所谓的好与坏，组织结构最大的功能是实现企业战略，因此，企业战略不同，组织结构也不同。我们不能企图设计出一个看起来非常对称、完美的组织结构，这只是自欺欺人罢了，满足的只是管理者吹嘘的需要。在设计组织结构时，需要考虑的是敏捷力、适应性、开放性、信任，以及决策的有效性和效率的最大化，这样的组织结构才是最合理的。如果组织结构不合理，它的绩效肯定会非常差，因为不合理的结构会导致内部出现摩擦和挫折，让管理者的注意力不得不集中在错误的问题上，加剧矛盾和冲突。因此，合理的组织结构是企业取得良好绩效的先决条件。

在过去的100多年里，管理专家、管理者们付出了艰辛的努力，孜孜以求"合理的组织结构"，迄今为止，我们至少可以看到有三种适合于不同时代的"合理的组织结构"，管理大师彼得·德鲁克将这三种组织结构类型分别定义为：职能分权制、联盟分权制和模拟分权制。

职能分权制大约诞生于1910年，由法国实业家亨利·法约尔在深入研究制造企业的各种职能之后提出。这种组织结构以任务为中心，最大的优点是任务比较清晰，每个人都有一个明确的职位，能够清晰地知道自己的工作任务清单，根据职位明确界定权力，执行力比较强，比较适合高度稳定的工作环境。但是，职能分权制也有很大的不足，敏捷力弱，结构僵化，适应能力不强，组织相对封闭，对员工的信任感弱，决策权主要集中在高层管理者手里。对于多元化的大型企业而言，职能分权制显然已经不能发挥更大的价值，这种结构比较适合单一产品的小型企业，尤其是制造类小型企业。

在 1920 年前后，阿尔弗雷德·斯隆在重组通用汽车时，创造了联邦分权制，这种组织结构以成果为中心。第二次世界大战之后，联邦分权制被广泛应用到大型企业之中。“成果”和“业务单元”是联邦分权制中最为关键的两个概念。所谓成果，就是指绩效，主要表现为可衡量的收入和利润。所谓业务单元，是指能够独立面向市场且直接创造利润的机构，类似我们常说的“事业部”，它至少拥有两个核心特征：必须拥有自己的市场；必须向公司直接贡献利润。德鲁克指出，最理想的业务单元就是一家独立、完整的企业。

联邦分权制的核心思想是赋予各个业务单元自治权，每个业务单元都要对自己的工作绩效、成果负责，每个业务单元都有自己独立的职能管理部门。说到底，这是一种松散、分权的自治模式，解决了大规模、多元化企业权力和资源过于集中的问题，让各个业务单元的管理者集中精力创造自己单位的绩效和成果，减少与集团母公司在目标、资源和权力上的博弈。和职能分权制相比，联邦分权制似乎对市场的反应更加敏捷一些，但是，由于在每个业务单元内部通常又设计了集权式的职能部门，这种“联邦 + 职能”的分权模式并未让组织敏捷力有较大的改善。从公司整体层面来看，对业务单元的放权，可以让各个业务单元更加灵活地适应自己市场的变化，提高适应能力，使企业更加开放。从信任的角度来看，联邦分权制采取的是多级信任体系，在事业部层面，管理者的信任度大大提升，但是，在一个具体的业务单位内部，组织信任和职能分权制相似，并没有太大的改善，决策权依然集中在业务单位的核心管理者手里。

模拟分权制是联邦分权制的一种变形和补充，企业采取这种组织结构时，把本来不能成为业务单元的部门视为业务单元，赋予它们尽可能多的自治权，让它们拥有自己的管理职能部门，而且至少让它们承担模拟的利润和损失责任。它们之间用内部转移价格互相购买和销售产品，而这些价格是由内部行政命令决定的，不是由外部市场决定的。或者，它们的利润是由内部成本分摊来决定的，通常是在成本的基础上加上一定的标准费用。[9]

在彼得·德鲁克看来，联邦分权制是一种“最优化”的组织形式，而模拟分权制则是在不能符合联邦分权制的严格要求时所选用的“害处较少”的办法。在一家大型企业的各个部门既要相互合作，又要承担各自的责任的情况下，模拟分权制可能是最合适的组织设计原则。

从本质上来看，模拟分权制是以契约为中心的组织结构。在这里，契约是组织内部对各业务单位“模拟成果”的约定。由于模拟分权制中的业务单位并不是真正有独立市场的业务单位，它们的成果并不是真正由市场绩效决定的，而在很大程度上是内部管理决策的结果，即“成果”是由内部契约来约定的，所以，模拟分权制和联邦分权制相比，在敏捷性、生物性、信任和决策等方面并未有大的改变和提升。

职能分权制、联邦分权制和模拟分权制是第一次管理革命至第三次管理革命时代的成果，但它们并不仅仅是一个历史的概念，事实上，它们的影响力依然很强大，直到今天，依然有许多组织在使用这三种模式。但是，我不得不说，这些传统的机械式组织模式正面临越来越严峻的挑战，面对新技术、新范式的蓬勃发展，第四次管理革命时代的企业需要支持创新与发展的新型组织形式。在这些传统的机械组织中，墨守成规的文化让“创新”很难获得足够的资源和支持，甚至会因为与组织过去的战略、优势相冲突而被排斥，因为这些传统的机械型企业追求的是精准、控制和可预期，创新难以找到生存空间。[10]

海尔、阿里巴巴、谷歌、亚马逊等世界级领先企业创新了一种新型组织形式，沿用彼得·德鲁克对组织形式的定义逻辑，我将这种新型组织形式定义为“平台分权制”。

平台分权制是对联邦分权制、模拟分权制的升级与创新，在这种组织结构中，核心的组织形式有两级，即平台和自治单位。其中，平台包括两个层级，即“后台”和“中台”，自治单位是具有高度自治权的小微企业，又被称为“前台”。

图 12–1 展示了平台分权制的结构，组织被高度扁平化为“后台 + 中台 + 小微企业（前台）”三级结构。

下面，我分别来解释这三个基本组织要素。

后台是整个生态组织的“黑土地”，赋能整个生态系统中的小微企业，主要由基石平台组成。比如海尔的 COSMOPlat、阿里巴巴的阿里云、谷歌公司的安卓系统、苹果公司的 iOS 系统、亚马逊的 AWS 云平台、西门子的 MindSphere 平台、丰田汽车的 MSPF 云平台等，都是各自生态系统的“黑土地”。

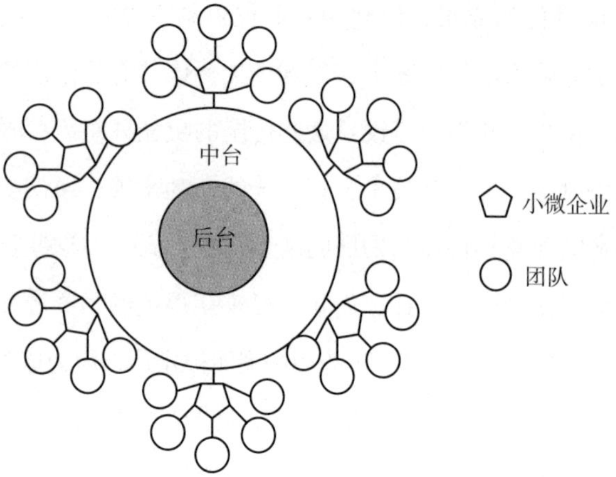

图 12–1　平台分权制组织形式示意图：后台、中台与前台

中台主要是指集成的共享平台群，为生态系统中的小微企业提供能力支持和服务，这些平台主要包括应用技术平台、数据服务平台、管理职能共享平台、体验平台、知识平台等。

前台是指直接面向顾客的小微企业，这些小微企业包括两类，第一类是具有独立所有权的企业，第二类是虚拟小微企业，前者实质是一家独立的企业，后者则属于虚拟独立核算的单位。

我们来看看阿里巴巴是如何从联邦分权制向平台分权制转型的。2013 年，阿里巴巴进行了一次大的组织调整，核心是实施联邦分权制，将集团业务划分为 9 个业务单元，每个业务单元下设事业部，共设立了 25 个事业部，这是典型的联邦分权制，组织架构是传统的树状结构。2015 年，阿里巴巴再次对组织进行大幅度调整，建立“大中台、小前台”运营机制，将此前的“树状”组织结构改为“网状”组织结构，成立了“中台事业群”，将数据、搜索等技术平台及相关职能平台整合为“大中台”，对前台各业务模块进行整合支持。所谓前台，就是贴近最终用户和商家的业务部门，包括零售电商、广告业务、云计算、物流及其他创新业务等。

海尔也经历了从职能分权制、联邦分权制、模拟分权制向平台分权制转型的历程，它目前的组织结构是强后台 + 大中台 + 小前台。COSMOPlat 是整个海尔生态系统中的强大后台，为所有小微企业提供赋能支持；海尔将财务、人力、采购、信息化等职能集合，成立了大共享平台，再加上知识平台、体验平台等其他中台，共同为一线小微企业提供服务和支持；海尔的生态系统中有数千家位于前台的小微企业，这些小微企业相互协同，共同为用户提供价值。

平台分权制是一种高度扁平化的网络结构，让企业变得更加敏捷和灵活；同时，赋予各个小微企业更大的自主权，通过后台和中台为小微企业提供支持，组织信任度更高。敏捷的结构也大大提高了整个组织的适应能力和开放能力，让大象也能跳舞，把“大企业做小”的组织原则使得这些企业能够快速适应外部环境的变化。最后，决策权下移到具有自治权的小微企业，提高了决策的效率和质量。

表 12–1 对四种分权制类型进行了比较。

和其他三种分权制不同的是，平台分权制是以价值为中心，这里的价值既包括定量的经营成果，比如收入、利润等，又包括定性的经营贡献。对于独立且具有市场功能的小微企业，主要衡量它的经营成果；而对于非市场功能的小微企业，则需要衡量它的主要贡献或者虚拟的“成果”。

表 12–1　四种分权制组织形式的比较

维度	职能分权制	联邦分权制	模拟分权制	平台分权制
核心特征	以任务为中心	以成果为中心	以契约为中心	以价值为中心
A：敏捷性	+	++	++	++++
B：生物性	+	++	++	++++
C：信任	++	+++	+++	+++++
D：决策灵活	++	+++	+++	+++++

备注："+"表示每一种组织形式符合 ABCD 四种标准的程度，"+"越多表示符合程度越高。最低为一个"+"，最高为五个"+"。

尽管有最好的组织结构也并不能保证企业会获得理想的结果和绩效，但是，错误的组织结构必然会导致糟糕的绩效。平台分权制是生态组织的结构和模式，它有助于帮助大型企业构建充满活力的生态系统，我预言未来的组织都会逐步向"后台 + 中台 + 小微企业 + 团队"四级模式演进。企业不断推动组织转型的核心战略目的是不断打开组织的边界，让用户参与价值创造过程，这正是下一章将讨论的内容。

第 13 章

重塑顾客：共同创造价值

我们必须重新审视传统的以公司为中心的价值创造体系，这种体系已经为我们服务了几百年。现在，我们需要一个新的价值创造的参照体系。我们认为，答案就是一个以共同创造价值为中心的新型体系。这一变化始于产业系统中消费者角色的转变。

——C. K. 普拉哈拉德

2018 年 5 月 19 日，在英国温莎城堡圣乔治教堂举行了一场备受全球瞩目的“颠覆式婚礼”，这是英国哈里王子的婚礼，新娘是 1981 年出生的美国演员梅根 · 马克尔。梅根出身平民，出演过热门电视剧《金装律师》，有着黑人血统，并且离过婚。1984 年出生的新郎哈里王子也是一位“与众不同”的王室成员，一向以叛逆形象著称。报道铺天盖地，多是报道婚礼的排场、嘉宾，以及两位“80 后”新人如何颠覆传统的“皇室婚礼”，如何借婚礼彰显和庆祝英国的多元文化。也有不少记者挖出了一些新郎、新娘的花边故事来吸引眼球。

这些报道和新郎新娘的大幅照片都没有引起我的关注，我也没有太大的兴趣。相反，香港有家媒体上一条不起眼的新闻却引起了我的注意。在《皇室粉丝扎营露宿六晚》这篇新闻中，记者报道称许多粉丝在温莎镇的街头度过了四个夜晚，在温莎城堡的正对面露营，就是希望能一睹这对王室新人的丰采。更有甚者，一位 83 岁的英国王室忠实粉丝竟然在温莎城堡外头守了六晚！当天，他穿着全都是英国国旗的西装，坐在露营椅上发抖。他激动地对记者说，很期待这次婚礼，这是一场与众不同的婚礼，浪漫的婚礼。

若不是这篇报道，我真不敢相信粉丝的力量和意志是如此强大。83 岁高龄的粉丝，为了目睹王室婚礼，竟然自愿露宿六晚！怪不得，许多企业总是想法设法利用粉丝的力量来营销自己的产品，这一模式还有了一个很好听的名称：粉丝经济。无论是体坛明星还是影星、歌星、文化名人，甚至一些企业领导者，都善于利用粉丝们的追捧和感性消费收获巨大利益。

史蒂夫·乔布斯就深谙此道。在一年一次的苹果产品大会上，乔布斯总是能够点燃全世界“苹果粉”的激情，这些忠实的“苹果粉”自愿担当起苹果品牌和产品的代言人、传播者。当然，苹果公司并没有止步于此，苹果更宏伟的目标是要萃取“苹果粉”的智慧，让他们从消费者、传播者变成价值共创者。

和苹果公司的战略相似，本书中的其他五家世界级生态企业也正在汲取顾客的智慧，利用顾客重塑价值创造体系。传统的价值创造体系以“企业自我”为中心，价值创造是单向的，企业是价值创造者，顾客是价值消费者；而新的价值创造体系以“赋能顾客”为中心，价值创造是双向的，企业和顾客共同创造价值。

然而，实现这一转型，并不是易事，正如 C. K. 普拉哈拉德在《自由竞争的未来》这本书中所倡导的：重塑价值创造体系需要首先从“重新定义顾客”开始。

重新定义顾客：从消费者到价值共创者

管理大师彼得·德鲁克认为，关于企业的目的，只有一个正确而有效的定义：创造顾客。[1] 这一定义准确、清晰、简洁且有力地界定了企业与顾客之间的关系，顾客是企业存在的基石，是企业存活的命脉。

在德鲁克看来，企业认为自己的产品是什么，并不是最重要的事情，最重要的事情是顾客认为他购买的是什么。换言之，正是顾客心目中感受到的“价值”，决定了企业是谁，以及企业的未来。

正确认知与顾客之间的关系，对于企业重塑价值创造体系至关重要。我发现企业与顾客之间的关系有三种：交易关系、交互关系和共创关系。这三种关系的背后是企业对顾客角色的四种不同定位：标准化的消费者、个性化的消费者、参与式的消费者和价值共创者（见图 13–1）。企业对以上三种关系和四种角色的不同认知模式，将决定企业采取何种价值创造模式。

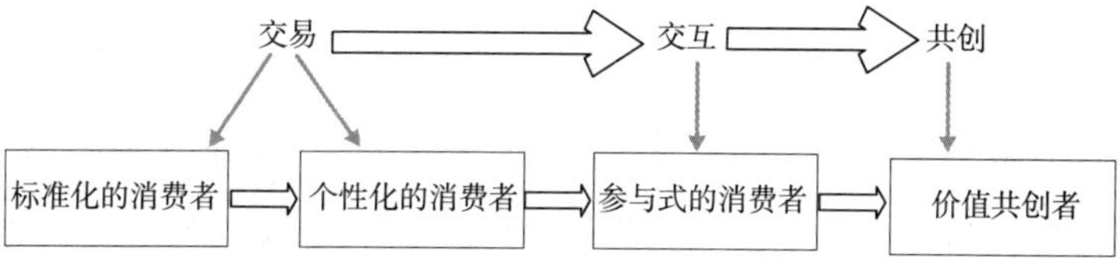

图 13–1 顾客关系的演化：从 1.0 到 4.0

在泰勒倡导的科学管理时代，顾客被定义为“标准化的消费者”（我称之为顾客 1.0），顾客与企业之间的关系就是单纯的交易关系。最有名的案例就是福特汽车公司生产的 T 型车。当时，T 型车基本上都是黑色的，亨利·福特曾有一句名言：“顾客可以将这辆车漆成任何他所愿意的颜色，只要它是黑色的。”出于对成本、效率和价格的控制，企业采用的是大规模、标准化的生产作业流程，价值创造的模式是高效率地满足顾客的标准化需求。在 1915 年至 1925 年期间，福特公司基本上只使用价格低廉且可迅速干燥的日本黑涂料，大大提高了生产效率。

福特创造价值的方式只适合在“供不应求”的消费时代，那时，顾客不是没有个性化的需求，而是没有选择个性化产品的机会。当供求关系发生逆转，顾客对产品选择的话语权越来越大，企业就必须转变价值创造方式。丰田汽车将顾客视为“个性化的消费者”（顾客 2.0），采取的是“高效率地满足顾客的个性化需求”这一价值创造模式。为了深入了解顾客真实的个性化需求，丰田汽车与经销商之间建立起共生、共荣、共赢的关系，并对汽车销售人员进行系统的专业化培训，将销售人员转型为汽车顾问，为家庭终身用车提供个性化的咨询服务。

不管企业将顾客视为“标准化的消费者”，还是“个性化的消费者”，企业与顾客之间的关系仍然是交易关系。在这种关系模型中，企业是价值的创造者，顾客是价值的消费者。当企业与顾客之间的关系开始发生变化，即从“交易关系”变成“交互关系”时，顾客的角色也随之发生了变化，被定位为“参与式的消费者”（顾客 3.0）。交互关系和交易关系最大的不同在于，前者与企业是双向关系，而后者与企业是单向关系。在这种双向的交互关系中，企业获得了来自顾客的创意和灵感，顾客获得了参与价值创造后的成就感。

比如，海尔在鼓励顾客参与价值创造时，就提出了“虚网做实，实网做深”的策略。所谓“虚网做实”，就是顾客可以在社交网站上参与海尔产品的前端设计，表达自己的需求；而“实网做深”，就是把营销网、物流网、服务网融合起来，共同黏住顾客，从线下引导顾客参与线上的交互。

企业与顾客之间的“深度交互”是走向共同创造价值的关键一步。顾客定位从“参与式的消费者”到“价值共创者”（顾客4.0）的转变，推动组织逐步演变成无边界的平台，并催生出一种新型的价值创造模式：以用户为中心的大规模个性化定制。海尔是这一模式的领先者，依托COSMOPlat工业互联网平台，以及智能互联工厂的研发和柔性制造能力，海尔实现了从“交互需求”到“产品众创”，再到“规模定制”的创新升级，重新定义了顾客的角色，同时也重塑了传统的价值创造模式。

大多数企业与顾客之间的关系仍然处在2.0或3.0阶段，真正地让顾客变为价值共创者，还需要重新认识价值的本质和内涵。

重新认识价值的内涵

1997年，贝佐斯在一封致股东的信中，明确提出创立亚马逊的初心就是为客户提供有吸引力的价值，他写道：

> 从一开始，我们的关注点便是为客户提供有吸引力的价值，因此，我们想为客户提供某种他们以任何其他方式都无法得到的东西，便开始为他们提供售书服务……我们坚持关注购物体验的改善，并在1997年对我们的书店进行了实质性的增强。我们现

在为客户提供礼物证书、一键式购物，以及大量的评论、内容、浏览选项及推荐功能等。我们大大降低了价格，进一步提高客户价值。口碑仍然是我们所拥有的最强大的获得客户的工具，我们感激客户对我们所给予的信任。回头客和口碑相结合，使亚马逊成为网上售书方面的市场领导者。

在1997年以后，贝佐斯在每年致股东的信后面都会把1997年这封信附上，他用这种方式来传递亚马逊以“用户价值为中心”的企业文化，这种客户导向的思维方式深深影响着亚马逊的员工。

有些管理者也常常把“为顾客创造价值”视为企业的核心任务，但是他们却常常搞不清楚“价值”二字的真正内涵，这不得不令人担心他们的战略思维是否真正聚焦于“为用户创造价值”。价值是任何一家企业商业模式的核心，换言之，价值认知决定了企业的经营模式，对价值的模糊认知，就可能让管理者在错误的方向上越走越远而不自知。

我们不能简单地怪罪管理者对价值的误解，事实上，他们可能是受害者。在过去的几个世纪里，关于价值的定义一直备受争议，莫衷一是。古希腊哲学家亚里士多德最早定义了“价值”这一概念，他用价值来解释事物和它们的属性（品质、数量和关系）之间的不同，并将价值区分为“交换价值”和“使用价值”。交换价值与事物的数量有关，能够用来衡量与其他物品的交易；使用价值与事物的品质和效用有关，同样的产品和服务对不同的人可能意味着不同的价值。

但是，后来有一些哲学家、经济学家，尤其是著名经济学家亚当·斯密在他的经济理论中放弃了使用价值的功能，将价值等同于交换价值，夸大了交换价值的作用。其后，经济学家们将使用价值看成交换价值的一种“嵌入属性”，也就是说，使用价值嵌入产品中，成为产品的一种属性。至此，交换价值被定义为产品具有的能够满足人们某种需要的属性。这种交换价值可以通过市场上的价格来进行衡量。[2]

但是，上述经济学家所定义的“价值”不仅大大偏离了亚里士多德最初的主张，而且容易让我们对价值创造产生模糊的认知。在企业管理中，管理者不仅仅要关注价值的测量和交易，更应关注价值创造。我认同亚里士多德关于价值的定义，价值既包括交换价值，又包括使用价值。就如同一个人买了一部苹果手机，他除了关心手机的价格（交换价值）之外，更关注的是他在使用这部智能手机时自己的体验，手机也正是在被使用的过程中才产生了使用价值。如果一个人买了一部手机，放在家里不用，这部手机就对他没有任何使用价值。

交换价值通过价格来体现，使用价值通过体验来实现。更进一步说，顾客在购买产品或服务时，除了关心价格（交换价值）之外，他更关心的是在他使用产品和服务时能够有什么体验。对顾客的价值创造更多地体现在他对产品和服务的使用过程之中。换言之，对顾客而言，如果没有使用，没有体验，就没有真正的价值创造。

当我们厘清了价值的内涵，就会发现有两种价值创造模式，第一种模式聚焦于创造交换价值，第二种模式聚焦于创造使用价值。前者的本质是以企业为中心，后者则是以顾客为中心。所以，价值创造实质上包括创造交换价值和创造使用价值两个过程。

价值共创：交互、创意与体验

本书中的六家世界级生态企业都正在从传统的“以产品为导向”转型为“以顾客为导向”，并通过流程再造、开放组织边界等创造与顾客一起创造价值的环境。从海尔、苹果、亚马逊、阿里巴巴等公司的实践来看，与顾客共创价值包括三个核心要素：交互、体验与迭代（见图 13–2）。

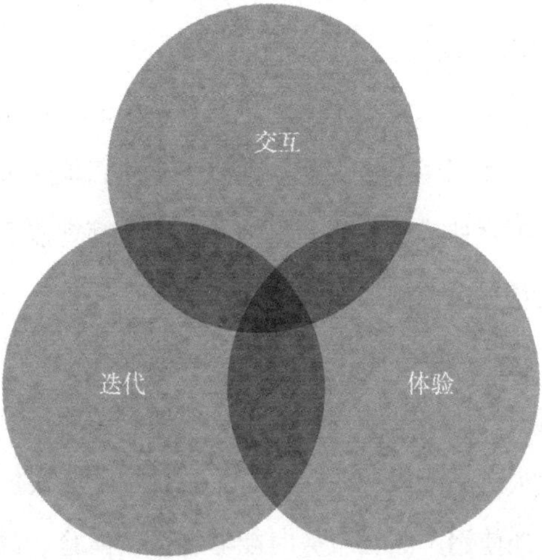

图 13–2　价值共创三要素：交互、体验与迭代

交互（interaction）是价值创造的基石，没有交互，就无法共创价值。交互是一个复杂的过程，与用户交互的第一步是“对话”，对话的一个重要目的是了解用户的需求，这首先要求企业与用户直接连接起来。事实上，许多企业尚未与用户直接连接，比如一些企业并不直接将产品销售给终端用户，这就导致企业和用户之间有很大的鸿沟，不能和顾客直接对话。

海尔不仅将与外部顾客的“零距离”作为组织变革的首要目标，更将其视为与顾客共创价值的核心原则。在海尔，每个小微企业和每个员工都需要将“与顾客进行零距离交互”作为价值共创的首要原则。在这一原则的指导下，价值共创首先需要回答两个基本问题：顾客是谁？顾客有什么个性化的需求？

在与顾客对话方面，华为采取了与海尔的“顾客零距离”相类似的原则。为了无限贴近、连接、对话用户，华为与用户成立联合创新实验室，共同寻找价值共创的源头。比如，2018 年，华为终端与蚂蚁金服成立联合创新实验室，双方在安全、快捷、创新三大方向上全力聚焦，通过联合创新，打通全系统资源，为终端用户带来更多非凡体验，共同创造价值。

通过对话了解用户的个性化需求只是初级目的，更高质量的对话是知识共享和智慧交流，这是交互的价值所在。华为与用户成立联合创新实验室的目的正是激活生态伙伴的智慧，与用户共同创造出有价值的“创意”，这是价值共创的基础。

苹果公司的 App Store 不仅仅是一个应用商店，允许用户将应用程序直接下载到 iPhone、iPad、iPod 等电子设备上，它更是一个创意集市。在这个创意集市中，苹果的创意专家们和用户一起互动，一方面帮助用户了解苹果产品的应用，比如，如何用 iPhone 拍摄更漂亮的照片，如何用 iPod 下载美妙的音乐；另一方面，在与用户交互的同时，苹果的创意专家们获得了关于产品和服务的创意，并把这些创意传递给苹果的产品开发人员。

社区是企业与用户持续交互的场所，通常，企业会根据不同的产品设置不同的主题社区。

2001 年，当苹果公司对外发售 iPod 时，同时开设了 iPod Lounge 网站，这是一个网上的主题社区，在这个网站上，iPod 的用户可以建立自己的个人信息，也可以给 iPod 产品提出具体的建议、创意。网站上还开辟了用户论坛，论坛由苹果公司的员工负责维护，他们会把用户的建议、创意进行整理，并把最有价值的创意提交给公司的产品开发人员。

iPod 成功的关键在于它提供了一个非常有吸引力的价值主张：为顾客提供一种崭新的、个性化的在线音乐解决方案。消费者可以通过 iPod（硬件）和 iTunes（软件），随时随地轻松地找到想要的音乐，以便宜的价格、便捷的付费方式下载它，并得到几近完美的视听享受和体验。这也让苹果的商业模式从一次性硬件交易模式，转型为“硬件 + 内容”的模式。通过与顾客的持久性交互，苹果不断为顾客创造更大的价值。

围绕着苹果的产品，还有一些第三方的独立主题社区提供企业与用户的深度交互，威锋社区平台（威锋网）就被誉为千万“果粉”的大本营，这一主题社区平台成立于 2007 年 1 月 10 日，与苹果公司公布 iPhone 智能手机同一天诞生，最初是为给 iPhone 爱好者提供一个自由交流、探讨、学习的平台。该社区平台不断自我进化，据说目前有超过 1 000 万注册用户，涵盖苹果的 iPhone、iPad、iPod touch、Mac 等全系列产品，在这里，果粉可以展开讨论和互动，可以找到最新最全的苹果相关信息及科技资讯、最详尽最实用的玩机教程。当然，苹果公司的创意专家们也可以从威锋平台上获得许多有价值的创意。

除了线上主题社区之外，苹果公司还开辟了线下交互社区，这些社区平台主要是遍布全球的苹果专卖店。2000 年前，在史蒂夫 · 乔布斯的游说下，曾在美国折扣零售巨头塔吉特（Target）供职 15 年之久的罗恩 · 约翰逊（Ron Johnson）加盟苹果公司，负责公司零售店业务。2001 年 5 月 19 日，首家苹果专卖店在美国弗吉尼亚的高端购物中心泰森斯角正式开业。为了提供与用户持续交互的机会，以及提高用户体验，约翰逊发明了“天才吧”（Genius Bar），这是一个融礼宾服务台与吧台特色于一体的服务设施，其灵感和创意来自四季酒店和丽兹卡尔顿酒店的服务。后来，“天才吧”升级为“天才树”，苹果公司的产品顾问会在“天才树”下与用户交互。

2018 年 1 月 27 日，苹果公司第 500 家零售店在韩国首尔江南区的林荫道购物区开业。在苹果的 500 家零售店中，共有 271 家在美国本土，其余的 229 家遍布其他国家及地区。其实，苹果的零售店并不是一个以销售为主的社区，它承载着传递苹果创新理念及与用户深度交互的双重使命。乔布斯一直认为，苹果的成功主要依赖于创新，只有通过创新才能取胜，但是，如果企业不能把创新之处传达给顾客，就无法通过创新取胜。一家卓越的公司要学会“灌输”，即必须竭尽所能传递公司的价值和重要性。

比如，在零售店的产品售卖区，能找到苹果的所有产品和配件，但其实卖东西只是苹果零售店一个很小的功能，它更多是承担与用户交互、开设课程、进行研讨、举办活动等任务。在零售店里，苹果公司还设计出了“会议室”，定期开设一些课程教用户使用产品，给商务人士提供一些交流机会。在“天才吧”里或者“天才树”下，顾客、创业者、开发者都可以学习如何充分发挥苹果产品的用途。

苹果公司使用了净推荐值（net promoter score，NPS）这一指标来监控员工与顾客的交互程度与体验水平，并以此来改进与顾客的交互手段和方法。NPS 是监测顾客互动参与度和顾客忠诚度的一个重要指标，它衡量的是顾客愿意将公司产品或服务推荐给他人的程度。在测量 NPS 时，通常会向顾客问以下问题：若以 0 到 10 分计，您认为您向其他人推荐我们（产品 / 服务 / 品牌）的可能性是多少分？根据顾客的评分，可以将顾客分为三类：推荐者，他们对公司产品的忠诚度很高；被动者，他们是满意的顾客，但很容易倒向竞争对手；批评者，他们是不满意的顾客，对品牌有很大的损害。NPS 就是推荐者的百分比减去批评者的百分比。

研究表明，NPS 得分高的企业在资本市场及其他代表财务成绩的指标上和对手相比有更好的表现。大部分公司的 NPS 在 5%~10%，NPS 在 50% 以上被认为是不错的，NPS 在 70%~80% 则证明该公司拥有一批忠诚度非常高的好客户。苹果公司从 2007 年开始测量 NPS，那时公司拥有 163 家零售店，NPS 为 58%。而到了 2012 年，苹果公司的 NPS 超过了 70%，最优秀的零售店的 NPS 有时会达到 90%，这些数据充分说明了苹果线下零售店为苹果与顾客之间的交互创造了卓越的体验环境。[3]

为什么苹果公司如此重视 NPS，是因为苹果意识到价值共创是企业与用户进行互动以创造用户体验的过程，任何产品或服务的价值都融入在用户的个性化体验之中。C. K. 普拉哈拉德等人在《自由竞争的未来》一书中认为价值并非仅仅源于有形的物质产品，更多地来源于体验。两位作者指出，价值存在于顾客在特定时间、特定地点，以及在特定的背景条件下与企业共同创造的体验。[4]

改变对顾客角色的传统认知只是为企业重塑价值创造模式奠定了基础，通过交互提高顾客的体验才算是真正启动了价值共创的模式。企业必须在与顾客的体验中，注重顾客的个性化需求，因为，共同创造体验源自单个消费者和体验环境的互动，只有理解了这个个性化的互动过程，才能够一起去创造更富有个性化的体验。个性化体验的四个基本要素是：事件、情景、个体参与和个人意义。个人意义是指所发生的事件与个体的关联程度，以及事件给个体带来的知识、洞察力、享受、满意和惊喜。不同消费者希望有不同程度的参与水平，这种参与水平恰恰决定了特定事件对不同消费者的特殊含义——个人意义。任何事件的个人意义都包括：部分主观的，根植于个人的想法、概念、信念、思维和意图；部分客观的，与事件的情景和特定事件的结果有关；部分源自这个事件在相关行为范畴中的角色。

要想汲取顾客的智慧，激发顾客参与价值创造的动力，管理者必须从“产品导向”的思维模式转为“体验导向”的思维模式。因为，任何实体产品只是价值的载体而已，如果顾客不使用，产品是没有任何价值的。正是在使用产品的过程中，产品为顾客带来了价值体验，因此，顾客的体验是创造价值的源泉。

真正决定产品对顾客价值的，是顾客体验的品质，由于使用和体验产品而享受到的生活乐趣。价值因顾客的个体差异而有所不同。当顾客决定是否购买某一产品时，顾客期望的体验决定了他的支付意愿，因此，体验价值是产品定价的基础，这是一种体验思维。当然，我们需要清晰地认识到，个人体验具有异质性，个性化的共同创造体验则意味着要培育个人体验，企业需要创造出能够引发各种各样个性化体验的基础设施，创造个性化的体验环境。亚马逊在创造个性化的体验环境方面不遗余力，它构建了以 Echo 智能音箱为中心的个性化体验环境，给用户带来了难忘的个性化体验。

在价值共创时代，产品的可进化性越来越重要，它不仅能够提高用户的最佳体验，也能够让用户参与产品或者服务的不断迭代和创新。企业设计产品不仅仅是为了最终使用，也需要实现产品的可进化性，即具有在将来根据消费者需求变化的和企业能力变化进行修正和扩展的可能。比如，只要有可能，产品就应该包含足够的嵌入式智能来识别个体消费者的使用模式，并以此来迭代和进化。[5]

看一看苹果公司的 iPhone 智能手机就可以理解“产品可进化性”所带来的魅力，从第一代 iPhone 到 iPhone X，每一次苹果智能手机的升级都会融入更多的科技元素，目的是扩展智能手机的使用场景，让消费者有更多的机会来参与价值共创。

海尔的馨橱智能冰箱也具备强大的产品可进化性。冰箱的传统功能是保存食物，但是海尔馨橱智能冰箱的功能更加丰富，不仅可以保鲜，还集成了烹饪方案、购物、看电视、听音乐等内容，产品的可进化性非常之强。

馨厨冰箱是互联网智能冰箱，在冰箱上层区门上有一块 10.1 英寸的液晶显示屏，用户可以清楚地看到冰箱里现存的食物，同时也可以通过屏幕观看视频。冰箱顶部的正中央有一个小黑点，它是冰箱的“眼睛”，当这个摄像头监测到有人靠近冰箱时，显示屏就会自动亮屏。在显示屏顶部的左右两侧各有一个麦克风，不论用户是想搜菜谱，还是想看视频，或者想听音乐，只需要开口说话就可以了，这款冰箱利用语音智能技术实现了人机互动。

冰箱还具备了自动提醒的功能，如果用户发现食材不足，可以通过冰箱的“一键下单”功能直接购买产品，这个电商平台连接着小区的线下门店，线下的管家可以在半小时甚至更短的时间里将产品送到用户家里。

海尔：“全流程”与用户共创价值

在本书所研究的六家世界级生态企业中，海尔是唯一一家实现了“全流程”让用户参与价值共创的企业。所谓全流程，包括了众创定制、开放研发、预约预售、模块采购、智能制造、智慧物流和智慧服务等 7 个核心环节（见图 13–3）。

让我们通过“免清洗洗衣机”这个案例来全面了解海尔如何实现让用户全流程参与价值共创。

在“众创定制”这个环节，海尔洗衣机业务的员工在不同的社群里与顾客交互，收集各种信息，寻找有关产品创新的蛛丝马迹。2013 年，员工在网上发现有一位网络大咖转发了一篇热门的帖子《那些年，关于马桶的传说》。有一组数据让人非常吃惊，钞票比马桶盖脏

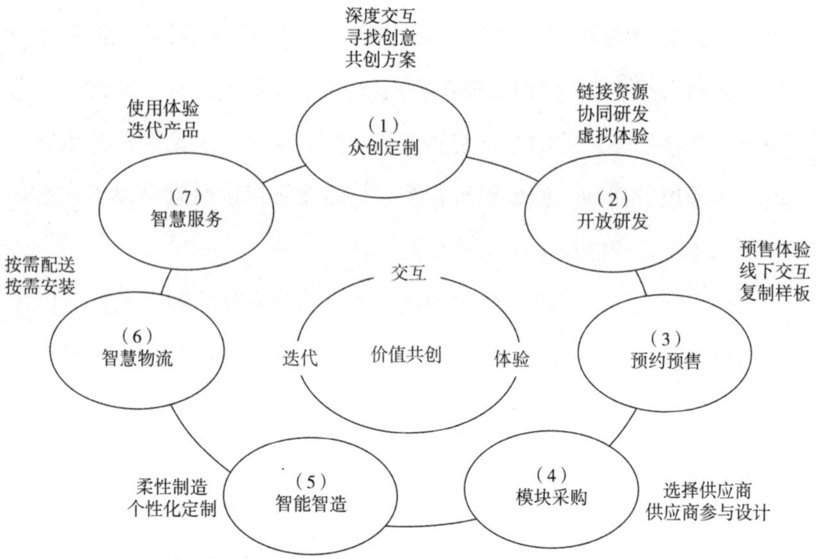

图 13–3　用户全流程价值共创

780 倍，洗衣机内桶比马桶盖脏 500 倍！海尔的员工猛然意识到“洗衣机桶脏”是消费者关心的大问题。为了验证判断，他们进行了搜索验证，在百度中输入“洗衣机桶脏”这一关键词后，发现有许多消费者都在抱怨这个问题。的确，一台使用 5 年的传统洗衣机，当实验人员用仪器查看时，就会发现桶壁布满灰黑色污垢，倒入一桶清洗剂，24 小时后“洗”出淡黄色的水，拆开后发现内桶壁上的污垢仍然清晰可见，洗衣机并没有被洗干净。

发现了“洗衣机桶脏”这个痛点，但是，该如何解决这一难题呢？海尔的策略是激活顾客的智慧，激发用户提出解决问题的创意。海尔搭建了一个关于解决“洗衣机桶脏”这个问题的网上平台，在线与顾客进行深度交互，提炼出“恐怖真相，洗衣机眼不见为‘脏’”的交流主题。这个主题戳到了用户的痛点，吸引了许多洗衣机用户，先后有 990 万用户参与这个话题的讨论和交流，其中有 40 万以上的用户参与了深度交互。他们与海尔的工作人员共同提出了 846 个解决方案，比如开发超声波洗衣机、插入 L 状的刷子、加入球形刷子、开发可分类双筒洗衣机等等。由于方案过于分散，在众创定制的第三步，海尔洗衣机研发人员找专家、资源方、用户对各种方案进行论证，这涉及方案定型、结构设计、开发样机、3D 打印、样机组装、程序调试、样机测试等多个复杂的程序，最终确定了利用“智慧球”这一方案来开发免清洗洗衣机。

价值共创的第二个环节是“开放研发”。免清洗洗衣机方案的基本设想是通过“智慧球”在洗衣机内外桶夹层之间不断运动，有效防止污垢附着在桶壁，相当于在洗衣服的同时，也给洗衣机自己做一次清洗。尽管这个创意方案非常有吸引力，但是要开发成产品涉及多项技术难题，比如，如何驱动球的运动，球体选用何种材质，如何减少摩擦，智慧球的形状、尺寸与大小如何，球的韧性需要多强，等等。海尔的策略是在全球开放整合研发资源，共引入了 26 家外部资源方，与海尔内部多个设计团队共同工作，逐一解决“智慧球”这一技术难题。

当产品原型出来以后，价值共创进入第三个环节：预约预售。海尔在网上发布了免清洗洗衣机全球首发预售活动，覆盖了 4 000 万人群，其中交互用户数量达到 31 万人，预约体验申请人数达到 101 599 人，预售 3 000 台，预售预约人数为 12 862 人。预约预售这个环节最为重要的是与用户深度交互，海尔与558个社群商圈合作，不断与试用的用户进行深度交互，了解产品的适用性，通过用户的体验，找出需要改进的点。在此阶段，海尔共收集了500份用户体验报告。

价值共创的第四个环节是“模块采购”，在这个环节，海尔将供应商纳入价值创造的网络之中，改变了传统的采购交易关系，让供应商参与设计洗衣机的各个功能模块。看似一台简单的洗衣机，其实包含了多达24~25个模块，这里面既包括所有洗衣机通用的模块，也包括11个免清洗功能的独特模块，这些模块都是供应商与海尔共同设计开发的。

在“智能制造”环节，主要包括两大部分：模块化组装和个性化定制。其中，用户可以提出个性化的定制需求，海尔在智能制造工厂中专门有柔性的生产系统，可以解决用户个性化定制的需求。整个智能制造环节可实现“下单直发，全程可视”，消费者可以直接在网上下订单，并全过程了解产品的制造过程，用户的参与体验感非常强。

“智慧物流”实现了按需配送、按需安装。从海尔的互联工厂到用户的家里，海尔的物流提倡“有温度的服务”，细心关照用户每一个环节的体验。

在“智慧服务”这个环节，海尔不断加强与用户的持续交互，捕捉用户使用产品之后的体验和新的需求，推动产品的功能和外观不断进行新的迭代，从而进入下一轮价值共创的流程。

2014年7月14日，海尔免清洗洗衣机在天猫首发上市，成为当年夏天洗衣机的爆款产品，产品上市页面仅仅上线10分钟，产品便被抢购了300多台。第一代免清洗洗衣机利用的是海尔首创的“智慧球”科技，通过物理清洗的方式实现“洗衣的同时洗桶”。2016 年，海尔创新了“桶间无水”技术，让洗衣机内外桶之间处于“全隔离”状态，断绝了桶间污垢进入内桶二次污染衣物，实现了免清洗技术的创新迭代。2018 年，海尔将“免清洗”技术颠覆成“零清洗”技术，推出了“无外桶”免清洗洗衣机，彻底取消洗涤外桶，颠覆了近百年来的洗衣机结构，从根源上断绝了洗衣机内部滋生细菌的条件，实现零清洗。“免清洗”能够取代人工清洗，让洗衣机保持干净，但还有一个产生污渍的过程，而“零清洗”技术则直接杜绝了污垢产生的可能。“零清洗”产品不仅彻底解决了洗衣机内外桶之间的污垢沉积，而且相同体积下洗涤容量上升了 20%，节水 30%，耗水量、耗电量、磨损率、洗净度和噪声值等均达到国际领先水平，实现了洗涤模式的革新。从 2014 年到 2018 年，海尔洗衣机在四年间实现了“免清洗”技术的三次重大迭代创新，免清洗洗衣机已走进全球 150 万用户家庭，其中最为关键的成功要素就是与用户深度交互，让用户参与价值共创。

让用户全流程参与价值创造不仅仅体现在洗衣机这类产品上，基于 COSMOPlat 这个基石平台，海尔正在构建不同的价值共创平台，这些平台直接连接用户，并让他们参与到所有智慧家电的全流程价值创造之中。让我们再来看看海尔的自清洁空调这款产品，它也是实现个性化定制和价值共创的典型案例。

在海尔空调小微企业的员工与用户进行第一次交互时，有 15 万用户在空调交互社区里参与，用户需求主要集中在舒适、健康、静音这三个方面。为了满足这些需求，包括用户、供应商在内的设计方在海尔的定制平台上完成了创意设计和虚拟体验，随后对这一设计成果进行预售，然后再交到生产环节进行制造。在生产环节，每台产品都带着用户的信息，体现的是用户的个性化需求。海尔的空调已经不是传统的电器，而是网器，它实际上是一个智能设备，可以与海尔数据中心进行互联。用户在家里使用空调的过程中，可以与海尔进行交互迭代。

第二次，有 560 万人在线与海尔的开发人员持续进行交互。这次交互用户关注的需求点和第一次不一样了，用户的需求意见涉及 2 万多个创意设计，产品方案大大增多。这一次实现了对 18 万用户的预售，产品进入家庭以后又进行了第二次迭代，用户提出了很多意见。通过这种大规模定制的模式，由用户体验来驱动技术方案不断迭代升级。这一案例，体现了交互、设计、体验、预售、制造、物流、迭代再重新回到交互的“全流程”，海尔实现了“全流程”与用户交互，与用户共同创造价值。

在第四次管理革命时代，企业需要建立以“共同创造价值为中心”的新型价值创造体系。2018 年 9 月 20 日，我到海尔参加了第二届“人单合一”国际论坛，张瑞敏在演讲中提出要构建基于生态圈、生态收入和生态品牌的“三生”体系，他认为生态圈、生态收入、生态品牌不是孤立的，而是一个递进迭代的体系。

> 生态圈不同于产业链，生态圈的中心是用户，所有资源方都并联在一起并不断自我优化与迭代。生态各方围绕用户需求，创造增值，于是在产品收入之外还能够产生生态增值收入，并实现

分享。而生态圈各方在创造增值共享的同时，围绕用户需求能够迭代出新的物种，在此基础上形成生生不息、用户终身信赖的生态品牌。不断迭代，不断增值，“三生”体系就是一个能够实现持续增值的模式，最终实现的目标是围绕用户这颗“恒星”打造无边界无限增殖的“星际生态”。

在第四次管理革命时代，海尔将从“产品品牌”转型为“生态品牌”。张瑞敏给“生态品牌”提出了一个清晰的标准：以用户最佳体验为标准的迭代升级增值。这种以用户为中心的“自下而上”的思维模式，不但更加注重完善终端用户的使用体验，而且通过构建用户“触点网络”，持续交互用户需求，再以最新的用户需求来反推产品的迭代创新，实现更丰富的智慧场景落地的良性循环。而从目前智能家居在全球市场的落地成果来看，这种以用户为中心的模式也显示出了更加强大的竞争优势。数据显示，海尔在智慧家庭的成套销售上已经突破 300 万套，网器销量超 1.2 亿，生态交互数量和质量在全球的企业中遥遥领先。

作为传统的汽车制造巨头，丰田在与顾客“共创价值”方面也开始起步和转型，丰田的组织管理已经从 CE（chief engineer，总工程师）制度改变为 TNGA（Toyota new global architecture，丰田新全球架构），后者解决的核心问题就是如何全流程与用户共创价值。TNGA 不再停留于对产品线的梳理与重新组合，而是彻底将全产业链进行整合，形成生产、销售、研发、零部件等各环节一体化的资源体系，将先进技术、用户创意快速布局到多款产品之中，提高产品性能的同时优化整个生产过程，同时最大化地形成柔性生产，使顾客的需求快速反馈到生产与研发上，从而形成价值共创的网络。

正如普拉哈拉德所言，传统的以公司为中心的价值创造体系已经为我们服务了几百年。现在，我们需要构建以共同创造价值为中心的新型体系。这一转型不会一蹴而就，它涉及企业所有层面的改革，如果没有领导力的强力支持，企业将无法构建新的价值创造模式，在接下来的一章，我将聚焦于“重塑领导力”这一核心问题。

第 14 章

重塑领导力：从“企业利益”到“生态利益”

始终专注于长远的未来，这才是最重要的。

——西门子公司创始人　维尔纳·冯·西门子

1928年，法国启动了一项巨大的军事工程——建造马其诺防线，这道横亘在法国和德国边界上的坚固防线直到1940年才基本建成。庞大的工程耗费了50亿法郎，这一著名军事工程的名字来自当时法国的陆军部长安德烈·马其诺的姓氏。防线主体工程有数百公里，主要是在法国东部与德国接壤的边界处。防线主要用钢筋混凝土建造，十分坚固，防线内部拥有各式大炮、壕沟、堡垒、厨房、发电站、医院、工厂等，通道四通八达，甚至还有有轨电车通道。法国修建马其诺防线的目的是防止德军从东部入侵法国，避免重蹈第一次世界大战的覆辙。

然而，坚固的堡垒并没有保护法国人免受战争的蹂躏。1940年，德国军队冲向马其诺防线，但这仅仅是一次佯攻。同时，德国的装甲师如利刃般插入比利时、荷兰及卢森堡，德国军队从法国北部闪击法国，从侧面绕开了难以突破却也无法移动的马其诺防线，德国的空军则轻而易举地飞跃了马其诺防线。法国遭到了一记猛烈的“右勾拳”，目瞪口呆，两个月后就投降了。马其诺防线没有制止德国人的进攻，反而催生了一场全新的战争。在一个由坦克、飞机构成的新型作战环境中，外观上令人生畏的马其诺防线无法在新的作战环境中发挥防卫作用。

领导力的本质：物质与心智的整合

我们常常将马其诺防线看成过时思维下的产物，过时的思维塑造了过时的“防线”，这些耗费巨资的防线在新的竞争环境中没有任何价值。同样的事情也常常发生在管理领域，在第四次管理革命时代，有些领导者还试图在组织中修建一条“马其诺防线”来捍卫曾经辉煌的传统领导力模式，这种传统的领导观总是想寻找一种放之四海而皆准的领导风格或者领导模式，殊不知，没有任何一种领导模式或者风格能够在任何情境下都有效。领导者的个人特质与领导情景之间存在交互关系，只有和具体情境相匹配的领导风格才可能是有效的。比如，在创业企业或者在企业艰难转型的时候，“英雄式领导”就会发生很大的作用。“英雄式领导”之所以有效，是因为这类领导者拥有许多我们期待的领导特质，比如魅力、智慧、勇气、无所不知，还能够制定天才般的战略，并且下达精准的指令。[1]

纵观本书中的六家世界级企业，它们曾拥有过“英雄式领导”阶段，但是，它们的过人之处在于意识到这种领导力模式已经不能完全适应组织不断扩张的需要，在推动战略转型的同时，亦推动领导模式进行转型。在第四次管理革命中，企业进化和转型的方向是生态系统，领导力依然非常重要，但我们需要新型领导力模式。德国生物学家恩斯特·海克尔于1866年首次对“生态学”（ecology）下了定义，它指的是对有机生物及其周围环境的研究。在希腊语中，“生态”的含义是“整个家庭”或者“住所”。而“系统”一词则表示一系列共生要素构成的有机整体。因此，生态系统（eco-system）是指内部元素与外部环境互动的系统，即生态、社会、智力和精神融为一体的“整个家庭”。

在第四次管理革命时代，未来的实体经济将发展成为高度共生共创的生态系统，而传统的领导者秉持过时的思维，这种过时的思维和意识多以企业自我利益为中心，忽略了整体生态系统的建设。许多传统企业的领导者缺乏整体系统的思维和生态共赢的意识，却将关注力聚焦于企业自身的小系统。因此，生态系统的现状与自我系统意识之间的鸿沟是将来领导力变革的最大挑战。[2]

如今，领导者面临着向生态领导力转型的挑战，如果领导者仍然秉持过时的领导力思维，就无法建立起欣欣向荣、生生不息的商业生态系统。

在第四次管理时代，我们需要重塑领导力。尽管这几年领导者们常常将“重塑”这两个字挂在嘴边，在新技术的冲击下，似乎一切都需要重塑，诸如重塑组织、重塑商业模式、重塑管理等，然而，在所有和“重塑”有关的活动中，最难的是“重塑领导力”，因为，这需要领导者“向自我开炮”，向自我挑战。

我们不能凭空重塑领导力，我们首先需要了解领导力的本质及管理百年历史上领导力的演变路径。

定义领导力的本质似乎不是一件轻松的事情，关于领导力开发的书籍更是多如牛毛，且大都冠上了“秘籍”字样，越发让人捉摸不透，让人感觉到扑朔迷离，更是不知从何入手来修炼领导力。享誉世界的领导力大师沃伦·本尼斯曾说："领导力就和爱情一样，人人都知道有这么个东西存在，但就是没有人能够说清楚它是怎么一回事。"[3]

我认为领导力是一种力量，是一种引领自己、他人、企业和系统达成目标和实现价值的力量。每个人身上都有自己独特的领导力，即使一个普通的员工，只要他能够引领和引导自己和其他人达成某个目标，也拥有领导力。那么，领导力的本质是什么呢？

1996年，学习型组织创始人彼得·圣吉在香港与国学大师南怀瑾见面并探讨了一个非常严肃的问题：工业时代产生的环境问题是否会导致人类自我毁灭？我们是否必须找到办法去弄清楚这些问题并改变工业化体制？据彼得·圣吉回忆说，南怀瑾并不同意他的观点，那也不是南怀瑾看待问题的方式，他从更深层次的角度去看待问题。南怀瑾告诉彼得·圣吉："世界上唯一存在的问题，就是物质与心智的重新整合。"[4]

这句话真是让人醍醐灌顶，物质与心智的整合也是当今领导力变革面临的重大挑战。心智是内在的，它体现的是生命的内涵和价值；物质是外在的，它体现的是财富和地位。心智与物质的割裂恰恰是领导力异化最深层次的问题。对财富和地位的过度追求，导致一些领导者铤而走险，不惜通过虚假的故事欺骗顾客和投资人，恣意破坏自然生态环境，践踏法律制度，带领企业异化发展；而在其内心，对生命内涵和价值的模糊认知，让其心理功能失调，焦虑、烦躁、矛盾，这些都无时无刻不在摧残着他们的心理健康。

我将物质与心智的整合程度，以及它们与外部系统的融合发展水平视为衡量领导力水平和模式的重要标尺。图 14–1 展示了四种领导力模式，横轴代表心智思维，这是精神维度，它的一端是自我，另一端是生态；纵横代表利益分配，这是物质维度，一端是利己，另一端是利他。根据领导力在心智思维和利益分配两个维度上不同位置，我将领导力水平分为四个模式：领导力 1.0、领导力 2.0、领导力 3.0 和领导力 4.0，这也是领导力发展的四个阶梯。当然，没有哪一种领导力模式是绝对的好或者坏，领导力的有效性和组织的规模、追随者的成熟度、时代背景、竞争环境等有关。

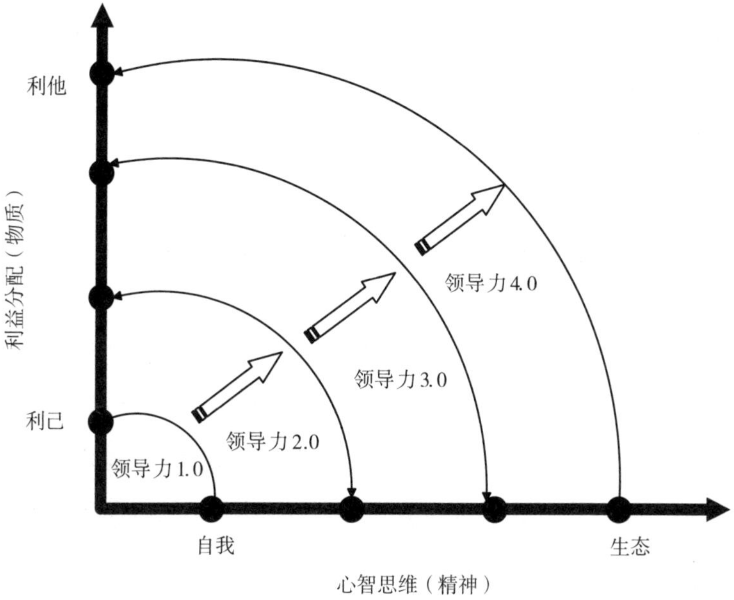

图 14–1　重塑领导力：从领导力 1.0 至领导力 4.0

在《U 型变革》一书中，奥托·夏莫利用权力源头的转移解释了不同的权力架构和组织结构，他认为在传统的权力结构中，权力的源头位于金字塔的顶部，组织结构是由上而下的科层式结构。放权使得权力的源头更加接近于位于边缘的业务一线，并开始延伸到组织界限之外，组织结构更加扁平化和网络化，而最终权力的源头逐步转移到整个生态系统的个体和机构。

尽管权力不等同于领导力，领导力本质上是一种影响力，但是，奥托·夏莫关于权力转移的开创性研究为理解领导力变革开启了一扇新的认知窗口，领导力从 1.0 到 4.0 的变革升级就是领导力源头从组织结构顶端不断下移、外移的过程，在这一过程中，领导者的心智思维和利益分配不断进行割裂、重整。让我们首先从领导力 1.0 开始这一奇妙的“旅程”。

领导力 1.0：“爱戴”与“权威”的二重奏

图 14–2 展示了 1.0 模式下的领导力结构，组织领导力主要来自企业的一个或者几个高层管理者，这些高层管理者通常都是企业的联合创始人，自然而然，权力也集中在金字塔的顶端，整个组织结构是传统的正三角科层式结构。即使在这样的结构中，组织形式也采取了一定程度的“职能分权制”，但是，职能部门拥有的权力微乎其微，不会对公司的重大决策产生影响。

在领导力 1.0 模式中，魅力型领导者是主角。“魅力”（charisma）这个词来源于希腊语，意思是“礼物”，最早被应用在基督教的《圣

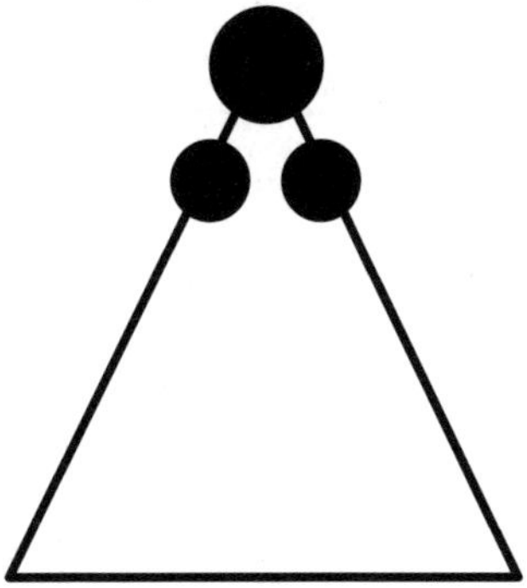

图 14–2 领导力 1.0：权力集中在组织的高层领导

经》之中，表示一种圣灵、神秘的精神。德国社会学家马克斯·韦伯最早提出了魅力型领导理论，并利用魅力型领导理论来解释和研究社会政治领袖。1977 年，组织行为学家罗伯特·豪斯将魅力型领导理论引入商业组织中，并据此提出了魅力型领导者的行为模式。

在这种领导理论中，“魅力”是核心，它既可能是存在于领导者身上的特殊品质，也可能形成于领导者与追随者的互动关系之中。在领导力 1.0 模式中，领导者非常注重培养和开发自己的魅力，让魅力变成追随者对自己的吸引力，进而实现对下属的领导。

魅力型领导常常会给他的团队描绘一个伟大的使命，以此来激励团队成员为了理想而奋斗，同时，也依靠使命感吸引外部的关注、资源和投资。马云就是一个典型的魅力型领导，常常被评价为“造梦者”。美国《时代周刊》曾经送给马云一个绰号：疯狂杰克（“杰克”是马云的英文名字）。1999 年，阿里巴巴刚刚开始起步的时候，马云的雄心和使命感就已经展示出来，他常常告诉记者们：“我们不想成为中国的第一，我们的目标是世界第一。”马云的个人魅力，以及对使命和目标的追求也打动了著名投资人孙正义。软银资本在阿里巴巴成立还不到一年的时候就对其投资了 2 000 万美元，这笔投资让阿里巴巴度过了“互联网泡沫”最艰难的时期。孙正义说，之所以在很短的时间里就决定投资阿里巴巴，是因为“马云的眼神里有一种光彩，表现出一种‘动物的气息’……情况跟我们投资雅虎时一模一样……当时雅虎才有五六个人。我凭自己的嗅觉来投资”。[5]

依靠使命和梦想激励自己和他人的不只是马云，张瑞敏、杰夫·贝佐斯、拉里·佩奇莫不谙熟此道。1998 年，当张瑞敏第一次到哈佛商学院演讲时，就立志让海尔管理模式走出中国，走向世界。1994 年，贝佐斯创办亚马逊时，就渴望用互联网技术“重新定义人们的购物习惯”。1998 年，在刚刚成立谷歌公司的时候，拉里·佩奇和他的联合创始人就立下豪言壮语，要“整合全球信息”，让世界上每一个人都可免费访问且从中获益。

乔布斯也是一个魅力型的领导者，他的魅力成就了他独特的“现实扭曲力场”，这是一种什么样的力量呢？工作在乔布斯身边多年的苹果公司设计师巴德·特里布尔这样描述道：“有乔布斯在的时候，现实都是可塑的。他能让任何人相信几乎任何事情。等他不在的时候，这种力量就会逐渐消失，但是这种力量让我们很难做出符合实际的计划。”特里布尔所描绘的“现实扭曲力场”实际上是乔布斯充满魅力的领导风格，乔布斯相信意志可以塑造现实，精神可以改变世界。这种“现实扭曲力场”是若干因素的混合物，其中包含了极富魅力的措辞风格、不屈的意志和让现实屈从于自己意图的热切渴望。正如沃尔特·艾萨克森在《乔布斯传》一书中指出，“现实扭曲力场”的根源在于乔布斯内心深处不可动摇的信念：世界上的规则都不适用于他。

乔布斯的领导风格常常让人极度不痛快，因为，在乔布斯“非黑即白”的世界观里，人要么是充满智慧的，是“神”，受到“上帝的启示”，要么就是“饭桶”，是“白痴”；人们的工作成果要么是“最棒的”，要么就是“完全的垃圾”。但是，不得不承认，乔布斯的“现实扭曲力场”是充满能量的，激活了苹果员工的智慧。苹果初创时期，在资源远远不及IBM的情况下，它改变了计算机产业的进程，在计算机领域战胜了IBM，完成了不可能完成的任务，这的确是一种“自我实现的扭曲”。[6]

魅力型领导者也有很大的缺点，他们常常忽略下属的情感和需求，让追随者变成“盲从者”。在领导力1.0模式中，组织中的权力通道是单一的，权力从上而下逐级减弱，高层领导者集权力和资源为一体。领导者的角色主要包括组织决策者、计划制订者和绩效监控者。下属是被动的执行者，其主要职责是执行来自上级的命令，完成上级下达的目标和任务。

相信自己具有魅力的领导者还倾向于采取“家长式领导”风格，这种领导行为风格的主要特征是权威、仁慈和德行。比如，领导者常常通过贬抑下属能力、形象修饰、教诲行为等展示自己的权威；有时也会刻意展示自己的仁慈，对员工个人的工作和生活给予特别关注。当然，他们也常常具备公私分明、以身作则的卓越领导品质。

领导力1.0模式在权力结构上采取的是“集中”模式，这些魅力型领导者常常具有超人的力量和意志，可以改变现实，重塑世界，因此，他们习惯于把权力集中在自己的手中，他们将下属视为与自己不平等的人，对下属常常采取“恩威并施”的手段，常常让下属感到“畏惧”。当然，这些领导者也寻找“被爱戴”的感觉，常常利用“亲情”来激励下属，但无论如何，这是一种以领导者为中心的风格。

领导力 1.0 模式是工业时代的产物，但今天依然有积极作用，但是，随着组织规模越来越大，这种传统的领导力风格常常会成为激活组织能力的障碍，甚至影响知识型员工的创造力。一家咨询公司在全球范围内对 9 万名员工进行了一项调研，结果显示，只有 21% 的员工对他们的工作有较高的敬业度，其余 79% 的人都是心猿意马，这就意味着人虽然在公司，但缺乏工作热情和创造力。为什么员工会“身在曹营心在汉”呢？为什么员工的敬业度如此之低？在加里·哈默看来，导致员工敬业度低下的原因是“压抑感”。他指出：“大多数公司，都是由 CEO 往下逐级授权，普通员工没有决策权，甚至无权反抗那些以自我为中心、独断专行的主管。当遇上打击员工热情和积极性、扼杀员工创造力的老板，大多数员工只有两条路可选：要么沉默，要么辞职。”[7]

当然，我们需要辩证地看待领导力 1.0 模式。事实上，在企业进行重大转型时，更需要魅力型领导的强力领导，任何一家企业的转型，都是对利益的重新分配，都会遭遇既得利益者的反对，如果没有强有力的领导，企业转型鲜能成功。

领导力 2.0：“参与”与“服务”相得益彰

领导力 2.0 模式最典型的特征是“以追随者为中心”。和领导力

1.0 相比，这个时代的领导者有意识地实行分权式管理，在组织形式上通常采用的是“联邦分权制”，权力从最高领导层不断下移，组织赋予事业部领导者或者大部门的领导者更多的决策权，组织领导力呈现多元化来源。

从图 14–3 来看，领导力 2.0 的权力通道仍然是单一的，权力从上而下逐级减弱。高层领导者仍是组织的重要决策者，他们对下属的工作和绩效进行严密监控，基层所获得的权力很小，基本上仍是被动的执行者，但是和 1.0 模式相比，下属已经开始拥有一些对上级领导者进行评价的权力。

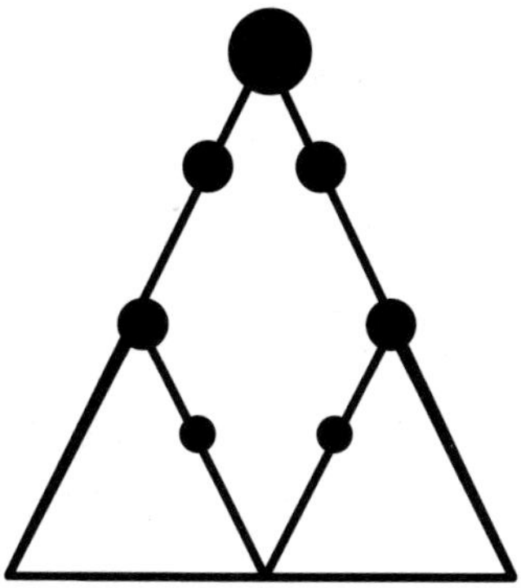

图 14–3　领导力 2.0：权力从高层领导向下层转移

在领导力 2.0 模式中，领导者的心智思维进一步开放，着眼于团队的整体利益，而不仅仅是自我的利益，并且开始尝试参与式和服务式的领导风格来提升下属和整个组织的绩效。这种领导方式的核心在于领导者注重向下属们分享权力。参与式领导者倾向于将下属视为与自己平等的人，并给予他们足够的尊重。为了使下属及员工为实现目标做出自主自发的努力，他们往往会认真倾听下属的意见并主动征求他们的看法。在参与式领导者管理的团队中，主要决策往往由团队成员集体讨论、共同决定，领导者采取鼓励与协助的态度，并要求下属员工积极参与决策。

参与式领导方式按照下属的参与程度可分为三种不同的类型：（1）咨询式。领导者在做出决策前会征询下属的意见，但对于下属的意见，他们往往只是作为自己决策的参考，并非一定要接受。（2）共识式。领导者鼓励下属对需要决策的问题加以充分讨论，然后由团队成员共同做出一个大多数人同意的决策。（3）民主式。领导者授予下属们最后的决策权力，他们在决策中的角色则更像是一个各方面意见的收集者和传递者，主要从事沟通与协调。

乔布斯的领导风格令人捉摸不定，他常常在领导力 1.0 和领导力 2.0 之间转换角色。有时，他会依靠自己的独特魅力，让他的团队成员不可辩驳地接受和服从他的决定，即使最后证明他是错的，他也似乎不会懊悔。但有时，乔布斯也是一个很好的参与式领导者。他热衷于鼓励苹果的团队成员发表自己的独特见解，如果一个高层管理者总是不能表达独立的观点，乔布斯就会把他赶走。

乔布斯设计了一种参与式领导的机制，这就是每周一上午的管理团队会议，这是一个每个人都可以自由发表意见的重要机会。会议通常在 9 点开始，持续三四个小时。公司首席运营官会简要报告公司运营情况，然后每个与会人员就公司的每款产品进行广泛讨论。讨论的重点常常着眼于未来：每款产品接下来的策略是什么？未来应该开发什么新产品？乔布斯参与其中，倾听每个人的意见，他利用这个会议加强苹果公司的共同使命意识，这是某种程度上的参与式集中控制，使得苹果公司“犹如一个完好的苹果产品那样紧密整合在一起，并且防止了部门之间的斗争，这种斗争常常令分散式管理的企业陷入窘境”。[8]

在领导力 2.0 模式中，还有一种领导风格广受欢迎：服务型领导。这是一种以员工为中心的领导方式，从更强的道德角度来管理领导与下属之间的关系。服务型领导的核心在于对他人无私的爱，在制定决策时会考虑到所有追随者的利益，领导者主动服务下属。服务型领导强调公平性和公正性，并将其作为实现高绩效组织行为的方法。通过领导者谦逊平易的个性、强烈的道德观念和下属的献身精神，激发追随者加入领导者的团队并以领导为榜样。

服务型领导行为模式主要有：帮助下属发现其内在的精神，即帮助下属发现他们内在精神的力量，以及开发他们的潜能；以信任取得信任，即通过自己的诚实和守信赢得下属的信任；超越自身利益服务他人，即不计个人的利益而愿意帮助和指导下属。

张瑞敏在海尔设计了一种服务领导的模式，这种模式的载体是“周六高级经理人会议”，每周六上午召开，已经坚持了十多年，中间从来没有停止过。参加对象除了张瑞敏等海尔集团的高层管理人员之外，还有海尔数十位高级经理人，以及来自一线的小微企业代表。

在周六会议上，张瑞敏等高层管理者会担任“老师”和“辅导员”的角色，“学生”则是海尔的高级经理人，而“教材”则是各个小微企业在变革中所形成的最佳实践。每次“周六会”都会有一个鲜明的主题，以企业在组织变革中发生的各种管理问题为案例，与会人员可以围绕着主题进行互动，以此来教育、指导和训练中高级经理人，启迪智慧并帮助他们找到解决问题的方法。这种会议的本质目的是“塑造人”和“经营人”，高层管理者成为服务支持者。

尽管领导力2.0相比领导力1.0有了很大的进步，但是它仍然属于传统科层式组织下的产物，海尔致力于在互联网时代打造一个无边界的网络组织，其最终目的是“释放每一个员工的活力，要把每一个人的创新能力发挥到极致”。显然，领导力2.0模式无法适应海尔转型的需要。

> 传统组织是马克斯·韦伯的科层制，认为企业一定要有领导，而且领导是一层一层的，上层领导、中层领导、基层领导，领导很多。马克斯·韦伯的科层制统治了全世界差不多两百年的工业经济。但现在互联网把这种领导模式给颠覆了。[9]

在张瑞敏看来，传统的领导力模式限制了每个人的自主意识，压制了每个人的创业和创新精神。从2005年开始，张瑞敏在海尔把领导力模式推向3.0，这是一场震动很大的变革。

领导力3.0：价值型领导

和领导力1.0、领导力2.0相比，领导力3.0模式一个非常大的不同在于将“顾客”引入其中，而且，组织形式被反转为“倒三角”结构。在这种“倒三角”组织结构中，顾客在企业的最上端，是一切决策的基础。一线员工在“倒三角”组织的最上面直接面对顾客；企业的最高层领导者从“正三角”组织结构的顶端被颠覆到了“倒三角”组织结构的底部。领导者和员工的关系是平等的，他们都“听命”于顾客，这就形成了“双权力通道”。领导者保留了评价追随者的权利，同时员工也被赋予评价领导者的权利。

图 14–4 显示，源于外部顾客的评价权形成了第二条权力通道，这条权力链起源于顾客，其核心是赋予一线员工决策权和评价权。比如，海尔一线的生产、市场和研发类小微企业都可以对二级平台小微企业的绩效给予评价，评价的标准是资源支持、服务等，并能够决定这些平台小微企业的报酬。

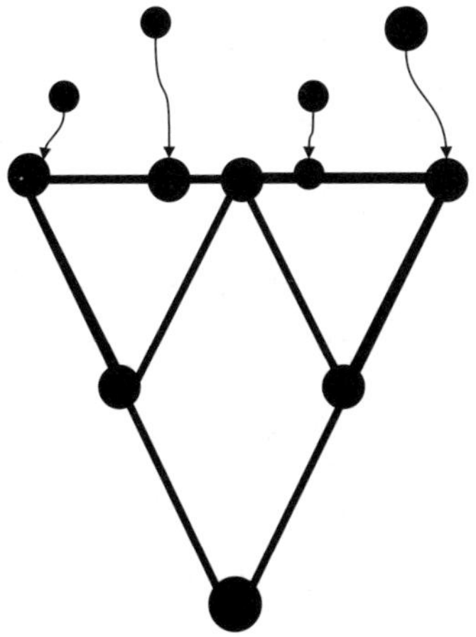

图 14–4　领导力 3.0：权力向外转移给顾客

海尔是全球范围内极少数采取了“倒三角”组织结构的企业，也是本书六家世界级企业中唯一一个采用了这种结构的企业。张瑞敏认为，互联网技术消除了企业和顾客之间的距离，海尔的组织形式也必须使每个人都有机会直接面对外部顾客，因此，应该将从原来领导者手中释放出来的权力转移给顾客，只有这样，才能真正建立以顾客为中心的组织。

> 既然管理没有领导了，那领导是谁呢？领导就是用户，所有人都听用户的。过去是员工听领导的，现在是员工听用户的，领导听员工的，其实这就叫管理无领导。

把用户变成领导，把权利交给顾客，让他们来评价海尔各个小微企业和员工的绩效，这是海尔在领导力 3.0 变革中做出的重要举措。

领导力 3.0 模式产生了一种新型的领导者类型，我把它称为“价值型”领导。这是一种互联网时代的领导力模式，它鼓励员工和追随者去实现自己的价值，而不是通过员工的行为来实现领导者的价值；它注重员工的自我激励，而不再将领导者自己视为激励员工的“主角”；它将领导者定义为“资源接口人”，帮助员工识别和整合价值资源，而不是将精力聚焦于监控员工的绩效表现；它致力于通过设计“机制”为员工创造自我创业和自我价值实现的平台，而不是强调利用领导者的个人特质或者行为去影响追随者和员工。

领导力 3.0 模式是“去领导化”的模式。以往的领导力模式，无论是领导力 1.0，还是领导力 2.0，其共同特点是强调领导者行为对

“追随者”的影响。比如，魅力型领导通过展示自己的“魅力”来影响员工的行为，通过“恩威并施”来强化自己的领导地位，参与式领导将自己融入下属团队中来进行“参与”管理，服务型领导则更多地通过“关爱”来激励下属，而价值型领导则通过“机制”设计让员工自我激励。

换句话说，价值型领导更像是一个“结构设计师”，或者是加里·哈默所说的“社会结构师”。2013 年 2 月，哈默在海尔总部和张瑞敏进行了对话，他认为在互联网时代，领导力这个词的含义将会发生变化，传统 CEO 的角色是分配资源、确定重要的人事、决定关键的事务和确定组织的价值。在网络化的组织下，CEO 的这些传统角色都会发生变化，CEO 会更多地像一个社会结构师。传统 CEO 的代表是通用电器前 CEO 杰克·韦尔奇，互联网时代 CEO 的代表是维基百科的创始人吉米·威尔士。[10]

领导力 3.0 模式的第二个显著特征是领导者地位的“高度动态性”。在领导力 1.0、领导力 2.0 模式中，领导者通常由组织来任命，他们的位置高度稳定，其薪酬所得基于他们所承担领导职位的高低。而在领导力 3.0 模式中，这一切都发生了很大变化，领导者的位置不再固定，而是高度动态化，他的位置基于他所创造的价值。如果领导者不能为顾客员工创造价值，他就没有价值了，随时会被其他人所替代，领导者的命运交给了顾客和员工。比如，海尔所实施的“官兵互选”就可以随时罢免掉那些不能继续创造资源和价值的经营体领导者。

在传统的领导力模式中，领导者的一项基本权利是评价下属的业绩，这就导致了二者之间经常相互博弈。海尔所探讨的领导力 3.0 模式把评价的权利交给顾客，变“领导驱动”为“顾客驱动”，变“领导评价”为“顾客评价”，成功地将权利与顾客结合，“使权利成为一个空间，一个能为顾客创造需求、创造价值的空间，这个空间的生成，使所有的权利、义务和利益都与顾客挂钩，也就充分调动了每个人的积极性，大家相互间没有了博弈，都是为了创造自己的利益跟自己博弈”。

领导力 4.0：生态型领导

从领导力 1.0 到领导力 3.0，其共同特征是以公司繁荣为目标，致力于打造一个繁荣昌盛、基业长青的企业，这本身并没有错，但是，对于一个采用生态战略的领导者来说，这还远远不够，有时，“公司繁荣”未必“生态繁荣”，这是两回事。如果一个公司的繁荣建立在其他公司利益受损的基础上，生态不仅不会繁荣，反而会萎缩。

自我繁荣，还是生态繁荣？这是两种不同的竞争逻辑，也会催生出两种截然不同的领导力模式。在这里，我们需要了解一个关于外部性的问题，它和生态系统的共赢机制密切相关。

近代英国经济学家、新古典学派的创始人阿尔弗雷德·马歇尔（Alfred Marshall，1842—1924）在其经典著作《经济学原理》中首次提出“经济外部性”这一概念，所谓外部性，是指一个人或一个企业的活动对其他人或其他企业产生的外部影响，这种影响并不是在有关各方以价格为基础的交换中发生的，因此，其影响是外在的。更确切地说，外部经济效果是一个经济主体的行为对另一个经济主体的福利所产生的效果，而这种效果很难从货币或市场交易中反映出来。外部性分为两种：正外部性和负外部性。前者是某个经济行为个体的活动使他人或社会受益，而受益者无须花费代价；后者是某个经济行为个体的活动使他人或社会受损，而造成外部不经济的人却没有为此承担成本。[11]

举一个例子可以更容易地理解“经济外部性”。比如，张三喜欢抽烟，因抽烟所造成的空气污染则是一种负外部性，污染的空气对不抽烟的人造成不利的影响，然而，张三却并未为他所制造的负外部性付出代价。

传统的领导力模式将追求“自我利益最大化”设为基本目标，公司的目标是努力扩张，获取利润，同时把所有的外部性都抛给他人，还可以借此在不经意间打击其他竞争对手。这种竞争框架下的领导力模式以自我为中心，将企业自身的利益最大化设为根本目标，将追求公司自身的繁荣作为奋斗的方向。

生态系统的战略逻辑则不同，尽管这种战略逻辑认为系统内个体组织的繁荣是重要的，但这不是最终目标，追求生态系统的整体繁荣才是根本目标。

图 14–5 展示了生态战略下的领导力 4.0 模式，在这种模式中，传统的金字塔组织已经演变成平台生态企业，而且权力已经从平台企业延伸到整个生态系统之中。我用虚线表示平台企业的组织边界已经变得非常开放，成为开放式组织。

在领导力 4.0 模式中，心智思维由原来的“自我”升级为“生态”，利益分配机制由“利己”升级为“利他”。生态思维和利他机制共同构成了领导力 4.0 的核心特征。

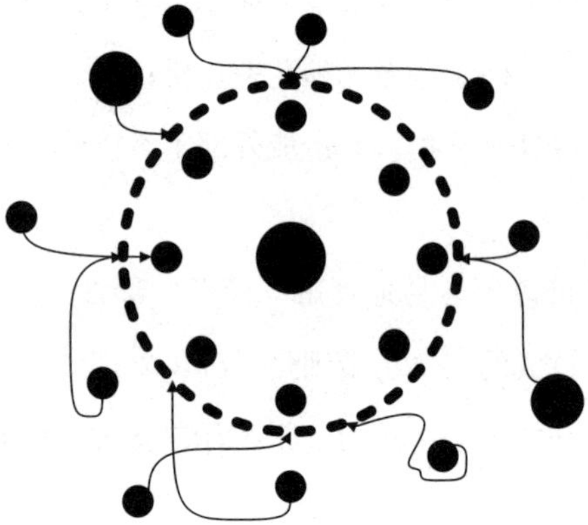

图 14–5　领导力 4.0：权力向外转移给生态系统中的伙伴

阿里巴巴正在向领导力 4.0 转型，马云提出“普惠式全球化”这一新概念，这也表明阿里巴巴所推崇的领导力 4.0 模式的核心是普惠和利他。2018 年 1 月 16 日，我到北京参加了阿里研究院主办的“第三届新经济智库大会”，见证了阿里研究院对未来“数字经济体”的畅想。阿里巴巴早已不只是一个电子商务平台，而是正在逐步演变成一个巨大的数字经济体，它的定位是成为全球通用的商业基础设施，为实体企业有效赋能，成为世界经济变革的关键推动者。

阿里巴巴所倡导的数字经济体是一个巨大的商业生态系统，这一概念已经大大超越了传统企业的业务范畴，颠覆了传统的竞争逻辑，更需要新型领导力模式促使战略的落地和施行。数字经济体是互惠前提下的合作产物，“深化合作、增强互惠”是核心原则。阿里巴巴正在从产业、组织、价值观和领导力等多方面进行重构，以使自己真正成为数字经济体。

数字经济体不同于传统工业经济时代中的巨型企业，不能以自我利益最大化为最终目标，它的战略逻辑是以“普惠利他”的原则来构建“命运共同体”。马云认为，人类已经进入到“普惠式全球化”的时代，在这个时代，全球化不再只服务于少数国家和少数跨国公司，而要服务更多小国家、小企业甚至小人物。阿里巴巴始终“相信小的伟大”，这也是数字经济体的典型特征，人人都有平等的数字权利，基于这一权利，每个人都可以最低的成本连接世界。这带来的不仅是经济变革，更是社会变革，数字经济体将引领世界进入更平衡、包容和公正的新时代。

不仅仅是阿里巴巴，海尔、苹果、亚马逊、丰田汽车、西门子都在构建数字经济体，它们正在引领管理 4.0 时代生态领导力的转型与变革，未来，传统的巨型企业需要向“普惠式生态化”组织转型，而中小型企业则需要选择一个与自身业务一致的生态系统，融入进去，和生态一起繁荣，这不仅考验的是领导者的战略判断力，更需要领导者们重塑领导力。

生态系统的本质是“利益共同体”，在一个利益共同体中，必须内化其所有外部性，它需要完全不同的领导力模式，需要能够承担起责任、降低负外部性、提升正外部性的领导力。

和阿里巴巴一样，海尔也推出了自己的生态化战略，并且明确地提出了领导力的变革方向，张瑞敏将海尔新型的领导力模式概念化为“管理无领导”。他所提出的“管理无领导”并不是要在企业中取消领导者，而是要改变传统领导力模式下“领导者和追随者”之间的关系，要创造一种适合网络组织的新型领导力模式，而这种新型的领导力模式也成为“人单合一”管理模式中最重要的软实力。

在海尔的“管理无领导”模式中，领导者的角色被界定为生态型领导者，核心职责主要是成为“资源接口人”和“创智赋能者”。张瑞敏赋予领导者这一新的角色，是和海尔的平台战略相匹配的。海尔的使命是颠覆传统企业的边界，构建一个无边界的海尔，并最终搭建一个“并联平台的生态圈”。而支持这一战略转型的限制性要素实际上是资源和人才。为了完成这一使命，在资源上，海尔需要从“依靠企业自身资源求发展”转变为“整合全球一流资源求发展”；在人才上，海尔需要从“激励打工者”转变为“赋能创业者”。

从海尔转型的经验来看，传统的企业要想转型成真正的“平台型企业”需要找到“平台化杠杆”，而这个杠杆主要是“资源杠杆”和“人才杠杆”。张瑞敏指出：“现在平台化就要通过资源杠杆。你这个开放的平台有什么呢？过去缺的就是资源，现在缺的不是资源。那你怎么吸引进来资源？还是《宏观维基经济学》里头说的那句话，世界就是我的研发部。如果我能通过接口人，把大量的资源接进来，那这个资源杠杆就不得了。”

从海尔的研发系统转型来看，张瑞敏的“资源杠杆”理论已经在实践中得到了很好的检验。过去，海尔主要依靠自我研发，但是，互联网时代的技术日新月异，仅仅凭海尔一个企业的力量，根本不可能在全球引领技术的潮流。海尔的研发体系改变了传统研发的思路，利用“资源杠杆”这一战略，建立了开放式创新的模式，将研发人员变成一个一个接口人员，通过他们来对接全球的资源。原来 1 000 多个研发人员，现在变成了 1 000 多个资源接口人，并利用海尔建立的交互创新信息平台。目前，海尔已经成功地在全球对接了一流资源，而所有对接的研发资源加起来，已经超过了 100 万人。

将领导从传统的发号施令者转变为平台企业中资源接口人和创智赋能者，传统企业需要将领导者的角色进行彻底的变革。平台型领导者不追求叱咤风云，也不追求自己成为魅力非凡的超级领袖。他们像堂吉诃德一样，倾听自己内心的声音，恪守着隐忍、价值、奉献、诚信这些基本的美德，以成就他人为责任，以创智赋能来滋润员工的心智。

重塑领导力，需要新的视角。传统的领导力研究关注的是领导者的特质和行为，以及它们与领导绩效之间的关系。我关注的是领导者内在的状态，也就是领导者的心智思维，这是领导力模式最深层次的影响因素，正是领导者的内在状态决定了领导者的绩效。

被誉为现代自我心理学之父的阿尔弗雷德·阿德勒认为，所有的心理现象都可以看作个体为应对未来状况所做的努力，心理发展的过程深受长期目标的影响。对于人类，最重要的事实就是我们总是朝着特定的方向前进。人类精神并不是一个孤立的静止实体，而是由不同“运动部件”组成的集合体，这些“运动部件”具有相同的来源，指向单一的终极目标。精神活动不可能是分散而缺乏统一目标的，我们的行为应该具有一定的方向。如果缺乏建立、延续、纠正和指引人类活动的最终目标，我们将不能思考和感受，不能长期一致地行动。人类的灵魂似乎暗含着一股推动人类朝某种方向前进的力量，人类精神的所有外在表现仿佛都与这种方向相关。[12]

表 14–1　四种领导力模式比较

	领导力 1.0	领导力 2.0	领导力 3.0	领导力 4.0
心智思维	以企业为中心	以企业为中心	以价值链为中心	以生态为中心
利益分配	企业利益	企业利益	价值链利益	生态利益
领导风格	魅力型领导	参与（服务）式领导	价值型领导	生态型领导
领导力与权力结构	领导力集中在组织的高层管理者，单向权力结构，自上而下评价	领导力下移至事业部（大型部门 / 团队）的高层管理者，单向权力结构，自上而下评价，有限授权	领导力向组织外转移，赋予顾客对组织的评价权。双向权力结构，自上而下与自下而上的双评价，权利转移到顾客	多向权力结构，权力转移到生态系统中的小微企业和合作伙伴，鼓励自治，共享式领导
组织特征	职能分权制（正三角科层式结构）	联邦分权制（正三角科层式结构）	联邦（虚拟）分权制（倒三角结构）	平台分权制（网络化结构）

领导力是一种连接并实现未来的能力。未来，生态战略将是大型企业转型的方向，在一个商业生态系统之中，领导力问题可以浓缩为一个主要矛盾：商业生态系统繁荣的基石是共创共赢，而领导者却仍然固守企业系统的小我意识。从领导力 1.0 到领导力 4.0，是领导者心智思维从企业走向生态，利益分配从企业利益走向生态利益的迭代过程，领导力 4.0 的核心是秉持大我的生态思维和利他意识，关心生态系统内所有成员企业的福祉和活力。

在一个充满活力的组织中，人们坚信自己能够解决遇到的所有问题，从他们身上看到的是勇气、开放、真诚、责任和奋斗精神；而在一个没有活力的组织中，人们缺乏自信，认为自己不能解决问题，组织在他们眼中是多么沮丧，他们畏缩逃避、自我责备、猜忌迟疑，时刻不忘保护自己。领导力 4.0 正是让生态系统中的每个人都能找到与未来的连接，获得创造性张力和丰富而有意义的人生，这也是激励的本质所在。在下一章，我将分析这六家世界级的生态企业如何重塑激励模式。

第 15 章

重塑激励：实现共同使命

人是目的，而不是工具。……人具有一种自己创造自己的特性。

——德国哲学家　康德

2018年，香港交易所进行了引人注目的重大改革，允许“同股不同权”的公司在香港申请上市，新规定自2018年4月30日起执行。这一重大改革对高科技独角兽企业来说无疑是一个巨大的利好消息。这是继1989年之后，香港交易所重新启动“同股不同权”机制。投资界人士对香港交易所的改革大加褒扬，称其为香港资本市场24年来最重大的IPO改革。

香港交易所推动这一改革的重要原因是“不想再因‘同股同权’的限制错失优质公司”，尤其是高科技独角兽企业。传统企业基本上采取“同股同权”的股权架构，但是，像阿里巴巴等一些互联网科技公司采用了“同股不同权”的股权架构，这种股权架构让企业创始人和高管团队在股权较少的情况下依然可以继续控制公司。2013年，阿里巴巴曾打算在香港交易所上市，但当时因无法满足“同股同权”的条件，无奈之下，于2014年转而在美国纽约证券交易所挂牌上市，出售12%的公司股份，当日市值超过了2 300亿美元。在互联网企业中，阿里巴巴的市值仅低于谷歌，比亚马逊和脸书都高，IPO交易筹集了250亿美元，成为美股历史上最大的IPO。[1]

阿里巴巴在美国上市时，采用的就是“双重股权结构”，当时创始人马云持有阿里巴巴 8.9% 股份，投票权占了 42.5%，而投资人通过二级市场上购买的股票，则是一股一票。这种“双重股权结构”的设计不仅让马云的管理层对阿里巴巴有更大的经营话语权，更是体现了马云对人力资本价值的重视。在第四次管理革命时代，人的价值第一，知识型员工已成为与企业共创价值的主体，人力资本成为比货币资本更重要的资本。在马云“以人为本”的管理思想和核心价值观里，“人”是阿里巴巴集团最大的资本。

三种合伙人机制：实现共同使命

“人的价值第一”这一理念越来越多地得到企业家的认同，但是，用什么样的机制才能激发每一个个体与企业共同创造价值呢？这是企业家们在管理模式转型中苦苦思索的问题。

合伙人制度，这一广泛应用在律师事务所、咨询公司且具有很长历史的治理模式在今天似乎又开始焕发活力了，老树长出了新芽。一股推动合伙人制度的暗流在悄悄地涌动，其中不少推波助澜者将自己“装扮”成这方面的顶级专家，到处振振有词地兜售自己的“救企良方”和“秘籍”，让一些资历尚浅的企业领导者信以为真，把“合伙人制度”视为解决业绩不佳、转型困难问题的“灵丹妙药”。其实，实施合伙人制度对企业的整体管理水平有很高的要求，这一制度有许多前提条件，在条件不具备、时机不成熟的情况下盲目推行合伙人制度，不啻于在伤口上撒把盐，让企业的业绩更加糟糕。

我就亲身见证过一家公司“邯郸学步”带给自己的痛苦，公司推行的合伙人制度让企业的管理陷入混乱，至今仍然在痛苦中挣扎。从 2014 年至 2016 年，该公司的业绩连续三年下滑，董事长和高层管理团队都有很大的压力，但一直未找到扭亏为盈的妙招。2017 年初，一个偶然的机会，该公司的董事长参加了一个关于合伙人制度的课程，兴奋异常，似乎找到了起死回生的机会。公司于 2017 年 4 月开始推行全员合伙人制度，进行股权改革，以“风险共担、利益共享”为原则，强行要求每一个员工根据职位层级出资购买不同比例的股权，并把员工的整体固定薪酬下调，以彰显与公司同呼吸、共命运的大局观。

强制推行全员合伙制度的结果如何呢？这家企业的“全员合伙”制度差一点酿成“全员散伙”的悲剧。公司 90% 的员工都反对推行这项制度，不少员工一气之下辞职离开，他们认为自己受到了欺骗，公司不是通过全员合伙建立共享的利益机制，而是试图集资套钱，推卸责任，分散风险。这场由公司董事长主导的“全员合伙制”闹剧草草收场，但是，对员工士气所产生的负面影响却难以在短时间恢复过来。

如果应用得当，合伙人制度能够成为企业的战略动力机制。合伙人制度之所以能够重新焕发活力是因为越来越多的企业开始挑战传统的雇佣制度，比如阿里巴巴、华为和海尔等企业在实施合伙人制度时，对原来的传统雇佣模式和组织模式进行了重塑。它们认为合伙人制不仅仅是一种激励手段，更不是一种分散风险的手段，而是企业持续发展的一种战略动力机制，是一种企业成长与人才发展的长效机制。中国人民大学的彭剑锋教授认为，合伙人制度是一个涉及战略创新、公司治理结构优化、组织与人的关系重构，甚至包括领导力重塑的系统工程。

马云曾经多次表达这样的观点：未来的竞争不是人才的竞争，而是合伙人制度的竞争。为什么马云将合伙人制度上升到企业战略竞争力的高度？因为阿里巴巴的合伙制不仅通过“同股不同权”的股权架构设计解决了人力资本对企业的控制权与在经营决策中的话语权问题，而且成为阿里巴巴的战略动力机制和人才发展的长效机制。

在阿里巴巴的合伙机制中，合伙人委员会是对合伙人进行选拔和管理的最高权力机构，承担着合伙人的选举、管理、考核、激励等重要职责。2010 年，阿里巴巴开始实施合伙人制度，截至 2018 年，阿里巴巴共有 36 位合伙人，合伙人拥有董事提名权。阿里巴巴的合伙人主要包括永久合伙人和普通合伙人两类，前者不管股权发生什么样的变化，都是永久合伙人，后者的合伙人身份则会根据时间等因素发生变化，比如普通合伙人退休后就成了荣誉合伙人，荣誉合伙人无法行使合伙人的权利，但能够得到奖金池的一部分奖金。通过与各资本投资方签署的一系列协议，马云及其合伙人团队用不到 10% 的股权，获得了 70% 以上的经营决策话语权，这是货币资本和人力资本博弈后的结果，可谓是有钱的出钱（指阿里巴巴的机构投资人和公众投资人出钱），有力的出力（指合伙人团队或核心高管团队出力），利益上保证了资本方的收益，经营上保证了创始人及合伙人团队的控制权与话语权，双方各得其所，相得益彰。[2]

阿里巴巴的合伙人都不同程度地拥有阿里巴巴的股权，我将这种合伙人称为“股权合伙人”。股权合伙人机制以“股权”为纽带，将合伙人的利益和企业的利益紧紧捆绑在一起。

和阿里巴巴不同，华为公司创造了另外一种合伙人模式，在这种合伙人模式中，合伙人未必真正拥有公司的股权，而是享有公司的收益分享权，我将这种合伙人称为“价值合伙人”。

华为从 1997 年开始推广实施虚拟股权计划，参与这项计划的员工实际上就是华为的“合伙人”，尽管华为公司内部并没有大张旗鼓地宣称“合伙人”这一概念。华为的大多数合伙人所持有的股权是“虚拟的”，只享有利润分红权。相比股权合伙人机制，这种合伙人机制有更强的灵活性，如果一个合伙人离开了华为，他的股权就必须强制退回到公司的股权池里，华为可以将这部分股权拿出来激励新加入的合伙人。

华为合伙人机制的核心是“价值贡献”，是以“价值”为纽带的合伙人机制，而且是以动态价值作为股权激励的核心。华为通过对合伙人价值贡献的评估来决定他是否享受股权激励，应该享受多少股权激励，当合伙人不能为公司创造价值时，股权就被回购。价值合伙人制度既将合伙人的利益与公司整体利益捆绑在一起，又能够激发合伙人的持续奋斗精神，因为，对于任何一个合伙人而言，创造价值是最大的资本，如果他只躺在过去的功劳簿上而不能继续为公司创造价值和贡献，他的合伙人身份可能随时会被取消。

海尔的合伙人机制更加复杂和多元，在海尔的生态系统内孵化出了许多小微企业，比如小帅影院、雷神科技等，这些小微企业的高层管理者属于“股权合伙人”，他们对自己的公司拥有独立的控制权，海尔只是这些小微企业的投资人之一。

海尔还创新和发展出了一种新的合伙人模式，我称之为“平台合伙人”模式。这种模式的核心是以“契约”为纽带，海尔构建管理平台，让合伙人在平台上自主创业，依据契约获得相应的报酬和奖励。一个典型的案例是海尔的“车小微”平台。在这个平台上，合伙人自己购买车辆，产权属于自己，然后可以在通过审核后加盟海尔的物流配送系统，通过海尔搭建的平台，每天抢单、送货、安装、维修，在同一个平台上共创价值，依据契约共享收益。

海尔还将平台合伙人模式推广到海尔的共享中心，比如海尔的财务共享中心就实行了平台合伙人机制，以前的财务管理模式是由业务部门提出申请，财务部门按部就班地处理业务。在平台合伙人机制下，这一流程得以颠覆，业务部门将需求发布到平台上，财务共享中心的人员进行“抢单”，及时处理，并根据处理的业务量获得自己的“薪酬”。这种机制将传统的财务工作人员变成了“平台合伙人”，他们在海尔的共享平台上进行抢单，获得报酬，多劳多得，不劳不得，就像是独立的自主创业者一样。

图 15–1 显示了由阿里巴巴、华为和海尔创造的三种合伙人模式：股权合伙人、价值合伙人和平台合伙人。这三种模式不是相互割裂、相互排斥，而是相互依存、协同发展的。在每一家公司内部，有时会同时实施这三种模式。

合伙人制度将企业与员工之间的关系从雇佣关系转变为合作关系，管理模式也从“控制”向“赋能”转型。在控制型的管理模式中，管理者总是处心积虑地寻找制约员工行为的诀窍，总想千方百计

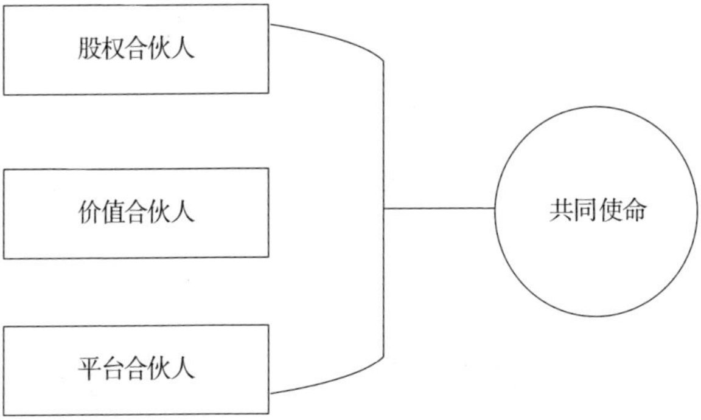

图 15–1　三种合伙人机制

地去“控制”员工，恨不得在员工头上安一个跟踪器，将事事皆掌控在手心之中。赋能则不同，它颠覆了传统的雇佣制度，将员工从原来的“打工者”变成价值共创者，大家共同创造价值、分享价值，从而激活每一个个体内在的动力。

不管实施何种合伙人制度，企业都需要强调“共同使命”的重要性，利用共同的使命感和价值观来赋能员工。“道不同，不足与谋。”如果员工认同公司的发展目标和价值观，就会不断改变自己的行为以适应公司的要求。IBM 前 CEO 小托马斯 · 沃森说：“分析任何一家存在了多年的企业，就会发现它的适应性不是归功于组织形式或管理技巧，而是归功于‘信条’的力量及它们所产生的对员工的巨大凝聚力。为了生存和成功，任何一个企业首先要建立一套完善的信条作为所有政策和行动的前提，并忠诚地拥护这些信条。”

合伙人制度不能单独发挥作用，领导者要将共同使命和合伙人制度融合起来，塑造一个美好的前景以激励成千上万名合伙人持续奋斗。《孙子兵法》中说“令民于上同意，可与之死，可与之生，而不唯危”的力量来自“道”，这个“道”就是企业的共同使命。比如，阿里巴巴筛选合伙人的一个重要标准就是高度认同阿里巴巴的企业文化，而对于所有合伙人而言，他们的重要职责就是推广和践行阿里巴巴的使命、愿景和价值观。

价值酬：打造“共益”和“共享”的生态圈

“合伙人”改变的不仅仅是员工的身份，而且会重塑企业的薪酬制度。

从薪酬制度过去100多年的演变来看，主要有三种被广泛应用的形式：计件薪酬、能力薪酬、职位薪酬。

在泰勒的科学管理时代，计件薪酬大行其道。泰勒科学管理的一个核心思想是“提高报酬的前提条件是提高效率”，这条原则至今依然有很大的价值。为了衡量产业工人的效率，计件制度是最有效的一种制度，相应地，计件薪酬就成为主要的薪酬制度。这种制度能够体现“多劳多得”，而且非常透明，工人们能够自己计算出每天的报酬。时至今天，计件薪酬依然在许多生产型企业得到应用。

能力薪酬是依据人的能力计发报酬，这种薪酬制度和计件薪酬有很大的不同。计件薪酬关注的是结果和产出，能力薪酬关注的是任职者的能力。在这种制度中，员工的能力被分为若干等级，不同的等级对应不同的薪酬。然而，事实上对人的能力进行评价和分级是非常困难的事情，目前世界上尚没有一套非常完善的能力分级方法。常规的做法是根据职称来评定个人的能力，比如在一些技术型企业里，技术人员被分为助理工程师、工程师、高级工程师等不同的级别。这种制度潜在的假设是，能力级别越高的人所产生的绩效越高，应该得到更高的工资。然而，事实通常并非如此，一些低级别的技术人员也许会有更大的创造力，会创造出更大的成果，但是，他们的工资却和其产生的绩效不相匹配。况且“能力”只是“绩效”的过程要素，高能力不代表高绩效，甚至会出现一种怪现象：高能力低绩效。可想而知，这种制度的结果只能是扼杀员工的“成就感”。

第三种薪酬制度是职位薪酬。这种制度假定每一员工都固定在一个职位上，然后可以根据“职位价值”的大小来确定薪酬标准，员工之间的薪酬差异主要体现在职位价值的差异。职位薪酬制度有两个前提条件：职位相对稳定，能够对职位价值进行客观的评价。然而，在今天看来，这两个条件似乎都正在发生变化。第一，随着组织从传统的科层式组织结构转型为网络化组织结构，职位越来越不稳定，职责越来越呈现高度动态化，职位薪酬存在的根基正在发生动摇。第二，尽管薪酬管理专家们开发了详尽的职位价值评价量表，比如常见的职位价值评价要素包括能力、知识、解决问题、工作责任等，但是，这种“要素评价法”只是对职位说明书的静态评价，和任职者的动态绩效贡献并没有什么直接关系，评价是主观的，而非客观的，偏差自然就非常大。

海尔在转型中对薪酬制度进行了颠覆式的变革，抛弃了曾经长期执行的职位酬，创造性地提出了“人单酬”。顾名思义，人单酬是以“单”为基础的报酬体系，也就是说“单”是计算报酬的核心依据。

那么，什么是“单”呢？“单”就是用户价值，“单”的大小就是员工为顾客创造价值的大小，因此，人单酬是基于用户价值的薪酬制度，是用户付薪的制度，这一薪酬制度将“员工”（人）的薪酬和为顾客创造的“价值”合一，即“人、单、酬合一”。

我将海尔创造的人单酬定义为“价值酬”（CBV, compensation based-on value）这是未来企业薪酬制度变革的方向。在价值酬制度中，计算员工薪酬的依据是其为顾客创造的价值，创造的价值越大，得到的报酬越高，在海尔被称为“高单和高酬”。所以，为了得到更高的报酬，小微企业必须时刻清晰地知道自己的顾客是谁，并要持续关注顾客需要什么样的价值，没有了顾客价值，就没有了员工的薪酬。

> 知道自己的用户是谁，这是人单酬的必要条件，但还不是充分条件，只有为用户创造差异化的增值，企业才有超额利润，员工才有高薪酬。仅仅知道自己的用户是谁，却不能为用户增值，就会陷入同质化的价值竞争，企业同样不可持续，这样的人就是零价值的员工。[3]

海尔的“价值酬”机制是一个开放和动态的体系。它的开放性表现在“为有能力人的着想”，薪酬并没有上限，只要能够完成第一竞争力的目标，创造第一竞争力的价值就能获得上不封顶的报酬。当然，这种开放性也带来了薪酬的动态性。如果小微企业不能创造第一竞争力的价值，则可能得不到任何报酬，甚至会出现亏损。

华为也构建了自己的“价值酬”体系，但它没有像海尔那样完全抛弃职位薪酬体系，而是在职位薪酬体系的基础上通过增加长期激励计划来体现对员工价值和贡献的认可。华为实施了名为 TUP（Time Unit Plan，时间单位计划）的激励计划，这是一种虚拟受让的“递延 + 递增”奖金激励计划。比如，一位员工在 2018 年被授予了 10 万单位的 TUP，当年没有分红权，第二年（2019 年）可以获得 1/3 分红权，第三年（2020 年）获得 2/3 分红权，第四年（2021 年）获得全额分红权，第五年（2022 年）在全额获取分红权的同时，还进行面值增值结算，同时对这 10 万个 TUP 单位的权益进行清零。TUP 面值的计算与虚拟受限股的股价相关。比如：授予资格时虚拟股的价格是 1 元，5 年后虚拟股增值到 3 元，TUP 对应的权益增值为 2 元，这是典型的“递延 + 递增”模式，通过“递延”激励员工长期为公司创造价值，通过“递增”与员工共享利益增值。

谷歌的薪酬体系和华为类似，它为员工保留了基于职位的薪酬，同时，加大了价值酬在整个薪酬收入中的占比。谷歌的每一位正式员工都持有公司的股票，并且同时享有股票期权。谷歌公司每年都会根据员工上一年度所创造的价值，来决定授予股票期权的数量。价值贡献大的员工，会得到更高的工资、奖金和股票期权，从而保障员工的整体收入与价值贡献充分匹配。尤其值得一提的是，谷歌公司在发放奖金时，并不简单地根据员工的工作量或者项目结果来分配，而是对项目的价值进行评估。即使某个项目当下未能直接产生结果，但未来有前景，员工照样可以得到比较丰厚的奖金，这种价值酬的目的是鼓励员工为未来创造价值。

表 15–1 比较了四种薪酬制度的异同。

表 15–1　四种薪酬模式的比较

比较项目	计件酬	能力酬	职位酬	价值酬
计酬依据	产出多少	能力大小	职位高低	价值大小
员工成就感	中等	中等	中等	强
目标来源	领导制定	领导制定	领导制定	双向制定
顾客价值	弱	弱	中等	强
薪酬稳定性	动态	静态	静态	动态
适合类型	生产 / 销售类	技术类	所有员工	所有员工
实施难度	弱	弱	中等	大

尽管我们不能简单地以“对”或“错”的标准来衡量薪酬体系，事实上也不存在绝对正确或者绝对错误的薪酬制度，任何企业都需要根据自身行业特点来设计独具特色的薪酬制度，但这并不意味着我们不能对薪酬制度进行评价。我认为至少可以使用两个标准来评价薪酬制度：（1）对员工的激励程度；（2）对顾客价值的满足。

这两个标准相辅相成。第一个标准是薪酬制度设计的初级目的，任何一种薪酬制度的核心都是为了激励员工的创业和创新，激发员工的斗志和激情，让员工获得成就感；第二个标准是薪酬制度设计的最终目的。企业激励员工的目的是让员工能够为顾客创造价值，进而为企业赢得利润。也就是说，第一个标准是第二个标准的基础，我们常说“只有满意的员工才能带来满意的顾客”，正是这个道理。

首先，从激发员工的成就感这个标准来看，价值酬能够非常强烈地激发员工的成就感，而职位酬和能力酬相对较弱。按照戴维·麦克利兰的成就理论，成就需要能够激发人们争取成功，希望做得最好。而价值酬机制恰恰为员工做得更好、做得更出色提供了驱动力。第二，从满足顾客价值这个标准来看，价值酬和顾客价值紧密地关联起来，而职位酬和能力酬则和顾客价值的联系相对较弱。

另外，相比价值酬，职位酬和能力酬显得封闭和静态。它们的封闭性表现在事先僵化地将薪酬固定下来，而且和任职者为顾客创造的价值关联不大，任职者更多是接受上级领导者的事后考核和评价。这种封闭性的直接结果是薪酬高度静态，固定薪酬比例过高，忽视了员工的绩效表现和其为顾客创造的价值，容易出现“干多干少一个样”。

价值酬是以“动态价值”为中心的薪酬制度，体现了平台型企业所坚持的“共益”和“共享”两个核心原则。

共益，即共同增益。益的本质是“利他”，生态系统中的每一个个体和每一个成员企业要致力于研究如何创造价值，如何通过价值创造让整个生态圈增值，生态系统成功的关键是其成员企业要坚守“利他主义”。在阿里巴巴上市融资 250 亿美元后，马云表示“未来十年，阿里要打造一个真正了不起的生态系统”，而打造生态系统的最核心品质就是“利他”。

如果一个生态系统中的企业仅仅秉持功利理性的原则来关注自我利益，它就像是建立在一个流沙上的共同体。这种共同体缺乏利他精神，尽管它可能会因为企业成员之间的契约合作而形成虚假的繁荣，但只会是昙花一现，不会形成能够持久发展的利益共同体。

共享，即共同分享，它是平台生态圈的本质所在。社会思想家杰里米·里夫金在其《零边际成本社会》一书中指出，人类社会将进入“协同共享的新经济制度”时代。他的基本观点是，技术革命可以让生产力达到极致，因此可以让边际成本接近于零，而一旦生产的边际成本接近于零，商品和服务也将近乎免费，产品和服务的免费使得人们不再重视对产品的所有权，更看重产品和服务的使用权，从而催生了共享经济制度。

在一个生态系统中，其成员之间遵循“共享”的基本原则，这种共享主要体现在两个方面：资源共享和价值共享。依据资源共享原则，平台的建构者可以通过设立资源共享中心，为成员企业提供服务；依据价值共享原则，平台的建构者也可以通过设立共享的利益分配机制，激励成员企业为整个生态圈创造价值，而价值酬则是体现价值共享的核心制度。

共治：激发“成就感”与“合作精神”

从 1998 年至今，谷歌公司每周都会召开一次由全体员工参加的 TGIF（Thank God.It’s Friday，感谢上帝，又到周五了）会议。公司的创始人和高层管理者都会参加，并向员工介绍公司一周内发生的重大事件，也常常针对某一个热点问题进行辩论，与会人员则可以直接向谷歌最高领导层发问，提问自己关心的任何关于公司的问题。

谷歌公司的管理模式以推崇与员工“共治”而闻名，TGIF 会议是谷歌共治模式的重要组成环节。

什么是共治？共治既尊重个体的权利又尊重集体的权利，而且把两者兼顾得很好。共治是让商业生态系统良性运转、生机勃勃的核心机制。在一个生态系统中，只有每个参与者都能够各自贡献自己特有的东西和智慧，才能够造就整体的成功。这背后的逻辑其实很简单：既然没有人知道所有答案，也没有人拥有所有技能，那么，一群能干的、博识的、敬业的人围绕着相关议题进行深入讨论就最有可能产生好政策。可以说，知识互补和管理共治是卓越生态组织中的一对孪生姐妹。[4]

作为一家互联网高科技公司，谷歌推崇共治管理的首要原则是“以用户为中心”，以提供最佳的用户体验为核心任务。在谷歌十诫（即最核心的十个价值观）中，第一诫就是“一切以用户为中心，其他一切纷至沓来”。这是共治的基石，也是共治的方向。共治不能偏离为用户创造价值的方向，正是在这一方向的指引下，谷歌采取了充分授权的共治模式。比如，谷歌公司实施的“20% 自由管理时间”模式，就充分体现了员工的自治权。谷歌允许员工使用 20% 的工作时间自由想象、自由创造，而不必考虑目前手头的常规工作。

> 我们鼓励员工，在常规项目之外，能花 20% 时间去从事他们认为对谷歌最有益的事。这将带来更多的创造性和创新。我们许多重要成就都将以这种方式实现。

谷歌允许、鼓励员工花 20% 的时间进行自由思考，不仅尊重了个人自我管理的权利，更是为集体带来了创造力。每一个人都有挑战自我的成就动机。但是，在传统的管理模式下，员工完全陷入了琐碎的工作之中，根本无暇思考未来，也无法唤醒员工内心挑战自我的斗志。和大多数传统公司不同，谷歌不仅看重员工完成当下任务的能力，更看重“野心勃勃的创意”。在谷歌，公司鼓励员工不要把眼光盯在提高“10%”这样的目标上，而是要追求“10 倍速”的创新。目标的挑战越大，带来的成就感越大。“10 倍速”的计划还被称为“登月计划”。尽管大多数“10 倍速”项目可能会失败，但是一旦有项目成功，就将给谷歌带来革命性的变化。

海尔也强调生态系统的共同治理。海尔意识到平台生态系统的健康发展是所有成员企业赖以生存和发展的基础和保障，因此，它鼓励生态系统中的每一个小微企业树立“生态命运共同体”的发展理念，从整个生态系统的高度，共同谋划、同舟共济，协同推进创业生态系统的治理。海尔所提出的“管理无领导”其实就是对共治模式的探索。这种模式强调去层级化、去中心化、去职位化、去官僚化，推崇小微企业进行自我管理模式。

谷歌和海尔的案例表明，共治的两个核心机制是“契约机制”和“信任机制”，前者在制度层面上解决成员企业之间的交易关系，后者在文化层面上解决成员企业之间的合作关系。契约和信任相辅相成，共同维系着创业平台生态系统中所有企业的长期合作与发展。

“共治”还可以激活合作，让各参与方共同创造价值。

合作是个既古老又新颖的话题，也是个热点研究话题。在社会科学领域，横跨几十年的研究并不多见，然而，哈佛大学所开展的格兰特研究（the Grant Study）则历时了 70 多年。这项研究始于 1937 年，研究团队选取了 268 名哈佛大学的学生，主要是以 1943 级及 1944 级本科学生作为实验对象。研究团队想跟踪研究这些美国的精英如何成为“人生的赢家”，当然，研究团队也观察了这些精英为何经历了人生的惨败？

基于这项著名的研究，哈佛大学教授乔治·维兰特在 2012 年出版了《那些比拼命努力更重要的事》（*Triumphs of Experience*）一书。维兰特教授在书中得出的核心结论是：人际关系的温暖程度（WOR，warmth of relationships）对美好生活具有最大的影响。研究发现，这些哈佛毕业生在经济上的成功主要取决于是否和周围的人都有良好的关系，而且在一定程度上，美好生活和经济上的成功和智商的关联不大。研究结果还表明，那些在“温暖关系”指标上得分最高的对象，最高年薪水平明显高于平均水平。智商处在 110~115 区间的人和智商高于 150 的人在收入上没有明显差异。

这一研究结果是如此简洁、清晰、有力，没有超出常人的想象，听起来非常合理，美好生活也没有什么独门秘籍，持续提高人际关系的温暖程度是获得美好生活的关键！

良好的合作可以让人际关系越来越温暖，这是人们对彼此的需求。神经生理科学家发现，人脑的构造先天性地使人需要并享受社会合作，这是大脑的生理需求。如果我们拥有和他人良好的合作关系，大脑会发育得更好。从社会合作中，我们会获得有意义的人际关系，这种关系使我们更快乐、更健康、更有创造力。换言之，人际关系的温暖程度越高，美好生活的指数越高。

激发员工参与共同治理是良好合作的基础，而后者是有效工作所必需的，这是人类的决定性特征之一。2016 年初，谷歌宣布发现了组成完美团队的核心要素。谷歌多年来分析了一百多个工作团队的访谈内容与资料，结果发现，团队高绩效的驱动因素是团队“情绪智能”的平均水平，以及团队成员彼此密切沟通的程度。也就是说，“友善待人”和“认真参与”是完美团队的两个核心特征。

“情绪智能”的核心特征是社会合作，是良好的人际关系。列纳德·蒙洛迪诺在其著作《潜意识：控制你行为的秘密》一书中指出：“我们通常以为人区别于其他物种的首要特征是智商，但真正的首要特征是社会智商。人类之所以能够取得伟大的成就，理解和合作能力是首要因素。”

那些不懂得、不善于合作的人，社会智商极低。无视大脑的基本需求，长期下去将会造成不可逆转的生理缺陷。不管是哈佛大学的格兰特研究，还是谷歌的团队研究，研究结果都给我们的快乐人生指出了清晰的方向：只有合作，才能成为真正的人生赢家。这也正是世界级企业为什么致力于推动“共治”的原因所在，这是激励的至高境界。

第 16 章

变革：在万物互联的时代制胜未来

人生最重要的价值在于觉醒和思考的能力。

——亚里士多德

我们已经进入第四次管理革命时代，这次管理革命将会对传统的商业模式、管理模式和领导力造成巨大的颠覆，任何一家企业，任何一位管理者都无法“独善其身”，都需要为迎接这次管理革命做好准备并付诸行动。

面对第四次管理革命的挑战，本书中的六家世界级企业都已经扬帆起航，开始了艰苦卓绝的探索，它们的探索已经给我们积累了许多宝贵的经验。大多数的企业都站在同一起跑线上，都刚刚起步，这些领先的生态企业所获得的经验和教训，可以让我们避免犯同样的错误。

有不少企业家朋友问我：海尔、阿里巴巴、苹果、亚马逊、丰田、西门子这六家企业是否已经转型成功？坦率地说，我真的不知道答案，也不知道该如何判断和定义一家企业的成功。每当我回答这个问题时，我总爱引用张瑞敏的一句广为人知的话：“没有成功的企业，只有时代的企业。”尽管我无法回答这些企业是否“成功”，但是我可以肯定地回答：这些企业都拥有伟大的战略家，在伟大战略家的领导下，这些企业的每一次转型和变革都能踏准时代的节拍，它们的战略节奏与时代同频共振，“因时而变”是这些世界级企业永恒不变的法则。

张瑞敏、马云、史蒂夫·乔布斯、杰夫·贝佐斯、丰田喜一郎、维尔纳·冯·西门子等都是伟大的战略家，但他们的使命感和战略思维不是与生俱来的。相反，他们是乐观、坚毅、有梦想的行动派，他们信奉“知行合一”，他们擅长于在转型与变革的过程中学习如何进行战略思考，并付诸行动。正是学习能力和变革的勇气使他们成为卓越的领导者。亚里士多德告诫我们，人生最重要的价值在于觉醒和思考的能力。我发现，觉察未来的能力是领导者的核心能力，所有的战略家都对自己的未来有一个清晰的愿景，履霜坚冰至，他们都能够见微知著，对未来有敏锐的洞察力。当然，仅仅能看到未来，并不能成就伟大的战略家；要成为伟大的战略家，还必须知道如何走向未来。换言之，战略家不仅要“知”，更要“行”。

“V+”模式：构建生生不息的生态系统

在本书的开始，我提出了企业在第四次管理革命时代，在ABCDE（人工智能、大数据、云计算、区块链、边缘计算）等技术的冲击下，企业需要思考的三个核心问题：

1. 我们创造的价值是什么？（方向）
2. 我们能不能创造价值？（能力）
3. 我们是否有动力持续创造价值？（活力）

第一个问题有关企业的愿景、使命、战略和方向，它的核心是战略生态。

第二个问题有关企业的数据、共享、体验和知识，它的核心是组织平台化，即平台赋能。

第三个问题有关员工与顾客的角色、领导力与激励机制，它的核心是价值共创。

为了应对第四次管理革命的挑战，海尔、阿里巴巴、苹果、亚马逊、丰田、西门子这六家世界级生态企业对这三个问题进行了深入的思考，并坚定不移地推动转型，它们的转型有一个共同的方向：构建生生不息的平台生态系统。这是在万物互联的物联网时代，这六家世界级的企业所找到的共同答案，具有战略共性。

在本书中，基于我对以上六家世界级生态企业的比较研究，我将平台生态系统定义为：

> 平台生态系统是以资本、数据、知识为连接力，以共享、共治、共益为竞争力，以战略生态、平台赋能和价值共创为驱动力，拥有共同愿景和使命的生态企业、专业企业和顾客相互依存、协同进化的“价值共生体”。

有一位企业家朋友问我：本书所研究的这些超大企业拥有强大的资源优势，可以实施生态化战略，作为中型企业，是否也能够采取生态化战略呢？其实，我写这本书的目的就是要给大量中型企业的转型提供理论指导和实施路径，不管是海尔、阿里巴巴这些超大型企业，还是大量的中小型企业，战略生态化都是一个重要的战略选择，只不过战略生态化所包含的内容和举措不同而已。我非常同意张瑞敏对未来企业发展战略的判断，他认为，未来的企业只有两种命运：要么生态化，要么被生态化。

我将未来的企业分为两种：生态企业和专业企业，前者是超大型的企业，比如海尔、阿里巴巴、苹果、亚马逊、丰田、西门子等，它们的战略目标是构建生生不息的平台生态系统，或者数字生态共同体。专业企业则是某一行业领域中的“精一冠军”，即在某一产品领域专注、聚焦，成为专业化冠军，类似德国企业中的“隐形冠军”。和生态企业相比，“精一冠军”的生态战略不是发力去构建生态系统，而是要融入生态企业所构建的生态系统之中，在生态企业所构建的数字生态共同体中，构建自己的“平台生态圈”。尽管在万物互联时代，我们强调企业之间的共生、共赢，但竞争并未消失，反而有加剧的趋势，而且粉饰了它的面目，从企业个体之间的竞争升级为生态系统之间的竞争。我们想象一下，在生态企业构建的生态系统中，成千上万的“精一冠军”企业组成一个紧密的价值共生体，它们共生共赢、协同进化、生生不息。

基于对本书中六家世界级企业商业模式和管理模式的研究，我把这些世界级企业正在构建的模式定义为“价值 +”模式，即“V+”模式。“V+”模式就像是指导企业转型的“战略地图”，将有助于企业家们“知行合一”，在迷雾中不至于迷失转型和变革的方向。

在本书的写作过程中，如何实现“价值共生”是我一直思考的核心问题，找到解决问题的钥匙并不是一件容易的事情。我始终认为，哲学是管理的灵魂，哲学思维是解决管理问题的金钥匙。当我思考生态企业的商业模式、管理模式时，经常体悟《道德经》中的这句话：“道生一，一生二，二生三，三生万物。”我常常自问：平台生态模式是否也遵循这个哲学逻辑呢？

某一天的早晨，我在去办公室的路上经过一座小桥，桥下的河水波光粼粼，偶尔有鱼儿跃出水面。鱼儿的一跃，让我灵感乍现。我突然有所领悟，中国哲学中天、地、人三才生万物的论断正好解决了做什么、能不能做、谁来做这三个核心问题。刹那间的顿悟让我异常兴奋，似乎触摸到了“思之思之，鬼神通之”的奥妙。

“三才之道”出自《易经·系辞下》：“《易》之为书也，广大悉备。有天道焉，有人道焉，有地道焉。”

《易经》中的哲学思想认为，天道、地道、人道之三才之道化育了万物。《孙子兵法》也有这方面的论断，要想取得战役的成功，需要天时、地利、人和。

什么是企业的转型之道、变革之道、发展之道？我认为就是“价值”这两个字，它蕴含了企业经营管理的所有密码。人的价值最大化是任何企业发展、创新、行动的根本之道，是我们思考转型与变革的出发点，也是归宿，一切工作都是为了价值的创造。

孔子讲自己的哲学是“一以贯之”，平台生态企业的哲学正是“人以贯之”。所以，我认为践行“人的价值最大化”就需要遵循八字原则：企业即人，各正性命。

“企业即人”是海尔集团首席执行官张瑞敏所奉行的经营之道，

他把企业经营之道总结为9个字：企业即人，管理即借力。企，止于人。人止了，企业就停止了。企业，不就是“人之业”吗？从本质上来说，平台生态企业就是让有共同梦想的人在一起建功立业的场所，因此，平台企业的领导者要有“通天下之志”的志向。海尔之所以能转型为平台企业，其根本的动力就是来自“企业即人”的经营理念。

“企业即人，各正性命”，是平台生态企业的“大道”。人人都是CEO，人人都是创客，人人都是创业家，这是许多企业创业孵养平台的经营目标。但是，CEO、创客、创业家这些只不过是让人们实现自己志向的角色或者载体而已，平台生态企业的核心使命是让每一个人实现自己的价值和意义，让价值最大化。

价值为本，本立而道生。天行健，自强不息。天道代表的是战略，即战略生态，主要包括愿景使命、战略方向、成长路径等。比如，愿景使命是整个生态圈的“心灵”，它具有自强不息、强健不已的特征，这种自强不息的精神恰恰让人体会到“自我实现”的生命意义，这是人类进步的驱动力。

战略为“天”，能力为“地”，战略决定能力，能力影响战略，战略与能力共同孵养小微企业。所谓“天无私覆”，越来越多的领导者意识到，由于共享经济的发展，使用权和所有权的不断分离，战略正日益成为一门管理自身并不拥有的资产的艺术。“天无私覆”道出了平台企业战略的独特性与核心思想，在这一核心思想的指导下，平台生态企业的战略与定位和传统企业有很大的不同。

地势坤，厚德载物。地道代表的是能力，即平台赋能，主要包括数据智能、资源共享、价值体验、知识智慧。比如，生态系统是高度开放和共享的。结构的开放性和平台的共享性体现的是“厚德”之精神，生态企业的平台能力越强，越能够赋能“精一冠军”企业以创造价值。

能力服务于战略，与战略共同生养和孵化创业企业，所谓“地无私载”，道出了平台能力的包容性、开放性、协同性。立地之道为“柔与刚”。“刚柔相济”是设计平台能力结构的核心法则。所谓“刚”，是指平台能力中的数据与智能；所谓“柔”，是指平台能力中的知识与智慧。

人，为万物之首，是创造价值的主体。在生态系统中，赋能还应禀受“人道”。立人之道即为“仁与义”。什么是仁呢？仁的本质是“无分别心”，无分别心就是平等之心，正所谓“仁者爱人”。什么是义呢？“义”被称为“天下合宜之理”，义是相对于私利而言的公义，是一种高级形态的共享机制。“仁义相融”代表的是价值共创，是生态系统中生态企业、“精一冠军”们在协同共生中所应遵循的共同准则，是生态系统健康与和谐发展的支柱。因此，践行“人道”，我们需要以“仁义相融”作为平台企业孵养创业企业的核心原则。在此原则下指导下，我们需要重塑组织、重塑顾客、重塑领导力、重塑激励机制（见图 16–1）。

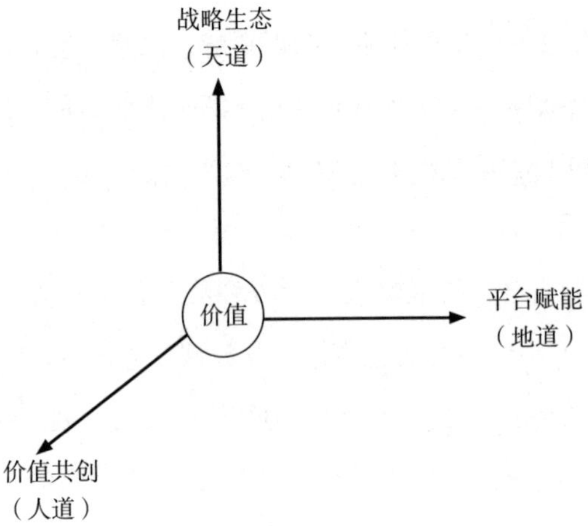

图 16–1 “V+”模式：天道、地道与人道

行动：重塑领导、战略与组织

无疑，“V+”模式为企业在物联网时代进行全面转型提供了战略地图和实施路径，但坐而论道不如起而行动。事实上，我们已经开始行动了，我们正在致力于在企业中推广和应用“V+”模式，帮助企业构建或者融入一个繁荣昌盛的生态系统，并不断获得持续的竞争优势。2018 年，我和同事们对香港创业创新研究院的战略进行了重新定位，将研究院定位成第四次管理革命时代的“企业数字化转型高端智库平台”。我们分别在香港、北京、深圳、上海、青岛及美国硅谷和丹麦哥本哈根建立了合作研究网络，构建了跨国的研究战略联盟，数十位在战略管理、组织管理、创业创新领域的优秀学者加入了我们的研究平台。我们的核心宗旨是“共享智慧、共赢未来”，并合作创建了覆盖平台战略、商业模式、知识网络、产业互联网等多个主题的联合创新实验室，这些实验室会定期发布最新的转型案例。

转型是一个系统工程，牵一发而动全身。基于对企业转型案例的深度研究，我曾经提出一个转型公式，即转型 = 商业模式 × 管理模式 × 领导力"。图 16–2 展示了企业在转型过程中最重要的三个要素：领导力、战略与组织。从转型公式也可以看出，转型不仅仅需要清晰的战略——它是对未来的判断，同时需要在商业模式和管理模式上进行创新，提高组织的能力和战略执行力，更需要有强有力的领导者支持。正如马云在世界浙商大会上海论坛上演讲时所言："什么叫战略？战略，是考核一个领导者对未来的判断力。什么是判断力？看问题的广度、深度、角度。经济不好，一定有不好时候的机会；经济好，一定有巨大的灾难。战略是对未来的判断力。战役能力是组织能力。战术是执行力，就是员工素质。"

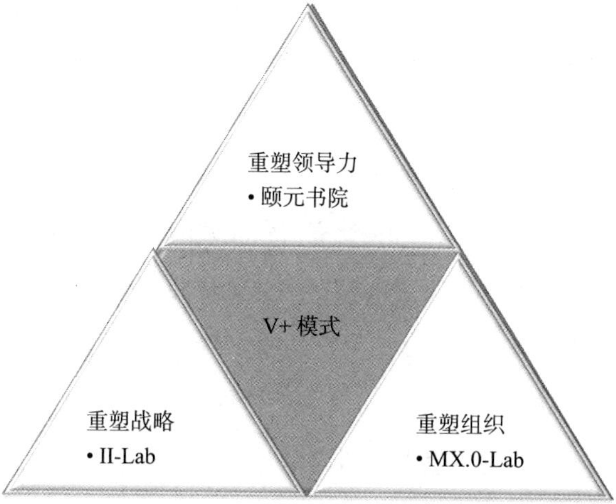

图 16–2　重塑领导、战略与组织

在我看来，员工素质中最重要的是领导者的素质。没有领导力的转型，就不可能有企业的转型。任何模式，不管是商业模式，还是管理模式，都是组织领导力的具体呈现，它们都浸透着领导者的智慧。我深刻地体会到，在组织转型中，领导力是“因”，模式是“果”。领导力是组织转型的“支点”，没有这个支点，就很难撬动商业模式和管理模式的转型。香港创业创新研究院所创办的颐元书院主要聚焦于“重塑领导力”这一核心要素，通过线上线下一体化的培养模式和课程体系，为企业提供领导力开发的全面解决方案，帮助企业培养卓越的领导者，以引领企业进行转型。

为了帮助企业找到重塑战略和组织的方向和路径，我们成立了产业互联网实验室与管理 X.0 创新实验室。前者聚焦于产业与互联网的融合，重点是研究如何重塑战略；后者聚焦于管理与互联网的融合，重点是研究如何重塑组织。我们与企业联合成立相关实验室，与企业协同工作，共同寻找转型的方向，探索未来商业模式和组织模式的创新路径。尽管这两个实验室为企业战略转型提供具体的指导方案，但是，方案并不是由实验室的研究人员“闭门造车”做出来的，而是集合了企业管理者的智慧，由实验室与企业共同制订出战略转型的方案和路径，这种方案具有很强的操作性、实践性，也体现了战略与执行一体化的管理思维。

我之所以将创新实验室命名为“管理 X.0 创新实验室”，是受到埃森哲高级常务董事埃里克·谢弗尔与海尔集团董事局主席张瑞敏的启发。埃里克·谢弗尔在其专著《工业 X.0》中专门探讨了数字时代的工业转型。在这本书中，谢弗尔表达了与工业 4.0 甚至工业 5.0 等提法不同的观点，他认为用户要的不是产品本身，而是通过产品带来的服务方案。换句话说，他认为，物联网时代产品经济即将终结，替代它的是服务方案经济。也许是受到埃里克·谢弗尔的启发，张瑞敏提出了“生活 X.0”的概念，来指代物联网时代的美好生活。张瑞敏表示，“X”代表不确定，这一“不确定”有两层含义：一是指代物联网时代，用户的个性化美好生活需求是各不相同的；二则意味着企业要无止境地去求解，通过创造生活场景及时满足用户需求，将用户的即时需求变成即时价值。因而，“定制物联网时代的美好生活”是对企业与用户在物联网时代的关系最恰当的注解。

尽管我在本书中提出“第四次管理革命”（管理 4.0）的概念，但我深知，在物联网时代，数字技术、人工智能等新兴技术的快速迭代将深刻影响甚至颠覆传统的组织形式，由此带来的管理变革速度不断加快，管理 4.0 可能在未来的数年里进化到 5.0，甚至 6.0，我用 X.0 来表示管理的不确定性，管理 X.0 创新实验室的使命是帮助企业在不确定的时代里寻找转型的大道，重塑组织，塑造竞争优势。

变革是知行合一的学问，它是艺术，更是实践。变革忌讳空谈，空谈误企，唯有行动和躬身实践才是检验变革的唯一标准。只有行动起来，才能发现自己的不足。为什么许多管理者不善于行动，是因为他们害怕挑战自己。变革之旅，实乃是自我挑战之旅，它挑战的是传统的思维、传统的习惯、传统的观念，它需要向曾经成功的过去说再见。我们发现，如果仅仅给企业提供一个解决方案，并不能有效地帮助企业推动变革，因此，我和同事们将“行动学习”模式引入变革过程之中，开发设计了“精一冠军工作坊”（JYC 工作坊）这一项目。

每个季度，香港创业创新研究院的专家们都会与加入该项目的企业管理者进行为期两天的研讨，讨论在实践中遇到的问题，目的是帮助企业在行动中寻找答案，在实践中提升能力。

变革的风险在刚刚显现的时候最容易把控，这就要求变革者要见微知著，要万分小心，不仅开始就要力图把事情做好，还要敏感地发现问题所在，将风险控制在最低。这就是为什么张瑞敏等海尔的高层领导者都会亲临变革的第一线，了解变革推进的实际困难和问题，及时发现问题，制定出相应的策略。

我们在帮助企业推进变革的过程中，发现只有坚持慎终如始的原则，方能有效推动变革。任何时候都不能麻痹大意，要像最初变革时那样保持着激情和敏锐的洞察力。行百里者半九十，最后十里才是真正的考验。我们深刻地意识到，变革是一趟只有起点没有终点的旅程。通过“精一冠军工作坊”，我们让企业的领导者将变革变成一种工作习惯，培养他们恒久如一的变革心态。

变革：迷思、秘方与正道

2018年12月29日，我到四川成都参加第九届动态竞争国际论坛，该论坛由著名华人战略管理学者、动态竞争理论创始人陈明哲教授发起、创立，论坛讨论的主题是如何应对不确定性带来的挑战。许多企业的领导者都已经深深地感受到物联网的高速发展正给企业的战略带来前所未有的挑战。自2016年被确定为“物联网元年”以来，物联网的发展可谓如火如荼，正在对多个行业产生巨大的冲击。根据思科公司的预测，到 2020 年，市场上将有多达 500 亿台互联设备，将实现万物互联。物联网正在将技术、经济和文化三个要素整合起来，孕育一场新的变革风暴，没有一家企业能够不受这场风暴的影响。

无论我们对未来多么乐观和期待，未来的 30 年注定是一个全球化经济高度动荡和发展，具有高度不确定性的时代。在不确定性的环境中，企业如何制定战略？如何做出选择？如何识别企业的战略性任务？如何推动战略转型？如何应用“V+”模式？针对这些问题，我们可以从动态竞争理论中获得启发，这一理论的核心框架是“觉察–动机–能力”（AMC）模型。该模型强调驱动竞争响应或者战略行为有三个核心要素：觉察到竞争对手的行动；有响应的动机；并且有能力做出响应。

如果没有觉察，我们就不会响应和行动。然而，觉察并非易事，它的前奏通常是“迷思”。事实上，不确定的竞争环境通常给我们带来的是迷茫，这就像是在雾中前行，我们很难看清楚前行的方向。

在本书中，我将战略定义为“感知、连接并实现未来的能力”，这个定义包含了感知、连接和实现三个要素，核心为“未来”，基础是“感知”，也即“觉察”。尽管感知未来非常难，我们却必须努力提高“感知”的能力，正是感知能力的高低把平庸的领导者和卓越的领导者区别开来。

“深度思考”有助于提高感知能力或者觉察能力，当我们面对不确定的发展环境时，迷茫并不可怕，可怕的是我们在迷茫中丧失了思考的能力。倘若不能对企业的战略和组织模式进行深入思考，“迷思”就变成了“迷失”，丧失了方向感和动力源。

面对未来，我们需要深思的问题是：我到底是谁？我将走向何处？我如何走向那里？这三个问题关乎企业或个人未来的战略定位和发展方向，是我们首先需要觉察的核心问题，也是采取战略行动的基础。

即使觉察到行动的方向，我们也未必就会采取行动。行动来源于动机，即我们采取行动的理由。知难，行更难。任何一个行动都会遇到障碍，结果也充满不确定性，对成功的过度渴望让我们丧失了对失败的包容，这使得我们常常有极大的动力去寻找“秘方”。

管理的“秘方”是什么？我认为“秘”就是内在的觉悟，“方”就是明确的方向。秘方，就是通过内在的觉悟找到未来明确的方向。面对越来越不确定的发展环境，许多管理者往往不知所措，急于寻找“秘方”，但是，任何事情都有其本源，只有掌握了这个本源，才能觉悟到未来的方向。我始终认为，创造价值是制胜未来的本源，也是真正的“秘方”。

面对未来，寻找管理的“秘方”，我们需要回答三个问题：我能够创造什么价值？这些价值具有第一竞争力吗？以上价值是顾客所需要的吗？

创造价值是行动的动机，但是，如果没有价值创造能力，企业所描绘的价值也只能是“水中月”“镜中花”。

走正道，是一个人创造价值最根本的能力，他人无法模仿，无法复制。“正”是“止于一”的智慧，“正道”二字蕴含着中国传统文化中的无量智慧，是战略之基、管理之魂。

正道首先是“正心”，而“正心”则是“止于至善”的修行，就是“去人欲，存天理”。正心，修行的是一颗光明之心，就是要找到每个人自己的那颗本真之心，只有本真的，才是光明的。“不知道自己不知道”，是许多领导者面临的最大问题。很多人不知道自己身上的宝藏，有些人一直在苦苦追寻，而这种寻找只是“求于外物”，方向错了。“道”其实就在自己心中。

正道其次是“立志”。有光明之心，必有鸿鹄之志。否则，光明之心便没有了“着落处”。凡有大成就者，莫不有远大志向；凡是卓越领导者，莫不有雄心壮志。古今之成大事者，不唯有超世之才，亦必有坚忍不拔之志。使命源于立志，志大者使命也更加宏伟。正如王阳明所言：“学问不得长进，只是未立志。……持志如心痛，一心在痛上，岂有工夫说闲话，管闲事？”

面对未来，“走正道”需要我们回答三个问题：我的光明之志是什么？我最大的优势是什么？我如何让每一个人发挥优势？

越是在动荡的环境中，越需要提升自身的能力，在思考战胜他人之前，先让自己立于不败之地。正如《孙子兵法》中所言：“善战者，先为不可胜，以待敌之可胜。不可胜在己，可胜在敌。”

面对挑战，我深深地体悟道：变革既是战略，又是责任。当我们迷失方向，找不到变革的大道时，不妨用心体悟禅宗六祖惠能大师在《坛经》中所说的几句偈语，它们不仅蕴藏着无穷的能量，更可帮助我们时刻避免偏离变革的“正道”。

离道别觅道，终生不见道。
波波度一生，到头还自懊。
欲得见真道，行正即是道。

注 释

第 1 章

1. 大卫 · B. 尤费、迈克尔 · A. 库苏马罗著，王海若译，《战略思维》，中信出版社，2018 年。
2. 斯图尔 · 特克雷纳著，闾佳译，《管理百年》，中国人民大学出版社，2013 年。
3. 戴维 · 布尔库什著，赵竞欧译，《新管理革命：知识经济如何重塑组织和管理》，中信出版社，2017 年。
4. 丹尼尔 · A. 雷恩、阿瑟 · G. 贝德安著，孙健敏等译，《管理思想史》，中国人民大学出版社，2012 年。
5. 斯图尔特 · 克雷纳著，闾佳译，《管理百年》，中国人民大学出版社，2013 年。
6. 同上。
7. 丹尼尔 · A. 雷恩、阿瑟 · G. 贝德安著，孙健敏等译，《管理思想史》，中国人民大学出版社，2012 年。
8. 斯图尔特 · 克雷纳著，闾佳译，《管理百年》，中国人民大学出版社，2013 年。

9. 戴维·布尔库什著，赵竞欧译，《新管理革命：知识经济如何重塑组织和管理》，中信出版社，2017年。
10. 斯图尔特·克雷纳著，闾佳译，《管理百年》，中国人民大学出版社，2013年。
11. 彼得·德鲁克著，李亚等译，《管理未来》，机械工业出版社，2009年。
12. 斯图尔特·克雷纳著，闾佳译，《管理百年》，中国人民大学出版社，2013年。
13. 丹尼尔·A. 雷恩、阿瑟·G. 贝德安著，孙健敏等译，《管理思想史》，中国人民大学出版社，2012年。
14. 张瑞敏，《新经济之我见》，《海尔人》，2000年。
15. 马丽·米克尔，《2018年互联网趋势》。全球20大互联网科技公司的总市值高达5.89万亿美元。其中，美国公司共12家，中国公司9家（美团点评与头条并列第20位），美国与中国公司分别占总市值的75%和25%。https://www.cnbeta.com/articles/tech/747677.htm。
16. C. K. 普拉哈拉德、文卡特·拉马斯瓦米著，王永贵译，《消费者王朝》，机械工业出版社，2005年。

第2章

1. 哈佛商学院开发的三个海尔案例分别为："海尔：激活休克鱼"（1998年），"海尔：与用户零距离"（2015年），"海尔：一家孵化创客的中国巨头企业”（2018 年）。

2. 张瑞敏,《首创“三生体系”，率先引爆物联网范式》，第二届“人单合一模式国际论坛”，2018 年。
3. 华恒智信,《张瑞敏“革命”海尔：引入“宙斯”倒三角结构》，http://www.vccoo.com/v/83f292。
4. 曹仰锋著,《海尔转型：人人都是 CEO》（修订版），中信出版社，2017 年。
5. 此部分内容来源于海尔集团官方网站：www.haier.net。
6. 曹仰锋著,《海尔转型：人人都是 CEO》（修订版），中信出版社，2017 年。
7. 邓肯 · 克拉克著，李鑫译,《阿里巴巴：马云和他的 102 年梦想》，中信出版社，2016 年。
8. 高盛是阿里巴巴的第一个机构投资者，1999 年，高盛领投了 330 万美元，华盈基金跟投 50 万美元，富达亚洲风险投资跟投了 50 万美元，银瑞达集团和泛亚资金管理公司共投资了 70 万美元。
9. 资料来源：阿里巴巴集团官方网站，http://www.alibabagroup.com。
10. 曾鸣,《阿里巴巴与未来商业》,《哈佛商业评论》中文版，2018 年第 9 期。
11. 阿里巴巴的财务年度为前一年的 4 月 1 日至当年的 3 月 31 日。
12. 刘斌,《从“销售至上”到“服务驱动”，丰田开始战略转型》，http://www.sohu.com/a/193549238_473252。
13.《丰田想做无人驾驶生态系统，转型“移动出行公司”》，http://www.acqiche.com/archives/25077.html。

14. 36氪,《丰田的 e-Palette 生态 +TRI,可能就是未来汽车演进的终极形态》, https://36kr.com/ p/5112697.html。
15. 腾讯科技新闻,《丰田在夏威夷推出汽车共享服务 Hui》, http://auto.qq.com/a/20180711/018632.htm。
16. 丰田汽车的财务年度为当年 4 月 1 日至第二年 3 月 31 日。
17. 沃尔特·艾萨克森著, 管延圻等译,《史蒂夫·乔布斯传》, 中信出版社, 2011 年。
18. 同上。
19. 大卫·B. 尤费 、迈克尔·A. 库苏马罗著, 王海若译,《战略思维》, 中信出版社, 2018 年。
20. 2000 年 9 月, 亚马逊发布了 zShop 服务, 它是第三方平台 Marketplace 的前身。
21. 工控网,《亚马逊 2018 年收入 2 329 亿美元, AWS 取得强劲业绩!》, https: //gongkong. ofweek. com/2019–02/ART–310008–8500–30302429. html。
22. 跨境电商之家,《亚马逊 Marketplace: 亚马逊的未来》, https://adoncn.com/17341。
23. 砺石商业网,《西门子: 欧洲最大电子电气集团的加减法》, http://www.sohu.com/a/123715502_467215。
24. 韩方航、宣海伦,《西门子能够存活 169 年的秘密到底在哪里?》https://www.qdaily.com/articles/21837.html。
25. 韩舒淋,《西门子迎凯飒革命, 171 岁的巨龙还能持续屹立吗?》,《财经》, 2018 年 5 月。

26. 西门子公司的财务年度为当年 10 月 1 日至第二年的 9 月 30 日。

第 3 章

1. 任正非在“2012 实验室”的讲话，http://tech.ifeng.com/a/20180423/44965851_0.shtml。
2. 马尔科·扬西蒂、罗伊·莱维恩著，王凤彬等译，《共赢：商业生态系统对企业战略、创新和可持续性的影响》，商务印书馆，2011 年。
3. 李平、杨政银、胡华，《“万联网”与生态系统：未来商业模式与未来组织架构》，《清华管理评论》，2019 年第 3 期。
4. 陈春花、赵海然著，《共生：未来企业组织进化路径》，中信出版社，2018 年。
5. C. K. 普拉哈拉德、文卡特·拉马斯瓦米著，王永贵译，《消费者王朝》，机械工业出版社，2005 年。
6. 詹姆斯·马奇、蒂里·韦尔著，张晓军等译，《论领导力》，机械工业出版社，2018 年。
7. 奥托·夏莫著，邱昭良等译，《U 型理论》，浙江人民出版社，2013 年。
8. 加里·哈默尔著，曲昭光等译，《领导企业变革》，人民邮电出版社，2002 年。
9. 大卫·B. 尤费、迈克尔·A. 库苏马罗著，王海若译，《战略思维》，中信出版社，2018 年。

10. 马切伊·克兰兹著，周海云译，《物联网时代》，中信出版社，2018年。

第4章

1. 彼得·圣吉著，张成林译，《第五项修炼》，中信出版社，2009年。
2. 张瑞敏，《企业是人，文化是魂》，http://www.360doc.com/content/14/1020/13/3814538_418385347.shtml。
3. 高梁，《关于mene的几个问题》，求实理论网，2014年1月8日，http://www.cssn.cn/yyx/yyx_gwyyx/201401/t20140108_938842.shtml。
4. 彼得·圣吉著，张成林译，《第五项修炼》，中信出版社，2009年。
5. 杨国安、李晓红著，《变革的基因》，中信出版社，2016年。
6. 彼得·圣吉著，张成林译，《第五项修炼》，中信出版社，2009年。

第5章

1. Scott Galloway, *The Four: The Hidden DNA of Amazon, Apple, Facebook, and Google*, Portfolio, 2017.
2. 赵黎明等著，《创业孵化网络系统研究》，中国经济出版社，2015年。
3. 罗宾·蔡斯著，王芮译，《共享经济：重构未来商业模式》，浙江人民出版社，2015年。
4. 戎珂、王勇、康正瑶，《从平台战略到生态战略的STEP模型》，

《哈佛商业评论》(中文版)，2018 年 10 月。

5. 廖建文,《新竞争环境下的生态优势》,《哈佛商业评论》(中文版)，2016 年 7 月。
6. 陈春花、赵海然著,《共生：未来企业组织进化路径》，中信出版社，2018 年。
7. 吴霁虹著，黄延峰译 ,《未来地图》，中信出版社，2017 年。
8. 张瑞敏在哈佛商学院的演讲,《创建物联网时代的商业模式》，2018 年。
9. IT 桔子,《阿里巴巴的帝国版图》，http://mt.sohu.com/20160204/n436909481.shtml。
10. 吴建材、王安民,《商业生态系统进化模式探讨》,《商业时代》，2012 年第 33 期。所谓生态位，是一个生物单位对资源的利用和对环境适应性的总和。当两个生物利用同一资源或共同占有其他环境变量时，就会出现生态位重叠现象，从而导致竞争的出现，其结果是这两个生物不能占领相同的生态位，也就是说产生生态位分离。企业对资源的需求越相似，经营的产品和市场基础越相近，它们之间生态位的重叠程度就越大，竞争也就越激烈。

第 6 章

1. 王新喜,《日渐完善的微信生态圈，苹果也会怕》，http://www.managershare.com/post/336227。
2. 廖建文,《生态圈的竞争》,《21 世纪商业评论》，2012 年 7 月。

3. 查尔斯·汉迪著，苗青译，《第二曲线：跨越“S型曲线”的二次增长》，机械工业出版社，2017年。
4. 李平等，《“万联网”与生态系统：未来商业模式与未来组织架构》，《清华管理评论》，2019年第3期。
5. 迈克尔·波特、詹姆斯·贺普曼著，安健译，《物联网时代企业竞争战略》，《哈佛商业评论》增刊，2015年10月。
6. 同上。
7. 曾鸣著，《智能商业》，中信出版社，2018年。
8. 数字孪生是充分利用物理模型、传感器更新、运行历史等数据，集成多学科、多物理量、多尺度、多概率的仿真过程，在虚拟空间中完成映射，从而反映相对应的实体装备的全生命周期过程。
9. 36氪，《丰田的e-Palette生态+TRI，可能就是未来汽车演进的终极形态》，https://36kr.com/p/5112697.html。
10. 埃里克·莱斯著，《精益创业》，吴彤译，中信出版社，2012年。
11. 资料来源：阿里巴巴创新中心，https://chuangke.aliyun.com/#floor3。
12. 新浪科技，《谷歌CEO证实将组建创业孵化器；扶植自家离职员工创业》，http://tech.sina.com.cn/i/2016-05-20/doc-ifxsktkp9039763.shtml。
13. 腾讯科技，《西门子45亿美元收购半导体软件公司Mentor Graphics》，http://tech.qq.com/a/20161114/042820.htm。
14. 王阳，《西门子推动数字化企业进程》，http://news.e-works.net.cn/category912/news74824.htm。

第 7 章

1. C. K. 普拉哈拉德、加里·哈默尔,《企业的核心竞争力》,《哈佛商业评论》,1990 年。
2. 奥托·夏莫著,《U 型理论》,邱昭良等译,浙江人民出版社,2013 年。
3. 马浩著,《战略管理学说史》,北京大学出版社,2018 年。
4. 廖建文,《新竞争环境下的生态优势》,《哈佛商业评论》(中文版),2016 年 7 月。
5. 马浩著,《战略管理学说史》,北京大学出版社,2018 年。
6. 邵明路,《德鲁克:管理的本质是激发善意和潜能》,《商业评论》微信公众号。
7. 奥托·夏莫著,邱昭良等译,《U 型理论》,浙江人民出版社,2013 年。

第 8 章

1. 参考 SAP 公司对区块链的解读。资料来源:https://www.sap.com/china/products/leonardo/blockchain/what-is-blockchain.html#business-value。
2. 李平等,《"万联网"与生态系统:未来商业模式与未来组织架构》,《清华管理评论》,2019 年第 3 期。
3. 张瑞敏在首届"人单合一"模式国际论坛上的讲话,2017 年 9 月

20 日。

4. 控制工程网,《详解西门子工业云平台 MindSphere 生态圈》,http://article.cechina.cn/17/0428/09/20170428091948.htm。

5. NASA 是美国航空航天局（National Aeronautics and Space Administration）的缩写。

6. Web API，网络应用程序接口，包含了广泛的功能，网络应用通过应用程序接口，可以实现存储服务、消息服务、计算服务等能力，利用这些能力可以开发出强大功能的网页应用。

7. 弹性计算是指用户根据实际业务或者计算需要，灵活地购买计算资源。真正实现按需使用、按需交付和按需付费。它减少了小规模软件开发人员对于集群系统的维护，并且收费方式相对简单明了，用户使用多少资源，只需要为这一部分资源付费即可。

8. 阿里云总裁胡晓明在 2016 杭州 · 云栖大会下午举行的生态峰会上的讲话，http://www.doit.com.cn/p/257753.html。

9. ET 工业大脑是 2017 年 3 月 29 日上午阿里云在云栖大会深圳峰会上宣布推出的人工智能技术。

10. 第一财经,《切入西门子 MindSphere 阿里云工业物联网再下一城》，2018 年 7 月 9 日，https://www.yicai.com/news/5437768.html。

11. 张超,《2018 年亚马逊在 IT 上最舍得花钱！逾 136 亿美元的研发支出居全球之首》，https://awtmt.com/articles/3471924?from=wscn。

12. 蒋佩芳,《马云：未来数据会成为核心资源》，每日经济新闻，2016 年 11 月 16 日，http://www.nbd.com.cn/articles/2016-11-16/1053358.html。

13. 郝亚洲,《张瑞敏：流数据 + 小数据 + 区块链 = 大数据》, http://www.sohu.com/a/129230080_460358。

第 9 章

1. 加里·哈默尔、米歇尔·贾尼尼,《科层制的终结》,《哈佛商业评论》, 2018 年第 11 期。
2. 马海刚、彭剑锋、西楠著,《HR^+ 三支柱：人力资源管理转型升级与实践创新》, 中国人民大学出版社，2017 年。
3. 马云在阿里巴巴内部关于人力资源管理的讲话，2018 年，https://wemedia.ifeng.com/52655254/wemedia.shtml。
4. 埃德蒙·费尔普斯著,《大繁荣》, 余江译，中信出版社，2013 年。
5. 马海刚、彭剑锋、西楠等人将传统的人力资源管理三支柱进行了修订和升级，将共享服务中心（SSC）升级为共享交付中心（SDC）, 更加突出了人力资源管理的平台化功能。同时，将实现客户价值、组织、员工和管理者融入新的三支柱模型之中，提出了人力资源管理三支柱的房屋模型。我对 HR 4.0 模型的重新构建受到该模型的启发。参见：马海刚、彭剑锋、西楠著,《HR^+ 三支柱：人力资源管理转型升级与实践创新》, 中国人民大学出版社，2017 年。
6. 谷歌：《独特管理模式激发企业创新活力》,《经济参考报》, 2014 年 12 月 5 日，http://finance.china.com.cn/roll/20141205/2831096.shtml。
7. 董兴荣、李菲《海尔集团：物联网时代的共享平台和智能财务》,

《财资中国·财富风尚》，2018 年 8 月，http://finance.ifeng.com/a/20180828/16473152_0.shtml。

8. 李一硕，《财务共享：海尔从传统会计向管理会计的跨越》，《中国会计报》，2016 年 8 月，http://m.chinacma.org/report/7656.html。
9. 控制工程中文版，《西门子大中华区 CEO：未来 10 年，数字化变革将会如何发展？》，2018 年 4 月 19 日，http://baijiahao.baidu.com/s?id=1598233569767811038&wfr=spider&for=pc。
10. 李红，《数字化转型与企业核心能力重构》，2019 年 1 月 5 日于北京大学光华管理学院参加“组织变革：数字化、平台化与智能化”MBA 分享会演讲 PPT。
11. 钟华著，《企业 IT 架构转型之道：阿里巴巴中台战略思想与架构实战》，机械工业出版社，2017 年。

第 10 章

1. 《海尔集团张瑞敏：制造业向体验经济转型重在构建平台》，《中国电子报》，2016 年 9 月 18 日，https://www.sohu.com/a/114565456_464075。
2. 孔剑平等，《社群经济：移动互联网时代未来商业驱动力》，机械工业出版社，2015 年。
3. 李长安，《四步走战略：揭秘海尔顺逛从 0 到 1 数字化转型之路》，http://www.sohu.com/a/209035918_350909。
4. 亿邦动力网，《海尔顺逛 CEO 宋宝爱：怎么玩转社群营销？》，http://www.ebrun.com/20170519/231700.shtml。

5. 约瑟夫·派恩、詹姆斯·吉尔摩著，毕崇毅译，《体验经济》，机械工业出版社，2016 年。
6. 石富元，《社交电商逃不脱阿里的势力范围？》，http://www.100ec.cn/detail-6455230.html。
7. 黄云灵，《阿里有个客户体验事业部 CCO 吴敏芝今年要集中做这三件事》，浙江在线，2017 年 5 月 26 日，http://biz.zjol.com.cn/zjjbd/ycxw/201705/t20170526_4048812.shtml。
8. 新浪科技，《一汽丰田联手京东“无界”助力汽车后服务线上化进程》，https://tech.sina.com.cn/roll/2018-10-27/doc-ifxeuwws8453423.shtml。

第 11 章

1. 舟一苇，《保罗·罗默：人单合一可能是万物互联成功的关键》，《商业与观察》，2019 年 1 月。
2. 妮科尔·祖森布格尔，《知识分享型企业文化》，2014 年 2 月，http://www.siemens.com.tw/release/tw/pof.asp?p=30。
3. 斯文·费尔佩尔、托马斯·达文波特，《西门子四步走创建全球知识共享系统》，《经济观察报》，http://tech.sina.com.cn/it/2004-09-25/1112431754.shtml。
4. 席春慧 、江敏，《西门子为什么对学习文化如此热衷？》界面新闻，2018 年 2 月 12 日，https://www.jiemian.com/article/1930392.html。
5. Yuzo Yusuda，*Forty Years, Twenty Million Ideas*，Productivity Press,

1991.
6. C. K. 普拉哈拉德、文卡特 · 拉马斯瓦迷著，于梦瑄译，《自由竞争的未来》，机械工业出版社，2018 年。
7. 范黎波，《企业知识共享网络的创建和管理：以日本丰田公司的实践作为案例》，《当代财经》，2003 年第 5 期。
8. 张勇，《阿里巴巴的商业操作系统》，在阿里 ONE 商业大会上的演讲，2019 年 1 月 11 日，http://www.sohu.com/a/288213736_350699。
9. 李正豪，《钉钉成长记：从企业级 IM 到数字化操作系统》，《中国经营报》，2018 年 12 月 15 日，http://tech.sina.com.cn/i/2018-12-15/doc-ihqhqcir0461631.shtml。

第 12 章

1. 彼得 · 德鲁克著，朱雁斌译，《21 世纪的管理挑战》，机械工业出版社，2009 年。
2. 屈丽丽，《张瑞敏：海尔生态圈再造法则》，《中国经营报》，2014 年 3 月 15 日。
3. 腾讯公司创始人马化腾 2014 年在给伙伴的一封信中提出，腾讯要转型为生物型组织，并认为这四种能力恰好代表了生物型组织的核心能力。
4. 腾讯汽车，《为了"更小"，丰田开启新一轮组织大变革》，2016 年 4 月 21 日，http://auto.qq.com/a/20160421/061340.htm。
5. W. 沃纳 · 伯克著，燕清联合译，《组织变革：理论和实践》，中国劳动社会保障出版社，2005 年。
6. 曹仰锋著,《海尔转型：人人都是 CEO》(修订版)，中信出版社，2017 年。
7. 弗朗西斯·福山著，郭华译,《信任：社会美德与创造经济繁荣》，广西师范大学出版社，2016 年。
8. 彼得·德鲁克著，王永贵译,《管理：使命、责任、实务》，机械工业出版社，2009 年。
9. 彼得·德鲁克著，约瑟夫 A. 马恰列洛修订，辛弘译,《管理》(修订版)，机械工业出版社，2016 年。
10. 腾讯公司首席执行官马化腾在 2012 年给腾讯生态伙伴的一封信中提到传统机械式企业对创新的抑制，提出腾讯未来要做生态型组织。

第 13 章

1. 彼得·德鲁克著，齐若兰译,《管理的实践》，机械工业出版社，2009 年。
2. 孔鹏举、周水银,《基于企业与顾客共同创造竞争优势的企业参与概念研究》,《管理学报》，2013 年第 10 卷第 5 期。
3. 卡迈恩·加洛著，李彤译,《体验苹果：苹果零售店成功的奥秘》，机械工业出版社，2013 年。
4. C. K. 普拉哈拉德、文卡特·拉马斯瓦米著，王永贵译,《消费者王朝》，机械工业出版社，2005 年。

5. 同上。

第 14 章

1. 斯坦利·麦克里斯特尔、坦吐姆·科林斯等著，林爽喆译，《赋能：打造应对不确定性的敏捷团队》，中信出版社，2017 年。
2. 奥托·夏莫、凯特琳·考费尔著，陈秋佳译，《U 型变革》，浙江人民出版社，2014 年。
3. 沃伦·本尼斯，伯特·纳努斯著，赵岑、徐琨译，《领导者》，浙江人民出版社，2016 年。
4. 奥托·夏莫、凯特琳·考费尔著，陈秋佳译，《U 型变革》，浙江人民出版社，2014 年。
5. 邓肯·克拉克著，李鑫译，《阿里巴巴：马云和他的 102 年梦想》，中信出版社，2016 年。
6. 沃尔特·艾萨克森著，管延圻等译，《史蒂夫·乔布斯传》，中信出版社，2011 年。
7. 加里·哈默，《等级制度的隐性成本》，《中欧商业评论》，2010 年第 2 期。
8. 沃尔特·艾萨克森著，管延圻等译，《史蒂夫·乔布斯传》，中信出版社，2011 年。
9. 张瑞敏，《海尔在互联网时代的战略创新》，在海尔集团创业 28 周年纪念庆典上的讲话，2012 年 12 月 26 日。
10. “把交响乐团拆散”，张瑞敏和加里·哈默交流，出自：胡泳、郝亚洲编,《张瑞敏思考实录》,机械工业出版社,2014 年。
11. 阿尔弗雷德 · 马歇尔著,刘生龙译,《经济学原理》,中国社会科学出版社,2007 年。
12. 同上。

第 15 章

1. 邓肯 · 克拉克著,李鑫译,《阿里巴巴:马云和他的 102 年梦想》,中信出版社,2016 年。
2. 彭剑锋,《小米、阿里、万科、华为、温氏,事业合伙制的五种模式》,凤凰科技,http://tech.ifeng.com/a/20170923/44695443_0.shtml。
3. 《不知道自己用户是谁的人是冗员,不能为用户增值的人是零价值的员工》,《海尔人》,2011 年 3 月 30 日,总第 981 期。
4. 肯尼斯 · 霍博、威廉 · 霍博著,丁丹译,《清教徒的礼物》,东方出版社,2016 年。